O que as pessoas estão falando sobre
*Inteligência Emocional em Vendas*

"*Inteligência Emocional em Vendas* reúne o que há de melhor e mais atual sobre os aspectos emocionais e cognitivos que envolvem o dia a dia de quem atua nessa área. Jeb conseguiu transportar para o livro toda a sua experiência e expertise em vendas através de uma leitura envolvente, prática e, acima de tudo, útil. Este livro deveria ser leitura obrigatória para todos os gestores e profissionais de vendas."

— Marcelo Amaral, professor e consultor em Marketing e Vendas

"A tecnologia no mundo digital atual fez com que o controle e o poder de barganha do comprador aumentassem. Isso tornou o papel do vendedor ainda mais importante. Um bom conhecimento técnico do produto pode transformar o profissional em um bom vendedor. Porém, um excelente vendedor sabe conciliar não somente o conhecimento técnico, mas também o domínio da psicologia da venda. Nesta obra, Jeb Blount nos ajuda a diferenciar o bom vendedor do excelente vendedor."

— Juliano Braz, sócio e diretor Comercial da Take

"*Inteligência Emocional em Vendas* surpreenderá o leitor. O livro apresenta um conjunto de fatos facilmente aplicáveis na prática e inverte velhas visões de mundo e processos de vendas, com tópicos como 'Comprar é humano'. *Inteligência Emocional em Vendas* o ajudará a compreender o novo padrão de vendas. Amei este livro. Compre-o. Ganhe dinheiro com ele."

– Jeffrey Gitomer, autor de *The Little Red Book of Selling*

"As melhores técnicas, ferramentas e treinamentos de vendas não o levarão a lugar absolutamente algum... se você não complementá-los com *Inteligência Emocional em Vendas* para engajar os compradores. Jeb Blount vai direto ao núcleo do processo de vendas e explica como os vendedores podem entrar em sincronia com os compradores no nível da empatia entre humanos, que é o mais importante de todos os ingredientes."

– Deb Calvert, autor de *DISCOVER Questions Get You Connected*

"Em *Inteligência Emocional em Vendas*, Jeb Blount conduz você em uma jornada inédita rumo ao que realmente importa para dominar vendas complexas. Prepare-se para mudar sua maneira de pensar sobre vendas."

– Mark Hunter, autor de *High-Profit Prospecting*

"Verdade! Jeb Blount desenvolve o argumento brilhante e disruptivo de que Inteligência Emocional em Vendas supera todos os outros fatores, e, então, nos mostra como alcançar um alto desempenho em vendas, neste poderoso guia de mudanças das regras do jogo."

– Mike Weinberg, autor de *New Sales. Simplified* e *Sales Management. Simplified*

"Em *Inteligência Emocional em Vendas* Jeb Blount decifra o código do que realmente importa para alcançar um alto desempenho na profissão de vendas. Leitura obrigatória para qualquer vendedor."

– Mark Roberge, Senior Lecturer, Harvard Business School; former CRO, HubSpot; e autor de *The Sales Acceleration Formula*

**Inteligência Emocional** em Vendas

Como os supervendedores utilizam a **inteligência emocional** para fechar mais negócios

Copyright © 2017 Jeb Blount
Copyright desta edição © 2018 Editora Autêntica Business

Título original: *How Ultra High Performers Leverage Sales-Specific Emotional Intelligence to Close the Complex Deal.*

Esta tradução foi publicada mediante acordo com a editora original John Wiley & Sons, Inc.

Todos os direitos reservados pela Autêntica Editora Ltda. Nenhuma parte desta publicação poderá ser reproduzida, seja por meios mecânicos, eletrônicos, seja cópia xerográfica, sem autorização prévia da Editora.

EDITOR
*Marcelo Amaral de Moraes*

CAPA
*Diogo Droschi*

REVISÃO TÉCNICA
*Marcelo Amaral de Moraes*

REVISÃO
*Lúcia Assumpção*

DIAGRAMAÇÃO
*Larissa Carvalho Mazzoni*

**Dados Internacionais de Catalogação na Publicação (CIP)**
**(Câmara Brasileira do Livro, SP, Brasil)**

Blount, Jeb

Inteligência Emocional em Vendas : como os supervendedores utilizam a inteligência emocional para fechar mais negócios / Jeb Blount ; tradução Afonso Celso da Cunha Serra. -- 1. ed.; 6. reimp. -- São Paulo : Autêntica Business, 2025.

Título original: How Ultra High Performers Leverage Sales-Specific Emotional Intelligence to Close the Complex Deal.

ISBN 978-85-513-0311-5

1. Inteligência emocional 2. Vendas 3. Psicologia de vendas 4. Negociação 5. Persuasão 6. Técnicas de vendas I. Título.

17-10973                                    CDD-658.85019

Índices para catálogo sistemático:
1. Vendas : Aspectos psicológicos    658.85019

A **AUTÊNTICA BUSINESS** É UMA EDITORA DO **GRUPO AUTÊNTICA**

**São Paulo**
Av. Paulista, 2.073 . Conjunto Nacional
Horsa I . Salas 404-406 . Bela Vista
01311-940 . São Paulo . SP
Tel.: (55 11) 3034 4468

**Belo Horizonte**
Rua Carlos Turner, 420
Silveira . 31140-520
Belo Horizonte . MG
Tel.: (55 31) 3465-4500

www.grupoautentica.com.br
SAC: atendimentoleitor@grupoautentica.com.br

Jeb Blount
**Inteligência Emocional** em Vendas

Como os
supervendedores
utilizam a
**inteligência
emocional**
para fechar
mais negócios

6ª reimpressão

TRADUÇÃO Afonso Celso da Cunha Serra

**autêntica**
BUSINESS

Para April, Brooke, Carrie e Keith.
O futuro é brilhante.

## Sumário

**Prefácio**
*Anthony Iannarino* — 15

Capítulo 1: O misterioso saco pardo — 17
    Uma lição de vida — 18
    Assento na primeira fila da mente de um supervendedor — 20

Capítulo 2: Tempestade perfeita em vendas — 23
    Conheça os supervendedores de alto desempenho — 24

Capítulo 3: O comprador irracional — 27
    Suspense de roer as unhas — 27
    A resposta — 28
    A razão — 29
    Comprar é humano — 30
    O ingrediente secreto — 33
    Aborde os compradores da maneira como eles compram — 34

Capítulo 4: Formação de padrões, vieses cognitivos e heurística — 36
    Um monstro em padrões — 37
    Pintura de padrões — 38
    Atalhos mentais — 39
    As pessoas agem pelas emoções e justificam pela lógica — 40

Capítulo 5: Os quatro níveis da inteligência em vendas — 44
    Inteligência inata — 45
    Inteligência adquirida — 46
    Sede de conhecimento — 46
    Inteligência tecnológica — 48
    Inteligência emocional — 49
    QI + IA + IT + IE = uma combinação poderosa — 50

Capítulo 6: Construindo a probabilidade de vitória — 51
    Poesia — 51
    Probabilidade de vitória é a primeira regra do alto desempenho em vendas — 52
    *Fanatical prospecting* (Prospecção sistemática) — 54
    A lei da substituição — 55
    Qualificação disciplinada — 56
    Mapeamento dos *stakeholders* — 57
    Alinhando os três processos de vendas — 58
    Inteligência Emocional em Vendas e modelos de persuasão humana — 58

Capítulo 7: Processo duplo  60
    A Inteligência Emocional em Vendas
    equilibra os pratos da balança  61
    Os quatro pilares da inteligência emocional específica para vendas  62

Capítulo 8: Empatia  63
    Fundamentos da Inteligência Emocional em Vendas  65
    Escala da empatia  65
    Empatia intencional  67
    Regulando a empatia  69

Capítulo 9: Autoconsciência  71
    A autoconsciência é a mãe da elevada
    Inteligência Emocional em Vendas  72
    Avaliações psicométricas  73
    Consiga um coach ou mentor  73
    Peça *feedback*  75
    Registre suas metas e planos  75
    Análise 360 graus  75
    Autorreflexão  77

Capítulo 10: Esforço de vendas  79
    Desenvolvendo o esforço de vendas  81
    Aptidão física  83
    Desenvolvendo a resistência mental  86

Capítulo 11: Autocontrole  87
    Gerenciando as emoções negativas  88
    Gênese das emoções negativas  89
    Luta ou fuga  92
    Vieses cognitivos  94
    Desenvolvendo o autocontrole  98
    Erga-se acima das emoções e escolha seus comportamentos  108

Capítulo 12: Construir a probabilidade de
    vitória começa com a qualificação  110
    Perseguindo negócios ruins  111
    Defina a zona de *strike*  111
    Metodologias e atalhos de qualificação  112
    Matriz de qualificação de nove quadrantes  116
    Avalie todos os *prospects* com base
    em seu perfil de *prospect* qualificado ideal  119
    *Murder boarding* (pelotão de fuzilamento)  122

Capítulo 13: Engajamento e microcompromissos  124
    Testando o engajamento  125
    Sintonia com as emoções  126
    Microcompromissos  128

| | |
|---|---|
| Explorando o viés de valor e o princípio da consistência | 129 |
| Emaranhando-se nas emoções | 129 |

**Capítulo 14: Negócios estagnados e próximos passos** — 133
- O flagelo dos departamentos de vendas — 134
- A regra fundamental das conversas de vendas — 135
- Superando as rejeições ao próximo passo — 137
- Recomponha-se — 138
- Surpreenda — 138
- Peça — 140

**Capítulo 15: Processo de vendas** — 143
- Emoções negativas rompem o processo de vendas — 144
- Improvisação — 145
- A complexidade é inimiga da execução — 147
- Falta de processo de vendas — 148
- Alinhando os três processos de vendas — 152

**Capítulo 16: Processo de compras** — 153
- Mapeando o processo de compras — 153
- O perigo de perder a sincronia — 154
- Os vendedores medíocres dançam — 157
- Formatando o processo de compras — 157
- Chegue primeiro — 159
- Explore uma vantagem — 161
- Os vendedores medíocres tornam-se marionetes no processo de compras — 162

**Capítulo 17: Os cinco *stakeholders* com que você lida em um negócio** — 164
- Quanto mais altos os riscos, maior a quantidade de *stakeholders* — 165
- Conheça seu público — 166
- Corações antes das mentes — 168
- A pergunta que os supervendedores nunca fazem — 171

**Capítulo 18: Processo decisório** — 174
- Influenciando o processo decisório — 176
- Alinhando os três processos de vendas — 177
- As cinco perguntas mais importantes em vendas — 177
- Alinhando a tomada de decisões com a prova social — 178

**Capítulo 19: Eu gosto de você?** — 180
- A primeira impressão não dá segunda chance — 181
- Simpatia: o portal para conexões emocionais — 182
- Conecte-se — 182
- Disparando a ladainha — 184
- Dez chaves para ser mais simpático — 185
- Conexões são o portal para derrubar barreiras emocionais e fazer novas descobertas — 187

Capítulo 20: Flexibilize-se para ajustar-se às quatro
personalidades básicas dos *stakeholders* ........ 189
    Quatro personalidades predominantes de *stakeholders* ........ 190
    Diretor (equivalente na tipologia DISC: dominante) ........ 190
    Analista (equivalente na tipologia
    DISC: consciencioso/cuidadoso) ........ 191
    Socializante/energizante
    (equivalente na tipologia DISC: influente) ........ 193
    Construtor de consenso
    (equivalente na tipologia DISC: estabilizador) ........ 194
    Mudanças no estilo de personalidade ........ 195

Capítulo 21: Modelo de agenda para reuniões de vendas ........ 197
    Cumprimentos ........ 198
    Objetivo da visita ........ 200
    Verifique a agenda do seu *stakeholder* ........ 202
    Estruture a conversa ........ 206
    Contágio emocional: as pessoas respondem
    de forma semelhante ........ 207

Capítulo 22: Você está me escutando? ........ 210
    Por que as pessoas não escutam? ........ 211
    Quatro princípios das conversas de vendas eficazes ........ 212
    A bela arte de escutar ........ 214
    Escuta ativa ........ 215
    Escute em profundidade ........ 216
    Ativando o *loop* de autodescoberta ........ 217

Capítulo 23: Descoberta: vendas é uma linguagem de perguntas ........ 219
    O tour ........ 220
    Alfa e ômega ........ 222
    Joe, o interrogador ........ 223
    Faça primeiro perguntas fáceis ........ 226
    O poder das perguntas abertas ........ 228
    Evite sugar e dar o bote ........ 230
    Processo de descoberta duplo e fluente ........ 230
    Desenvolvendo perguntas oportunas e espontâneas ........ 233

Capítulo 24: Você faz com que eu me sinta importante? ........ 237
    A necessidade humana mais insaciável ........ 238
    Como fazer com que as pessoas se sintam importantes ........ 239
    A lei da reciprocidade ........ 241
    Obrigação e probabilidade de vitória ........ 243

Capítulo 25: Você compreende minha
situação e meus problemas? ........ 244
    Você não pode diferenciar-se quando
    tudo parece a mesma coisa ........ 245

| | |
|---|---|
| A era da transparência | 246 |
| Você me compreende? | 248 |
| As pessoas compram pelas razões delas, não pelas suas | 249 |
| O poder da linguagem | 250 |
| A mensagem é importante | 252 |
| O teste do cheiro "E daí?" | 253 |
| A bela arte de conciliar | 254 |
| Modelo de Conciliação de Três Passos | 256 |

**Capítulo 26: Pedir: a mais importante disciplina de vendas** — 260

| | |
|---|---|
| Fechamento | 261 |
| Com medo de pedir | 262 |
| O pedido presuntivo | 263 |
| Cale-se | 265 |

**Capítulo 27: Revertendo as objeções** — 268

| | |
|---|---|
| Como os vendedores criam objeções | 269 |
| Viés do *status quo* e por que os compradores objetam | 270 |
| Você não pode argumentar com os *stakeholders* contra uma objeção | 273 |
| Modelo de Cinco Passos para a Reversão da Objeção | 273 |

**Capítulo 28: Eu confio e acredito em você?** — 280

| | |
|---|---|
| Bagagem emocional | 281 |
| Você está sempre no palco | 282 |
| Um tijolo de cada vez | 283 |

**Capítulo 29: Amache** — 285

| | |
|---|---|
| **Treinamento e Workshops** | 289 |
| **Sobre o autor** | 291 |
| **Agradecimentos** | 293 |
| **Índice remissivo** | 295 |

# Prefácio

O coronel da Força Aérea americana John Boyd, o homem que popularizou o método observe, oriente, decida e aja (OODA) e, talvez o Sun Tzu dos Estados Unidos, advertiu o Departamento de Defesa americano, apaixonado pela tecnologia, que ordenasse as prioridades na sequência correta. Ele insistia em "Pessoas. Ideias. Tecnologia. Nessa ordem".

Boyd acreditava com convicção que as pessoas vinham em primeiro lugar. A tecnologia, portanto, serve às pessoas e às ideias. A tecnologia não é e não pode ser substituta de seres humanos e de sua engenhosidade, criatividade e capacidade de forjar, reforçar e explorar relacionamentos.

Numa época em que a tecnologia está destruindo e desintermediando setores inteiros e mudando radicalmente a vida como a conhecemos, ainda restam algumas pessoas dispostas a lembrar você do que é mais importante – principalmente quando se trata de vendas e de relações comerciais.

Hoje, quando muitas empresas e gurus de tecnologia (em geral com motivos nem sempre claros) sugerem que "pessoas" já não são o principal fator para vencer ou perder no jogo das vendas e sustentam que a tecnologia é mais importante, Jeb Blount dá um passo à frente com *Inteligência Emocional em Vendas*. Esta mensagem extraordinária sobre inteligência emocional e relações humanas, no contexto de vendas, melhorará radicalmente os seus resultados e transformará a maneira como você encara vendas.

Depois de ler *Inteligência Emocional em Vendas*, você compreenderá com mais profundidade a psicologia humana e os modelos de persuasão. Você fará uma jornada em sua própria mente para compreender os vieses cognitivos e as emoções que o emperram nos relacionamentos interpessoais e comprometem seus esforços para fazer negócios.

Mais importante, Jeb não o deixa preso à teoria. Ele oferece a receita para explorar a inteligência emocional específica para vendas (Inteligência Emocional em Vendas), a fim de alcançar um alto desempenho e o mais alto patamar de remuneração na profissão de vendas.

Jeb acredita, com toda razão, que o alto desempenho em vendas começa com o controle das emoções e com o domínio da psicologia da persuasão, no escopo dos processos de vendas e compras. Vendas tem a ver com influenciar a mudança, e isso começa com mudar a si próprio e, então, ajudar os clientes a irem além do *status quo*.

Ao se aprofundar em *Inteligência Emocional em Vendas*, você compreenderá por que a psicologia é tão mais importante que a tecnologia. Você terá *insights* sobre por que seus *prospects* agem de determinada maneira – ou se recusam a fazer certas coisas – e sobre como influenciar com eficácia seus comportamentos e como aumentar a probabilidade de fechar o negócio.

Este é um dos livros mais importantes sobre vendas das últimas duas décadas, e nenhum outro autor o teria escrito tão bem. Jeb é um praticante. O que ele ensina aqui não é teoria, embora ele exponha as pesquisas mais recentes em neurociência e psicologia humana.

O que se encontra entre as capas deste livro só pode ser a criação de alguém que vendeu e venceu como profissional de alto desempenho, e de alguém que ajuda as pessoas e as áreas de vendas a acelerar e a melhorar os resultados, por meio de aumento em grande escala na produtividade de vendas.

Se você já se perguntou por que os vendedores de alto desempenho produzem resultados tão melhores do que os seus pares, você está com todas as respostas em suas mãos. Se você está buscando a verdadeira vantagem competitiva que o destacará na profissão de vendas, siga com atenção as orientações de Jeb, e logo você terá seu lugar entre os supervendedores.

Anthony Iannarino, autor de
*The Only Sales Guide You'll Ever Need*
e editor de *The Sales Blog*

## Capítulo 1 | O MISTERIOSO SACO PARDO

*É a nebulosidade do mistério*
*que dá encanto à busca.*
Antoine Rivarol

Aos 23 anos, Art tinha acabado de conquistar uma fantástica promoção no trabalho, ou, em suas palavras, "Alguém deixou a empresa, e eu tive sorte".

Como representante de vendas de *leasing*, trabalhava com negócios complexos, de ciclo longo, não com as atividades de vendas típicas, atribuídas a um jovem inexperiente de 23 anos. Felizmente, Art tinha duas coisas a seu favor: um impulso inigualável para vencer *e* um ótimo mentor.

O mentor e gerente de vendas era uma lenda na empresa. Joe tinha o nome gravado em praticamente todos os prêmios que a empresa concedia e em muitos dos maiores clientes da organização. Joe apreciava a vontade de aprender de Art e o manteve sob suas asas poderosas, nos voos mais ousados.

"Para mim, ainda tão jovem, Joe parecia um ancião", brinca Art. "Era como se ele sempre tivesse estado lá, há muito tempo. Ele conhecia as respostas para todas as perguntas e sabia onde encontrar as informações mais valiosas; e, cara, como ele era bom ao conversar com os clientes."

Foi Joe quem transmitiu a Art uma das lições mais valiosas de sua incipiente carreira: *Você precisa aprender a falar a língua do seu* prospect, *porque as pessoas compram pelas razões delas, não pelas suas.*

## Uma lição de vida

Art vinha trabalhando num negócio com uma padaria local. Tudo corria bem, sem nenhum problema, até que Art apresentou o preço.

"O senhor Colaizzi, o dono, insistia que minhas taxas de juros estavam altas demais, e não arredava o pé. Eu ia e voltava na tentativa de convencê-lo de que, embora meus números fossem um pouco mais altos que os dos concorrentes, o valor agregado pela qualidade de nossos serviços mais do que justificava a diferença. Mas eu não chegava a lugar algum.

Ele continuava a jogar os preços mais baixos dos concorrentes na minha cara. Se eu baixasse os preços, não ganharia um tostão de comissão. Pior ainda, eu teria de conseguir a aprovação do meu gerente regional – uma experiência nem um pouco agradável.

Durante a revisão do *pipeline* com Joe, expliquei que o negócio com Colaizzi estava estagnado, e expressei minha frustração com as altas taxas. Se não alinhássemos os nossos preços com os da concorrência, eu nunca conseguiria vender nada!

Art sorri ao explicar que talvez ele tivesse sido "só um pouco impetuoso na ocasião", e conta a história de como Joe lhe ensinou uma lição inesquecível:

> Joe não pestanejou. Só se levantou e disse: "Vamos". Caminhamos até o carro, e ele gesticulou para que eu entrasse.
> Dirigiu até uma mercearia local, estacionou o carro, e nada acrescentou a um lacônico "Espera aqui". Dez minutos depois, ele voltou, carregando um saco de papel pardo. Acomodou-o no assento traseiro, ligou o carro, engrenou e partiu.
> Meia hora depois, estávamos sentados na sala de espera da Colaizzi Baking Company, aguardando a chegada do senhor Colaizzi, com o misterioso saco de papel pardo no colo de Joe.
> Depois de 20 minutos, ou algo assim, uma secretária nos levou até a sala do senhor Colaizzi – o saco de papel pardo já meio amassado nas mãos de Joe.
> Eu não sabia o que esperar. Joe mal tinha falado comigo, desde que entramos no carro, e eu estava nervoso, sem ter ideia de quais eram suas intenções.
> Nos sentamos diante da mesa do senhor Colaizzi, e Joe começou a conversa, em tom relaxado, quase displicente: "Sr. Colaizzi, Art me disse que está trabalhando com o senhor num programa de *leasing* de caminhão para a sua frota de entrega. Segundo ele, o senhor acha que

as nossas taxas estão um pouco altas, e eu vim aqui para compreender o que está acontecendo."
E, então, calou-se.
O senhor Colaizzi recostou-se na cadeira, cruzou os braços, e disse: "Agradeço por sua atenção de dar-se ao trabalho de vir até aqui, mas o fato é que as suas taxas não estão um 'pouco' mais altas; elas estão muito mais altas que as dos seus concorrentes. Vocês não estão nem perto. Eu sei que você vai dizer que seus serviços e sua qualidade são melhores. Não precisa perder tempo, pois estou cansado de ouvir essa desculpa. Todas as empresas de caminhões são iguais. Se você não pode alinhar os seus preços com os dos concorrentes, não temos mais nada a falar".
Joe não parecia nem um pouco transtornado. Pôs o saco de papel pardo sobre a mesa do senhor Colaizzi, desdobrou a parte superior e retirou do saco dois pães. Em seguida, deixou o saco de papel vazio no chão e colocou os dois pães bem em frente ao senhor Colaizzi.
Joe deu tempo para que o silêncio se restabelecesse por alguns instantes, antes de falar. "Sr. Colaizzi, apenas por curiosidade. Qual é a diferença entre este pão branco, de marca própria do supermercado, que custa US$ 0,63 e este pão italiano Colaizzi, que custa US$ 1,87? O que faz o pão Colaizzi custar o triplo?
O senhor Colaizzi levantou-se, empurrou a cadeira para trás, inclinou-se sobre a mesa, e durante os dez minutos seguintes nos deu uma aula sobre por que o seu pão era melhor – ostentando todo o orgulho que sentia pelo produto e por sua reputação.
Explicou que o seu pão era mais fresco e que os seus ingredientes eram da mais alta qualidade; enalteceu o cuidado com que era produzido, a excelência do processo de panificação, a receita da família, sua história e tradição, e o sabor sem igual. O paladar era "muito melhor que o dos pães produzidos em massa" – e seu rosto contorceu-se como que com nojo, ao pronunciar as palavras – "com todos aqueles aditivos artificiais, que fazem a coisa parecer mais papelão que pão".
Ao sentir que já nos havia esclarecido o suficiente sobre a superioridade do pão italiano Colaizzi, ele se sentou, mais calmo.
Joe, então, debruçou-se sobre a mesa, pegou o pão Colaizzi, e disse: "Sr. Colaizzi, isso é exatamente o que estamos tentando lhe dizer a nosso respeito. Nós somos o pão Colaizzi no aluguel de caminhões!"
Por um breve momento, que pareceu interminável, Joe e o senhor Colaizzi ficaram olhando um para o outro, calados.
Eu mal respirava.
Até que um vasto sorriso se espalhou pelo rosto do senhor Colaizzi, e ele soltou uma sonora gargalhada. Estendeu a mão e apertou com

força a de Joe. Ainda havia algumas concessões a serem feitas, mas saímos de lá com um contrato assinado e um novo cliente. Para o senhor Colaizzi, já não éramos iguais aos nossos concorrentes.

Hoje, Art Vallery é executivo-chefe de operações da Penske Truck Leasing. É um dos líderes mais capazes e dinâmicos que conheço – um executivo que faz acontecer. Atribui alta prioridade às vendas e ao treinamento de vendas. É o único executivo de alto nível com quem trabalho que passa algum tempo com todas as turmas de treinamento de vendas, tanto no nível introdutório, para calouros, quanto no nível avançado, para veteranos.

Art transmite as lições que aprendeu ao longo da vida, como as de Joe, aos seus profissionais de vendas, para ajudá-los a compreender que a chave para ser um supervendedor é dominar as emoções, as competências interpessoais e as relações humanas.

## Assento na primeira fila da mente de um supervendedor

Na cabeça do senhor Colaizzi, todas as empresas de caminhões eram iguais. E por que ele pensaria de maneira diferente? Ele já tinha ouvido, a contragosto, inúmeras ladainhas de vendas sobre *leasing* de caminhões, todas no mesmo tom, com o mesmo material de apoio, e com os mesmos argumentos, fazendo basicamente as mesmas promessas e acenando com as mesmas vantagens.

Para o senhor Colaizzi, um caminhão era um caminhão, era um caminhão, era um caminhão. Reagindo a esse padrão de mesmice, o senhor Colaizzi desenvolveu o próprio reflexo condicionado, na forma de *script* de comprador: "Seu preço é alto demais". De um ponto de vista meramente cognitivo, a reação dele era um atalho mental fácil para lidar com a complexidade de identificar e avaliar as reais diferenças entre os fornecedores.

Os vendedores medíocres entram no jogo dos compradores e se ajustam aos seus *scripts* pré-formatados, respondendo no mesmo estilo. Tornam-se defensivos, ou partem para o ataque, ou jogam a toalha. No processo, perdem o controle e reduzem a probabilidade de vitória.

Joe, porém, não seguia as mesmas regras dos vendedores medíocres. Muniu-se do misterioso saco de papel pardo e virou o jogo até então desfavorável – recorrendo a modelos de persuasão simples, mas poderosos.

- Em resposta ao *script* de comprador do senhor Colaizzi, Joe explorou um recurso fora do comum.
- Dessa maneira, não correspondeu às expectativas do senhor Colaizzi de como um vendedor se comportaria, atraindo sua atenção.
- O senhor Colaizzi subiu ao palco para defender sua posição, e deu uma aula a Art e a Joe sobre por que o pão Colaizzi era melhor que o pão do supermercado.
- Ao começar a falar sobre o seu pão, o senhor Colaizzi disparou em seu cérebro uma carga de dopamina de autorrevelação, que o recompensou pelo discurso. Ele se sentiu bem, embora seu eu consciente não soubesse a razão.
- Ao constatar que Joe e Art o ouviam com atenção e interesse, o senhor Colaizzi se sentiu importante (o sentimento mais poderoso que se pode despertar em outra pessoa), o que, por seu turno, gerou nele a percepção de obrigação para com os dois interlocutores.
- À medida que fazia a preleção a Joe e Art, o senhor Colaizzi se comprometia cada vez mais com a posição de que o seu pão era melhor do que o dos concorrentes.
- Joe fez vibrar ambas as cordas do gatilho emocional do senhor Colaizzi, ao falar na linguagem dele: *Isso é exatamente o que estamos tentando lhe dizer a nosso respeito. Nós somos o pão Colaizzi no* leasing *de caminhões!*
- A linguagem comum despertou no senhor Colaizzi a percepção de que Joe o compreendia, criando entre os dois poderosa conexão emocional e intensa confiança mútua.
- Como o senhor Colaizzi estava comprometido com a posição de que o seu pão era diferente, refutar a alegação de Joe de que seu serviço de *leasing* de caminhões também se diferenciava da oferta dos concorrentes seria incoerente. Essa incongruência provocaria nele doloroso estresse mental, conhecido como dissonância cognitiva.
- Tudo o que o senhor Colaizzi podia fazer era sorrir e reconhecer que Joe o tinha convencido.
- O sentimento de obrigação de que se imbuiu o senhor Colaizzi quando Joe e Art o fizeram sentir-se importante o

levou a querer retribuir, o que abriu as portas para a negociação. Chegou-se, então, a um acordo justo para ambos.

Os vendedores medíocres se iludem na crença de que os compradores tomam decisões racionais e lógicas, com base em dados e informações reais. Mas não é assim que a mente humana funciona. As emoções se manifestam antes da lógica.

Em vez de sucumbir e logo reduzir o preço, Joe gerenciou suas próprias emoções e reverteu o *script* do comprador: "Seu preço é alto demais". Formatou, então, o processo decisório, até que se tornasse praticamente impossível para o senhor Colaizzi tomar outra decisão que não fosse "sim".

Capítulo 2 | **TEMPESTADE PERFEITA EM VENDAS**

*Suas chances de ser atingido por um raio aumentam se você for para debaixo de uma árvore, erguer os punhos para o céu e xingar a tempestade.*
Johnny Carson

A profissão de vendas está enfrentando uma tempestade perfeita. Os compradores têm mais poder – mais ferramentas, mais informações, mais poder e mais controle sobre o processo de vendas do que em qualquer outra época.

A tecnologia está acelerando mudanças disruptivas em ritmo cada vez mais rápido, gerando medo e insegurança que mantém os compradores apegados à situação vigente. A tecnologia também serve ao propósito de reduzir as barreiras de entrada, disparando, assim, uma corrida desenfreada de concorrentes plagiadores. Diferenciar-se com base nos atributos dos produtos ou serviços ou sobressair-se pelos preços baixos é pouco duradouro, na melhor das hipóteses, e mais difícil do que nunca.

Para os compradores, tudo parece o mesmo.

As legiões de vendedores e seus líderes estão se defrontando cara a cara com uma verdade nua e crua: o que antes conferia vantagem competitiva aos vendedores – controlar o processo de vendas, comandar o conhecimento do produto, dispor de um arsenal de tecnologia e usar os argumentos mais convincentes – já não são garantias de sucesso.

Enquanto isso, os compradores perderam toda a paciência com montes de dados e discursos enlatados sobre as vantagens e benefícios dos produtos e serviços. Eles esperam mais de suas interações com os vendedores. Os compradores querem extrair das conversas de vendas mais valor do que meras dissertações orais sobre os folhetos de marketing.

Em resposta a essas mudanças nas expectativas dos compradores, os vendedores estão sendo recomendados a *oferecer* insights, *a ensinar, a desafiar e a agregar valor*. No entanto, a redução dos períodos de atenção e da capacidade de concentração tornam cada vez mais difícil conseguir que os compradores ouçam durante tempo suficiente para receber *insights*, ensinamentos, desafios, e, no final das contas, obtenham valor.

Esses conceitos de vendas "modernos" parecem instigantes e promissores nas páginas de um livro ou em seminários fora do trabalho, mas descem como balões de chumbo na vida real, onde a maioria dos vendedores não cultiva a consciência situacional e a inteligência emocional para aplicar essas técnicas com eficácia e ao mesmo tempo manter as conexões humanas.

Grande parte dos vendedores que experimenta essas técnicas deixa os compradores exasperados porque esses recursos soam para eles como apresentações presunçosas. O pessoal de vendas não está aprendendo, nem dominando competências interpessoais. Não compreendem como engajar os compradores no nível das relações humanas.

Agravando o problema, toda uma geração que está entrando no mercado de trabalho prefere formas de comunicação a distância, sem contato pessoal, como e-mails, mensagens de texto e postagens em redes sociais.[1] Essa nova geração é um enigma. Seus membros têm consciência social, mas vivenciam as relações humanas em abstrato.

Sob essa tempestade perfeita, não admira que proporção tão alta dos vendedores esteja enfrentando dificuldades, que os líderes de vendas estejam mais frustrados e estressados do que nunca, e que os compradores estejam famintos de interações humanas autênticas. E não surpreende que a maioria das empresas esteja às voltas com *pipelines* de vendas abarrotados de negócios estagnados e com mais de 50% dos vendedores aquém das metas.

## Conheça os supervendedores de alto desempenho

Nesse novo paradigma, porém, encontra-se um grupo de elite de profissionais de vendas que está pondo pra quebrar. Nesta era de

---

[1] www.forbes.com/sites/neilhowe/2015/07/15/why-millennials-are-texting-more-and-talking-less/#1ac963ef5576

transparência, em que a informação é onipresente e em que a atenção dos compradores é breve e dispersa, esses profissionais de alto desempenho aprenderam a *explorar* uma *nova psicologia de vendas* para engajar os *prospects* (clientes potenciais), criar verdadeiro diferencial competitivo, e influenciar e formatar as decisões de compras.

O profissional de vendas de alto desempenho tem consciência de que a *experiência emocional de comprar deles* é muito mais importante que produtos, preços, atributos e soluções. Eles sabem que, para vender valor, *eles precisam ser valiosos*, e precisam conquistar o direito, por meio de relações humanas, de ensinar, oferecer *insights* e desafiar.

Neste livro, vou conduzi-lo numa jornada sem igual ao longo dos comportamentos e mentalidades dos profissionais de vendas mais bem remunerados. Vou abrir uma janela para a mente deles e mostrar-lhe suas técnicas, modelos e segredos. Você aprenderá a:

- Explorar os modelos, a heurística e os vieses cognitivos para influenciar os comportamentos de compras.
- Gerenciar e controlar as *emoções* que o estão retardando.
- Melhorar a *Inteligência Emocional em Vendas* e desenvolver *as Quatro inteligências* necessárias para o alto desempenho.
- Formatar e alinhar os *Três processos de vendas*, para trancar os concorrentes e para encurtar o ciclo de vendas.
- Influenciar e gerenciar os relacionamentos com *Os cinco* stakeholders *que você encontra num negócio*.
- *Reverter o* Script *do comprador* para exercer controle completo sobre a conversa de vendas.
- Explorar *comportamentos incomuns* para eliminar resistências, conflitos e objeções.
- *Romper expectativas* para atrair os compradores, orientar a atenção deles e mantê-los engajados.
- Conquistar *Microcompromissos* e *próximos passos*, para impedir que seus negócios fiquem estagnados.
- Domar *Compradores irracionais*, tirá-los de sua zona de conforto e formatar seus processos decisórios.
- Responder às *Cinco perguntas mais importantes em vendas*, de modo a tornar praticamente impossível para os *prospects* dizer não.

- Inclinar a seu favor a *probabilidade de vitória* para conquistar uma vantagem competitiva invencível.

*Inteligência Emocional em Vendas* começa onde terminam muitos dos melhores livros e programas de treinamento em vendas, como *The Challenger Sale, Strategic Selling, Insight Selling, e SPIN Selling*. O livro trata da lacuna de relações humanas no moderno processo de vendas – o lado emocional das vendas.

Quero ser absolutamente claro sobre as minhas intenções. Não investi um ano da minha vida na elaboração deste livro apenas para torná-lo superior à média. Que se dane a média. Para o inferno com a mediocridade.

Estou tirando o véu do alto desempenho em vendas. Minha missão é empurrá-lo para a fileira mais alta dos vendedores da sua empresa, setor ou campo de atuação. Meu propósito é ajudá-lo a tornar-se extremamente bem-sucedido – a ingressar na elite dos profissionais mais bem remunerados.

Capítulo 3 | **O COMPRADOR IRRACIONAL**

*A vida é simples, mas insistimos em complicá-la.*
Confúcio

Todos em nosso setor de atividade sabiam da oportunidade. Era uma joia rara na qual meus concorrentes apostavam todas as fichas. Um deles levou os *stakeholders* a percorrer todas as suas fábricas, a bordo de um dos luxuosos jatos da empresa, oferecendo-lhes jantares e vinhos caros ao longo do percurso, além de pernoite nos melhores hotéis. Outro concorrente entreteve o grupo de *stakeholders* com grandes eventos esportivos.

Torturei-me com o receio de que perderíamos o negócio por não lhes oferecermos nada à altura de nossos rivais. Minha empresa não tinha recursos para impressionar todo aquele pessoal com os mesmos mimos dos nossos adversários, além de aquele tipo de jogo não ser compatível com nossa cultura organizacional.

Agravando ainda mais minha ansiedade, nossas instalações eram mais enxutas em comparação com as unidades de produção mais modernas e mais automatizadas dos concorrentes.

Honestamente, era como Davi se preparando para lutar com Golias. Mas era uma daquelas oportunidades únicas na vida, e eu tinha apostado tudo, inclusive minha reputação, em fechar o negócio.

### Suspense de roer as unhas

Depois de quase dois anos de trabalho, entreguei nossa apresentação final e nossa proposta. Na noite anterior ao dia da decisão, não consegui dormir. Talvez a melhor descrição seria dizer que eu estava na iminência de sofrer um ataque de ansiedade e um colapso nervoso.

No dia seguinte, porém, não recebemos nenhuma notícia. Também o dia subsequente e outros se passaram em branco, sem qualquer novidade. Telefonei, mas ninguém atendeu; deixei recados que ficaram sem resposta; também sondei possíveis informantes, tudo em vão. Nada. Silêncio absoluto.

Assumi uma atitude confiante e relaxada, mas, literalmente, meu estado era de pânico. No íntimo, eu sentia que a falta de notícias era má notícia. Depois de trabalhar em estreito entrosamento com aqueles *stakeholders* durante tanto tempo, ficamos amigos. Eu sabia que nenhum deles queria ser o mensageiro da má notícia de que não tínhamos sido escolhidos.

Durante o fim de semana seguinte, admiti que éramos carta fora do baralho e reconheci que o sonho de conquistar aquela conta não se converteria em realidade. Até me preparei para procurar outro trabalho, ciente da probabilidade de que, depois de desperdiçar tantos recursos naquele negócio, eu talvez fosse demitido.

## A resposta

Na segunda-feira de manhã, fui para o escritório cedo e comecei a reconstruir um *pipeline* que tinha ficado congestionado depois que concentrei toda a minha atenção em um único negócio.

Pouco depois das 8h30, o telefone tocou. A recepcionista me disse que Randy (o coach ou líder da conta) estava na linha.

"Randy, que bom falar com você! Como foi seu fim de semana?" Fiz o possível para não parecer desesperado, como eu me sentia.

"Bom, Jeb. E o seu?"

"Ótimo", menti.

"Olha, lamento não ter retornado suas ligações." Seu tom de voz não transpirava qualquer emoção. "Nossa equipe se reuniu na semana passada para analisar todas as propostas e, na verdade, não foi uma decisão fácil. Todas as empresas fizeram um ótimo trabalho. Mas já escolhemos, e não quero mais mantê-lo em suspense."

Meu coração estava acelerado e me preparei para o pior.

"Foi unânime." Ele parecia solene.

Eu pressentia a péssima notícia.

"Decidimos ficar com vocês!" E ele começou a rir, sem dúvida de gozação comigo, pelo susto.

## A razão

"Obrigado! Isso é incrível. Muito obrigado!" Eu estava eufórico, e mal encontrava as palavras, enquanto uma onda de alívio percorreu todo o meu corpo e me inundou de alegria.

Rapidamente preparamos um plano dos próximos passos e elaboração do contrato a ser submetido ao jurídico dele. Eu estava ansioso para desligar o telefone e dar a boa notícia à minha esposa e à nossa equipe, mas, antes, o deixei falar e perguntei o que os tinha levado a escolher a minha empresa.

"Sabe, apenas percebemos que vocês são muito como nós." E ele se referiu a como a equipe dele adorou o tour em nossas instalações de produção.

Na hora do almoço, fizemos churrasco, comemos e bebemos em pratos e copos de papel – os *stakeholders* dele, nossa equipe de vendas e os empregados da fábrica, todos nos entrosamos numa confraternização animada. Ele explicou que gostaram de conhecer o nosso pessoal num ambiente espontâneo e autêntico, sem formalidades e encenações. A equipe dele tinha sentido que o nosso pessoal era objetivo e cuidadoso – exatamente como eles.

Fechar aquele negócio foi um sufoco de dois anos, que envolveu investimentos significativos, uma equipe dedicada, e horas e horas de trabalho em estratégia, mapeamento de *stakeholders*, análises financeiras infindáveis, e montagem de ampla cadeia de fornecimento, para programar e customizar um conjunto de produtos, sem falar em toda a angústia emocional.

Não foi, porém, a nossa proposta volumosa, uma pasta com mais de 10 cm de espessura, com todas as especificações imagináveis, que fechou o negócio. Nem a apresentação final, que ensaiamos durante três dias e três noites. Tampouco o plano de implementação minucioso, que demoramos uma semana para desenvolver. Nem os aviões, nem o entretenimento, nem os eventos esportivos dos nossos concorrentes.

No final das contas, eles sentiram que éramos mais como eles que os nossos concorrentes. Eles ficaram mais à vontade com as pessoas da nossa equipe e com a cultura da nossa empresa. Gostaram mais da gente.

Éramos uma escolha segura. Uma decisão crucial ao sabor de emoções caprichosas. Um viés de afinidade. Inquantificável e irracional.

Foi o maior negócio que eu já tinha fechado. Enorme. Só a comissão foi suficiente para comprar uma casa de quase 500 metros quadrados à vista (foi o que fiz) e ainda sobrar dinheiro para dar um reforço significativo nas minhas reservas financeiras. Dessa maneira, aos 26 anos, emergi das profundezas da depressão para alcançar o topo do mundo. Esse resultado mudou minha vida e fez minha carreira decolar.

Desde então, fechei negócios maiores e mais complexos, milhões de dólares mais valiosos. Nenhuma outra venda, porém, me ensinou mais sobre o que mais importa em vendas. Foi uma lição de humildade sobre por que as coisas que muitas vezes consideramos importantes para influenciar o resultado de uma venda estão totalmente equivocadas.

Essa vitória também me lançou no caminho que estou percorrendo há 20 anos, como profissional, líder, autor, consultor, pesquisador e instrutor, com a missão de responder a duas perguntas simples, mas exasperantemente esquivas e fugidias:

❶ Por que as pessoas compram?
❷ Como as influenciamos a comprar?

## Comprar é humano

As pessoas agem pelas emoções e justificam pela lógica. Desde transações complexas até compras impulsivas, as emoções impulsionam as decisões de compra. A ciência está acumulando sucessivos estudos a demonstrar a intensidade com que as emoções influenciam nossas escolhas. Numerosos são os exemplos da vida real.

- A executiva de um banco compra um software empresarial de US$ 500.000 porque gosta do gerente da conta, Geoff, mais do que do representante de vendas do concorrente – e lhe diz que gostou do cartão de aniversário atencioso que ele lhe enviou.
- Michelle paga mais pelo mesmo colchão porque sente que sua representante de vendas, Gwen, importa-se mais com ela do que Ray, do concorrente de Gwen.
- Um vice-presidente de segurança e *compliance* de uma grande empresa de serviços públicos de eletricidade toma uma decisão

de um milhão de dólares referente a equipamentos de segurança porque "apenas sente que pode confiar no representante de vendas com quem está trabalhando".

- Carrie compra um carro que não é exatamente o que está procurando simplesmente porque não quer decepcionar o representante de vendas que a ajudou.
- Numa festa de degustação de vinhos, as pessoas sentem que o vinho mais caro é o que tem melhor sabor, embora, na verdade, todas as garrafas com diferentes rótulos e preços tenham sido enchidas com o mesmo vinho de baixo custo.[2]
- John compra uma ação porque o nome da empresa é mais fácil de pronunciar.[3]
- As pessoas escolhem Pepsi em teste cego de sabor, mas acham que a Coca-Cola é mais saborosa quando podem ver as latas.[4]
- Fechei o negócio dos meus sonhos porque os *stakeholders* acham que nós somos parecidos com eles.

Daniel Pink diz que vender é humano;[5] do mesmo modo, comprar é humano. Embora, como humanos, estejamos certos de que fazemos escolhas com base na lógica racional, em nossos melhores interesses, ou em fatos organizados, a ciência afirma que não é bem assim.

Em um estudo, uma loja de bebidas tocava música de cervejarias alemãs às terças e músicas francesas às quartas. Constatou-se que as vendas de cervejas alemãs eram maiores às terças e que as vendas de vinhos franceses aumentavam às quartas.

Na calçada defronte à loja, pesquisadores entrevistavam os clientes para saber por que eles compraram a cerveja ou o vinho. A maioria dos compradores apresentava razões lógicas para as suas compras – *viram*

---

[2] TREI, Lisa. Baba Shiv: How a Wine's Price Tag Affect Its Taste. *Stanford Graduate School of Business*. Disponível em: <https://www.gsb.stanford.edu/insights/baba-shiv-how-wines-price-tag-affect-its-taste>. Acesso em: 1 dez. 2017.

[3] ALTER, Adam L.; OPPENHEIMER, Daniel M. Predicting Short-Term Stock Fluctuations by Using Processing Fluency. *Proceedings of the National Academy of Sciences*, v. 103, n. 24, 2006. Disponível em: <www.pnas.org/content/103/24/9369.short>. Acesso em: 1 dez. 2017.

[4] https://www.psychologytoday.com/blog/subliminal/201205/why-people-choose-coke-over-pepsi

[5] PINK, Daniel. *To Sell Is Human: The Surprising Truth about Moving Others*. Nova York: Riverhead, 2013.

*numa revista, receberam recomendação de amigos, vão oferecer um churrasco à noite, gostam do sabor de cerveja premium* – demonstrando que as pessoas compram pelas emoções e justificam pela lógica.

Como humanos, é importante que nossa autoimagem seja compatível com nossas decisões. Portanto, recorremos à lógica para justificar comportamentos de compra subconscientes.

As emoções explicam por que executivos bem qualificados tomam decisões multimilionárias com enormes implicações para suas empresas por sentirem que uma equipe de vendas se importa mais com eles do que outra.

Apesar de todas as ferramentas, informações e dados na ponta dos dedos, em nosso mundo conectado pela internet, os compradores continuam a tomar decisões irracionais.

Será que isso significa, por acaso, que atributos, qualidade, especificações, opções e prazo de entrega, serviços, tecnologia, localização, preços e outras características tangíveis de suas ofertas não importam? Claro que não. Tudo isso, sem dúvida, é relevante. Todos esses fatores representam pontos no jogo, e qualquer falha numa dessas áreas pode eliminá-lo antes mesmo de você entrar em campo.

A profissão de vendas, contudo, abrangendo vendedores, instrutores de vendas, líderes de vendas e equipes de marketing de apoio a vendas, sofre, como sempre sofreu, da ilusão coletiva de que os compradores tomam decisões lógicas, que atendem aos melhores interesses deles próprios e de suas empresas – de que eles ponderam as decisões com racionalidade e objetividade.

Sucessivas evidências e pilhas de dados contestam essas suposições. Francamente, não é preciso olhar muito longe em busca de provas.

Não tenho dúvidas de que você já se frustrou com um cliente potencial a que você se dedicou de corpo e alma. Você desenvolveu os argumentos para demonstrar por que a sua proposta é a melhor. Você analisou a atual situação deles e lhes mostrou como você pode poupar-lhes dinheiro, tempo e estresse, e oferecer-lhes o melhor serviço.

Nesse caso, as provas eram irrefutáveis, suas referências eram impecáveis, e houve até um evento desencadeante irresistível para demonstrar a urgência. No entanto, em vez de fechar o negócio com você, eles ofereceram uma segunda chance ao concorrente (que deu como certo o negócio, prestou-lhes os piores serviços, exasperou-os além de todos os limites, e cobrou-lhes preços exorbitantes pela dor de cabeça). Eu sei – eu estava lá, e sei que é de enlouquecer.

Se você perguntar ao comprador por que ele preferiu continuar com um fornecedor que não estava contribuindo para os seus melhores interesses, ele apontaria numerosos fatores que lhe pareceram razões lógicas e racionais. Questionar e contestar essas razões, porém, não vai levá-lo a lugar nenhum. O comprador vai simplesmente entrincheirar-se e tornar-se intratável.

O que eles serão incapazes de explicar ou relutarão em admitir é o medo de errar; ou que não confiaram, no nível subconsciente, em algo que viram em você; ou que simplesmente se empenharam em evitar conflitos, uma vez que descartar o atual fornecedor os deixaria em posição incômoda.

Sucessivas camadas de emoções – conscientes e subconscientes – impulsionaram essa escolha irracional. Ele, porém, explicou a decisão em termos totalmente racionais.

## O ingrediente secreto

Como profissional de vendas, compreender como as emoções dominam e determinam as decisões de compra é fundamental para turbinar sua carreira e impulsionar sua renda.

Quando todas as outras coisas são iguais – e, no mercado de hoje, raras são as discrepâncias ou diferenças enormes entre fornecedores (pelo menos do ponto de vista do comprador) – a capacidade de influenciar as emoções dos *stakeholders*, ao mesmo tempo em que controla suas próprias emoções negativas e que empurra os negócios em perspectiva ao longo do *pipeline*, confere-lhe uma vantagem competitiva diferenciadora.

Basta dispor de um momento para refletir sobre os negócios que você perdeu ou ganhou e sobre como a maioria do pessoal de vendas aborda os compradores, para defrontar-se face a face com a verdade:

- Verdade que é invisível para grande parte do pessoal de vendas.
- Verdade que passa despercebida para instrutores e especialistas em vendas, cujos castelos de cartas começam a desmoronar, quando a sua falaciosa ciência de vendas, à base de processos e movidas a dados, dá de cara com emoções irracionais.
- Verdade que é ignorada pelos desafiantes que insistem com os *stakeholders* que eles estão "fazendo tudo errado" e pelos mercadores de ideias brilhantes que insistem com os pobres e ignorantes compradores em "como fazer a coisa certa".

Tomando emprestada uma de minhas frases favoritas do filme *A grande aposta*, "A verdade é como poesia. E a maioria das pessoas odeia poesia".

As emoções são difíceis de abraçar e, não raro, duras de encarar. É muito mais fácil enaltecer os atributos de um produto do que sintonizar-se com as emoções de um *stakeholder* sentado diante de você. A verdade nua e crua, brutal e dolorosa, é que você pode cansar de falar, desafiar, ensinar e oferecer *insights* até dizer chega, mas pouco importará, porque:

*As pessoas compram pelas razões delas, não pelas suas.*

## Aborde os compradores da maneira como eles compram

Vender é humano. Comprar é humano. Ambos os esforços se entrelaçam no tecido imperfeito das emoções humanas. Não importa o que você venda, qual seja o seu ciclo de vendas, ou o grau de complexidade dos processos de vendas e compras, as emoções desempenham um papel crucial no resultado das conversas, das interações e das transações.

A cada vez que você (e os membros da sua equipe de vendas) e os *stakeholders* envolvidos na decisão de compra se reúnem, as emoções entram em choque.

A maioria dos vendedores começa o processo de vendas numa posição lógica e aos poucos se desloca para o campo das emoções. Em contraste, os compradores tendem a começar o processo de compras no nível emocional e, com o passar do tempo, passam a assumir atitudes lógicas.

No começo do processo de vendas, o comprador faz uma pergunta básica sobre o vendedor: *Eu gosto de você?* No mesmo momento, o vendedor está proferindo um discurso sobre os atributos do produto que, na opinião dele, despertarão o interesse do comprador.

Poucas coisas tornam o vendedor mais antipático que esse blá, blá, blá. E assim prossegue a jornada de compras. Ao fim do processo de vendas, quando o comprador está fazendo perguntas racionais, pondo objeções sobre a mesa e negociando, o vendedor está reagindo emocionalmente à percepção de estar sendo rejeitado, desesperado para não perder o negócio.

No nível emocional, as partes estão sempre dessincronizadas (Figura 3.1).

Evidentemente, não estou cego ao excesso de simplificação desse exemplo. As interações humanas são complexas e, geralmente, não lineares. Entretanto, lidar com pessoas no contexto de conversas de vendas não precisa ser demasiado complexo, nem assoberbante.

Alguns princípios e modelos de influência guiam a maioria dos comportamentos humanos. Ao aprender a dominar esses modelos simples, você se tornará senhor das emoções, influências e persuasões.

Eu já compartilhei com você uma das verdades mais evidentes em vendas, que se impõe à razão por si mesma: *As pessoas compram pelas razões delas, não pelas suas*. Segue-se daí que, para ser eficaz, você deve abordar as pessoas da maneira como elas compram, não da maneira como você vende.

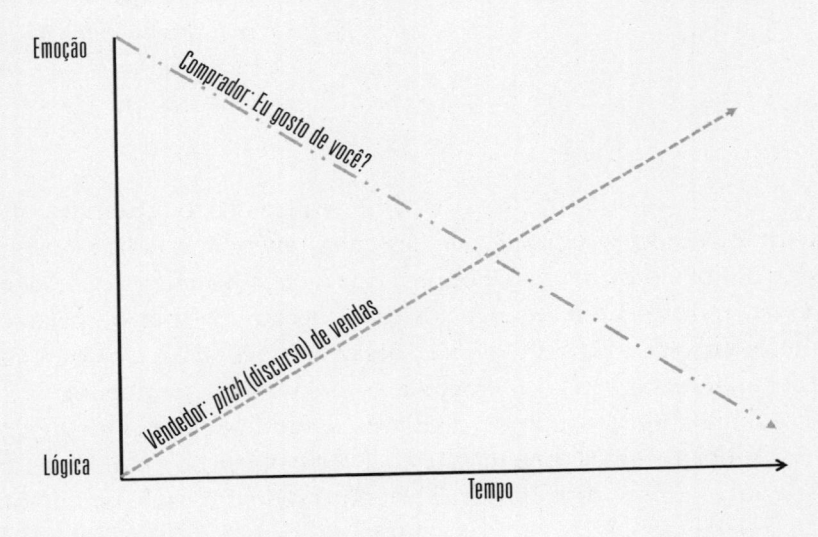

Figura 3.1: Vendedor *versus* Comprador

Essa nova abordagem exige inteligência emocional específica para vendas. Inteligência Emocional em Vendas é a capacidade de gerenciar suas próprias emoções e, ao mesmo tempo, interpretar e responder corretamente às emoções dos *stakeholders* no contexto dos processos de vendas e compras. Como você aprenderá nos capítulos subsequentes, é esse controle emocional que destaca os supervendedores de alto desempenho.

Capítulo 4 | **FORMAÇÃO DE PADRÕES, VIESES COGNITIVOS E HEURÍSTICA**

> *Você não pode discutir com o cérebro:*
> *ele quer o que quer, o que quer.*
> Dr. Katherine Ramsland

**Pare de ler por um momento.** Quero que você foque em se conscientizar de todos os estímulos visuais, táteis, cinéticos e auditivos ao seu redor. No óbvio e no mundano: a cor do tapete, as paredes, a cadeira em que está sentado. Observe cada pessoa que passa por você ou perto de você: o que estão usando, quais são suas expressões faciais e o conteúdo de suas conversas. Que sons você ouve, que texturas você sente?

Tente absorver tudo de uma vez. Sentindo-se oprimido?

Agora imagine como seria se você fosse obrigado a experimentar essa enorme sobrecarga sensorial o tempo todo. Provavelmente você ficaria paralisado.

Muito à semelhança de um computador, nosso cérebro só é capaz de processar determinada quantidade de informações de uma vez. À medida que aumenta a carga cognitiva,[6] o cérebro desacelera e fica menos eficiente. O cérebro torna-se incapaz de focar, e o controle da atenção diminui.

No sentido puramente evolucionário, essa incapacidade de concentração pode ser perigosa. Se surgir alguma ameaça no contexto – um

---

[6] www.instructionaldesign.org/theories/cognitive-load.html

tigre de dentes de sabre à espreita numa moita, um ônibus desgovernado rua abaixo – e você está tão sobrecarregado com informações sensoriais que não se dará conta do perigo! Você vira almoço ou panqueca.

## Um monstro em padrões

A lentidão tendia a remover o próprio DNA da cadeia genética, o que orientou a evolução de nosso cérebro para a rapidez de pensamento. Com tantas informações sensoriais nos atingindo ao mesmo tempo, precisamos de uma maneira de gerenciá-las e de focarmos apenas em anomalias que podem representar ameaças ou oportunidades.

O cérebro humano é um monstro em padrões. É mestre em captar os bilhões de *bits* de informações no ambiente, interpretar os padrões e comportar-se de maneira compatível (na maioria dos casos) em resposta a esses padrões.[7]

Se o cérebro não explorasse os padrões para tomar decisões e adaptar-se ao contexto, você seria incapaz de funcionar. Todo *bit* de informação exigiria análise antes da decisão. Em vez disso, o cérebro usa atalhos mentais (heurística) para superar o ruído e tomar decisões rápidas.

A compreensão básica de como esses atalhos mentais funcionam é fundamental para controlar os próprios comportamentos e influenciar os comportamentos alheios. Comecemos com dois fatos sobre o cérebro.

❶ *Ele é responsável por mantê-lo vivo* e, portanto, foca em situações no ambiente que são inesperadas e que podem impor uma ameaça, e ignora coisas que se mantêm constantes (padrões), para concentrar-se nas exceções ou anomalias.

❷ *Ele é preguiçoso*, preferindo o caminho de menor resistência ou carga cognitiva ao tomar decisões, o que também contribui para mantê-lo vivo. Ao ver um padrão, por exemplo, semelhante a outros padrões, em vez de perder tempo analisando se as duas coisas são diferentes, o cérebro assume que são as mesmas e usa esse atalho para tomar decisões rápidas.

---

[7] MATTSON, Mark P. Superior Pattern Processing is the Essence for the Evolved Human Brain. 22 ago. 2014. Disponível em: <www.ncbi.nlm.nih.gov/pmc/articles/PMC4141622/>. Acesso em: 5 dez. 2017.

## Pintura de padrões

Se, de repente, você ouvisse um ruído alto nas proximidades, sua atenção se afastaria destas palavras e seria atraída pelo som. Então, o seu cérebro começaria a vasculhar as redondezas em busca de alguma coisa diferente ou fora do lugar que pudesse ser uma ameaça potencial, enquanto se prepara para enfrentar essa ameaça. Essa é sua resposta lute ou fuja. Por um momento, uma área do seu cérebro, denominada amígdala, assume o controle de suas emoções e comportamentos.

Pense no cérebro como uma boneca russa. A boneca maior, em cujo interior se aninham todas as outras, é o neocórtex. Essa é a sua massa cinzenta – seu cérebro racional. A boneca do meio é o sistema límbico – seu cérebro emocional. A boneca menor é o cerebelo ou cérebro autônomo – ele gerencia funções autônomas, mas importantes, como respirar, para que você possa concentrar-se em pensar.

Os três cérebros se conectam à amígdala, que é parte do sistema límbico.

A amígdala é o eixo que processa todos os inputs sensoriais, conectando as partes racional, emocional e autônoma do cérebro, e é o centro das emoções, do comportamento emocional e da motivação. Medo e prazer são as linguagens da amígdala, e ela exerce influência maciça e compulsória sobre o comportamento emocional.

Para evitar o desperdício de recursos preciosos com coisas que não importam, a amígdala foca e reage a disrupções ambientais – diferentes, inesperadas e novas, o que ela considerar importante para sua sobrevivência, tanto física quanto social. Esse simples atalho cognitivo de ignorar padrões enfadonhos e manter-se alerta a tudo o que rompe a mesmice é a principal razão de nosso sucesso como espécie.

Os vendedores que rompem expectativas atraem os *stakeholders* para si. Eles pintam padrões de vendas monótonos com cores brilhantes. A pintura de padrões é a maneira como os supervendedores invertem o *script* do comprador e mudam o jogo. A diferença é sexy. A diferença vende. A amígdala adora coisas vívidas e luminosas.

Ao longo de todo este livro encontram-se exemplos de como os supervendedores pintam padrões comuns para romper expectativas e diferenciar-se a si próprios.

Quando os seus comportamentos de vendas se enquadram num padrão esperado, você não se diferenciará e não atrairá a atenção. Você não desperta medo, nem promete prazer. Você não é interessante. Suas cores mortiças são fáceis de ignorar.

Quando você aparenta, age, sente e soa como todos os outros representantes de vendas, que telefonam, enviam e-mails, demonstram produtos, fazem apresentações, falam demais, desafiam, ou simplesmente passam pela porta, os seus *stakeholders* o consideram monótono e engatam o *script* reflexo de comprador. O *script* do comprador está pronto. É mera questão de hábito. É o mesmo que o *stakeholder* repete para todos os vendedores. Permite que o comprador não se envolva emocionalmente e o mantenha a distância.

## Atalhos mentais

A heurística é um atalho mental a que nosso cérebro recorre para tomar decisões rápidas no emaranhado de complexidades – é um caminho para um resultado que exige o mínimo de esforço e de carga cognitiva. A heurística o ajuda a resolver problemas com mais rapidez do que seria possível se você ponderasse metodicamente todas as opções.[8]

Também é considerada uma espécie de regra prática. Por exemplo, uma heurística simples é "Onde há fumaça há fogo". Esses atalhos cognitivos são intuitivos e ocorrem nos níveis tanto consciente quanto subconsciente. Não há nada que você faça ou decida que não seja impactado pelo desejo do cérebro de usar esses atalhos mentais para facilitar as coisas.[9]

Da mesma maneira, a heurística também atua quando os *stakeholders* decidem se gostam de você, avaliam a sua proposta, avaliam o risco de dar o próximo passo, concluem se você é confiável e o comparam com os concorrentes.

Assim como ajuda os *stakeholders* a elaborar problemas complexos com rapidez, a heurística também gera vieses cognitivos que resultam em decisões emocionais. A análise racional e objetiva é deixada de lado pelo cérebro preguiçoso, em busca de uma saída mais fácil. E assim nasce o comprador irracional.

O poder da mente subconsciente e a maneira como ela controla nossas emoções, comportamentos, interações pessoais, simpatias,

---

[8] https://www.vocabulary.com/dictionary/heuristic
[9] "Heuristics in Judgment and Decision-Making". Disponível em: <https://en.wikipedia.org/wiki/Heuristics_in_judgment_and_decision-making>. Acesso em: 5 dez. 2017.

antipatias, percepções e decisões é algo que todos os profissionais de vendas devem compreender e explorar em proveito próprio. Em todo o livro, veremos como a heurística, os vieses cognitivos e as emoções impactam nossas decisões.

## As pessoas agem pelas emoções e justificam pela lógica

O neurocientista António Damásio demonstrou que as emoções orientam as decisões. Sua hipótese do marcador somático[10] mudou a maneira como a ciência compreende o processo decisório humano. Damásio estudou pessoas cujo sistema límbico – o centro emocional do cérebro – sofreu danos que comprometeram seu funcionamento. Nesses sujeitos, porém, o neocórtex, o cérebro racional, trabalhava em condições normais.

Ele descobriu que as pessoas nessas condições tinham um ponto em comum peculiar. Para elas, era quase impossível decidir. Elas eram capazes de discutir objetivamente a lógica e as razões de diferentes escolhas, mas quando lhes pediam para fazer uma escolha, elas achavam difícil e às vezes impossível escolher. Sem emoções para guiá-las, elas sofriam diante das mais simples escolhas, como comer um sanduíche de presunto ou de peru no almoço.

O trabalho de Damásio demonstrou que as emoções são elemento central do processo decisório humano e que frequentemente aplicamos a lógica depois do fato, para evitar a dor da dissonância cognitiva. Isso não significa dizer que não tomamos decisões racionais. Nós, por certo, tentamos tomar decisões que atendam aos nossos melhores interesses.

O que Damásio provou é que os humanos tomam decisões com emoção. Nós sentimos e depois pensamos.

> **Dissonância cognitiva**
>
> Quando você tenta manter na mente duas ou mais crenças contraditórias ao mesmo tempo, faz ou pensa alguma coisa que transgride ou contradiz uma crença ou valor central, age de maneira incompatível com um compromisso anterior, ou defronta-se com uma informação que contrarie alguma coisa que você considere verdadeira,

---

[10] DAMÁSIO, António. *Descartes' Error: Emotion, Reason, and the Human Brain.* Nova York: Putnam, 1994. (ed. rev. Penguin, 2005.)

daí resulta um estresse mental e um desconforto emocional. Isso é dissonância cognitiva.

Os seres humanos têm o desejo primordial de serem coerentes em seus pensamentos, crenças, valores e ações. Para alcançar esse equilíbrio confortável, sempre procuramos reduzir a dissonância, da mesma maneira como a fome nos leva a procurar comida para acalmar um estômago inquieto.[11] A dissonância é tão dolorosa emocionalmente, que as pessoas, em muitos casos, negam fatos, recusam evidências e racionalizam qualquer coisa para proteger uma crença central.

Quando os *stakeholders* se veem em situações em que devem tomar uma decisão, eles são bombardeados por escolhas racionais conscientes, por emoções e por vieses cognitivos subconscientes. Alguns desses vieses, emoções e escolhas racionais são antagônicos e contraditórios, criando um estado de dissonância. É a sua capacidade de manobrar e navegar com destreza nesse campo minado emocional que abre as portas para a persuasão.

## Disparando a dissonância cognitiva

**Situação:** O *stakeholder* está trabalhando com um fornecedor que está prestando maus serviços. Você confronta o *stakeholder* com evidências de que seu atual fornecedor o está prejudicando.

**Dissonância:** O *stakeholder*, de início, escolheu o fornecedor e com ele se comprometeu. O *stakeholder* acredita, como a maioria das pessoas, que as suas decisões são racionais e certas (viés egocêntrico). Você desafiou o julgamento dele, mostrando-lhe que ele tomou uma decisão errada. O *stakeholder* é forçado a aceitar que fez uma escolha inadequada, a culpar circunstâncias externas (viés de atribuição), a mentir que

---

[11] FESTINGER, Leon. *A Theory of Cognitive Dissonance*. Stanford, CA: Stanford University Press, 1962.

sabia, desde o início, que o fornecedor era ruim, mas não tinha outra escolha (viés de retrospectiva), ou defender a decisão dele, convertendo você em adversário.

**Resultado:** Ele finca o pé, porque a necessidade de ser consistente com a sua autoimagem e com os compromissos passados é poderosa. Em vez de concordar com você, ele o contesta, insistindo nas poucas coisas boas que o fornecedor lhe fez e ignorando os danos que o fornecedor lhe causou (viés de confirmação).

A maioria das justificativas dele é irracional. No entanto, quanto mais você argumenta, mais ele se ancora na posição. (Você não pode argumentar com outra pessoa para convencê-la de que está errada. Essa é a razão pela qual as contestações diretas geralmente são ineficazes.)

O seu questionamento gera desconforto psicológico. Como você é a origem da dor, você se torna um adversário antipático. Ao ser rotulado de antipático, suas probabilidades despencam.

### Uma maneira melhor

Compreender e explorar a dissonância cognitiva é uma das chaves para influenciar as decisões dos *stakeholders*.

Em vez de confrontação direta — seja com evidências empíricas, seja com críticas a um fornecedor que nitidamente está agindo mal — tente conscientizar o *stakeholder* com uma pergunta engenhosa:

*John, será que você poderia me dizer o que tanto lhe agradou nesse fornecedor?*

Os vendedores medíocres acham que essa é uma pergunta suicida. "Por que eu iria querer saber do que eles gostavam no fornecedor? Será que isso não prejudica todo o processo?"

Para influenciar o comportamento dos *stakeholders*, você precisa gerenciar suas emoções (nesse caso, medo), ter empatia pela dor da dissonância cognitiva e compreender em profundidade como funciona a mente humana.

Ao perguntar à maioria das pessoas do que gostaram em alguma coisa, você dispara nelas o efeito ou viés de negatividade. Quase todas darão algumas respostas positivas e logo mudarão para respostas negativas. Os seres humanos estão mais sintonizados com aspectos negativos do que com aspectos positivos. Procuramos o que está errado ou fora do lugar, em vez de o que é certo – é como somos.

Tudo o que você precisa fazer é predispor os seus *stakeholders* para esse comportamento, perguntando-lhes do que gostam mais. Isso produz o efeito adicional de romper as expectativas, empurrando-os, assim, em sua direção e levando-os a tornar-se mais engajados.

Nesse caso, são óbvios os aspectos negativos, induzindo John a queixar-se do fornecedor e a apontar suas deficiências e seus fracassos com muito mais facilidade.

Quando John expressa sua insatisfação nesses termos, ele se compromete em mudar, e a probabilidade de que ele mude realmente são maiores, uma vez que suas ações devem ser consistentes com suas novas crenças sobre o fornecedor, a fim de evitar a dissonância cognitiva.

Capítulo 5 | **OS QUATRO NÍVEIS DA INTELIGÊNCIA EM VENDAS**

> *Não devemos ter a pretensão de compreender o mundo apenas com o intelecto. Os juízos do intelecto são apenas parte da verdade.*
> Carl Jung

Não há dúvida de que os supervendedores são indivíduos inteligentes, observadores argutos e curiosos insaciáveis. Eles também se destacam pela capacidade e talento inatos de associar ideias, dados e padrões díspares, e, então, usar esses mosaicos de informações para oferecer *insights* e resolver problemas.

A boa notícia é que, provavelmente, seu QI é acima da média. Assim suponho porque, estatisticamente, pessoas com QI acima da média são mais propensas a ler livros e a buscar novos conhecimentos.

A má notícia é que QI alto não é suficiente. O alto desempenho exige capacidade intelectual inata combinada com inteligência adquirida, inteligência tecnológica e inteligência emocional *específica para vendas*. Esses são os quatro tipos de inteligência que abrem a porta para o alto desempenho em vendas:

❶ Inteligência inata (QI).
❷ Inteligência adquirida (IA).
❸ Inteligência tecnológica (IT).
❹ Inteligência emocional (IE).

## Inteligência inata

O seu quociente de inteligência (QI) é um indicador do seu nível de inteligência. A inteligência inata faz parte do seu DNA. É um talento não diferente do atletismo. Você nasce com certo QI como nasce com pendores para o atletismo.

O QI não muda. Em outras palavras, você é tão inteligente quanto sempre foi e será.

A velocidade e a complexidade do mercado moderno são domínios da agilidade intelectual. Numa batalha entre QI baixo e QI alto aposto sem sombra de dúvida na pessoa de QI alto. É quase impossível ser um profissional de alto desempenho em vendas, ou em qualquer outra carreira, se você não for inteligente.

As pessoas com QI acima da média tendem a ser curiosas, a assimilar e a aprender com rapidez, a ter mentalidade estratégica e a ver o panorama geral, a impor-se altos padrões e a cultivar habilidades de raciocínio superiores.

Também percebem relações entre objetos, ideias ou fatos aparentemente díspares e desenvolvem soluções singulares e originais para os problemas, com base nessas associações – competência crítica em vendas, para descobrir, desafiar o *status quo*, e desenvolver soluções e recomendações únicas.

Essas competências (e outras) explicam por que os profissionais de vendas com QI acima da média prosperam mais que os outros. Mas há um lado escuro. Como as pessoas de QI alto tendem a pensar, a falar e a associar ideias díspares com mais rapidez e com mais racionalidade que outras pessoas, elas tendem a comprometer relacionamentos:

- Agindo com impulsividade.
- Demonstrando impaciência.
- Humilhando as pessoas.
- Falando mal dos outros.
- Não ouvindo as ideias alheias.
- Não tendo empatia pelo próximo.
- Criando dificuldades com soluções complexas para problemas banais.

Para efetivamente cultivar os relacionamentos e influenciar as emoções alheias, é necessário aprimorar e complementar a capacidade intelectual inata com a inteligência emocional. Em vendas, onde as emoções, mais do que a racionalidade, são decisivas, o QI é apenas um componente da equação.

Muitas pessoas extremamente inteligentes fracassam na profissão de vendas por serem incapazes de influenciar o comportamento de outras pessoas. Da mesma maneira, pessoas com IE acima da média e QI médio ou abaixo da média prosperam em vendas e em todos os aspectos da vida por serem cativantes com as pessoas.

O que sei com certeza é que ser inteligente lhe dá uma vantagem competitiva, mas é apenas parte de quem você é. A inteligência inata torna-se relevante, útil e poderosa quando combinada com a inteligência adquirida, com a inteligência tecnológica e com a inteligência emocional.

## Inteligência adquirida

Um gerente de vendas me pediu, como favor pessoal, para eu passar algum tempo com um de seus vendedores, enquanto eu estava no local, prestando serviços de consultoria. De acordo com o gerente, o representante de vendas tinha muito potencial, mas estava fracassando.

Conversei com ele na sala de descanso. Depois de ouvir sua longa lista de desculpas, culpando a tudo e a todos, e não a si próprio, por suas deficiências, sugeri-lhe um livro e dois *podcasts* que talvez o ajudassem, ao que ele respondeu: "Não gosto de ler, e *podcasts* não são para mim".

Uma semana depois, eu promovi um seminário sobre Inteligência Emocional em Vendas numa empresa cliente. No primeiro dia, percebi que dois participantes estavam desligados. Os demais membros do grupo de umas 20 pessoas demonstravam interesse e entusiasmo. Esses dois, porém, pareciam quase hostis.

Durante o almoço, perguntei ao líder de vendas se estava acontecendo alguma coisa. Ele explicou que todos estavam vibrando com o treinamento, exceto aqueles dois, que se queixaram de ter de retornar à sala de aula. "Eles acham que sabem tudo, mas, acredite, esses dois são os que mais precisam disso, porque eles estão tendo dificuldade em cumprir as metas."

Vendedores medíocres, que supõem saber tudo – vejo isso todos os dias.

## Sede de conhecimento

A capacidade intelectual inata de pouco adianta sozinha. Ela deve ser desenvolvida e lapidada por meio do aprendizado, do exercício e da experiência. Ao contrário da inteligência inata, a inteligência adquirida (IA) não é estática.

Independentemente do seu QI, você precisa cultivar a inteligência adquirida, com escolaridade, treinamento, leitura e outras formas de aprendizado, além da prática, da adversidade e da vivência. A inteligência adquirida torna o QI relevante e proveitoso.

O que leva uma pessoa a investir intensamente no aprendizado, enquanto outras dizem: "O aprendizado é perda de tempo"?

Grande parte da explicação consiste no que os neurocientistas denominam *locus* de controle. As pessoas que desenvolvem *locus* de controle interno acreditam que exercem controle sobre a própria vida, ações e situações. As pessoas que têm *locus* de controle externo acreditam que estão à mercê de forças exteriores, da sorte e das chances. Na opinião delas, nada do que fazem mudará a situação.

O *locus* de controle interno é indicador-chave de alta inteligência emocional. Os supervendedores têm sede insaciável de conhecimento. Eles:

- Exploram todas as oportunidades de aprendizado.
- São receptivos ao treinamento personalizado.
- Recebem de bom grado qualquer *feedback*.
- Aproveitam as adversidades como fontes de conhecimento.

Os supervendedores se julgam capazes de formatar e influenciar a probabilidade de vitória, investindo em si próprios e tornando-se melhores, por meio do aprendizado e do treinamento. Eles acreditam que uma das chaves para vencer é ter mais conhecimento sobre a profissão de vendas, sobre o setor e sobre os produtos e serviços do que qualquer concorrente.

Os supervendedores estudam todos os movimentos dos concorrentes. Eles se orgulham de saber mais sobre os concorrentes do que os concorrentes sabem sobre eles próprios. Os supervendedores investem tempo em conhecer os produtos, as táticas de vendas, as estratégias de preços, o marketing, os pontos fortes e os pontos fracos, e até o nome dos vendedores dos concorrentes. Os supervendedores não se deixam intimidar pelos concorrentes; ao contrário, eles intimidam os concorrentes.

Não tenho muita paciência com o pessoal de vendas que não investe em autodesenvolvimento. Quando você decide não investir em si próprio, está fazendo a escolha consciente de limitar seu crescimento e sua renda.

### Inteligência tecnológica

A inteligência tecnológica (IT) é a capacidade de interagir com a tecnologia e de entrelaçá-la, sem costuras, em sua vida diária. Quem não desenvolve essa capacidade ou reluta em desenvolvê-la ficará para trás.

De acordo com Thomas Baumgartner, Homayoun Hatami e Maria Valdivieso, no artigo "Why Salespeople Need to Develop Machine Intelligence" [Por que o pessoal de vendas precisa desenvolver a inteligência de máquina], publicado na *Harvard Business Review*, é essencial que o pessoal de vendas se adapte rapidamente a trabalhar com máquinas. "Além de suas competências de relacionamento, os representantes de vendas serão bem-sucedidos com base em sua capacidade de compreender e de interpretar dados, de trabalhar eficazmente com IA e de movimentar-se rapidamente em relação às oportunidades.[12]"

À medida que tecnologia — sobretudo a inteligência artificial (IA) — converte-se em componente onipresente da vida diária, os humanos com IT alta prosperarão com muito mais exuberância do que os humanos com IT baixa.

O pessoal de vendas já não pode alegar que "não é safo em tecnologia". Não dominar computadores, dispositivos móveis e aplicativos enquadra-o no grupo abaixo da média. Se você não se tornar habilidoso em tecnologia, e rápido, logo ficará para trás e, talvez, até desempregado.

Os supervendedores usam os três As em suas abordagens à tecnologia:

- **Adote:** os supervendedores adotam, como usuários pioneiros, as novas tecnologias de vanguarda e as exploram em proveito próprio, para conquistar vantagem competitiva capaz de virar o jogo. Eles investem neles mesmos com recursos próprios.
- **Adapte:** os supervendedores adaptam as novas tecnologias às suas situações singulares. Eles usam a tecnologia para automatizar tarefas de baixo valor, de modo a ter mais tempo para focar em interações humanas e em atividades estratégicas de alto valor.

---

[12] BAUMGARTNER, Thomas; HATAMI, Homayoun; VALDIVIESO, Maria. Why Salespeople Need to Develop Machine Intelligence. *Harvard Business Review*, jun. 2016. Disponível em: <https://hbr.org/2016/06/why-salespeople-need-to--develop-machine-intelligence>. Acesso em: 5 dez. 2017.

- **Agilize:** os supervendedores rapidamente agilizam o próprio desempenho integrando as tecnologias no dia a dia de suas atividades de vendas e tornando-se hábeis em suas aplicações, não porque tenham competências especiais, mas sim porque estão abertos às inovações, têm coragem de experimentar e aprender, e buscam recursos de aprendizado sob demanda.

No futuro, haverá dois tipos de vendedor. O primeiro grupo dirá às máquinas o que fazer. O segundo grupo ouvirá das máquinas o que fazer. Confie em mim, você quer pertencer ao primeiro grupo.

## Inteligência emocional

A capacidade de perceber, de interpretar corretamente, de responder e de gerenciar com eficácia as próprias emoções e de influenciar as emoções alheias é denominada inteligência emocional (IE).

Há 20 anos sou obcecado pela inteligência emocional e pelo comportamento humano no ambiente de trabalho. No meu caso, tudo começou com o livro de Daniel Goleman, *Inteligência emocional: A teoria revolucionária que redefine o que é ser inteligente*. Este livro desbravador tirou a inteligência emocional da obscuridade das academias e a introduziu na sabedoria convencional.

Hoje, o impacto da inteligência emocional *específica para vendas* no desempenho em vendas já não pode ser ignorado. Os compradores estão ansiosos por interações humanas autênticas. Em nossa sociedade dominada pela tecnologia, as competências interpessoais (captar as emoções alheias, respondendo a elas e gerenciando-as) e as competências intrapessoais (gerenciar as próprias emoções) são mais essenciais para o sucesso em vendas do que em qualquer outra época.

A inteligência emocional é a chave que destrava o alto desempenho. A Inteligência Emocional compensa deficiências em outros tipos de inteligências. A conscientização quanto aos modelos de persuasão humana e a compreensão de seu funcionamento, juntamente com a capacidade de gerenciar as próprias emoções fortes, é o combustível de foguetes para turbinar o desempenho em vendas.

Os profissionais de vendas que investem no desenvolvimento e no aprimoramento da Inteligência Emocional conquistam vantagem competitiva decisiva no mercado global hipercompetitivo.

## QI + IA + IT + IE = uma combinação poderosa

O certo é que os quatro tipos de inteligência estão estreitamente entrelaçados, em intensa e constante interação, conectados entre si e influenciando e reforçando uns aos outros. Revisando:

- QI – o seu nível de inteligência – é fixo. Está impresso em seu DNA.
- IA – o seu nível de conhecimento – torna o QI relevante.
- IT – a rapidez com que você assimila e explora em proveito próprio a tecnologia em tarefas de baixo valor – libera o seu tempo para relações humanas.
- IE – sua acuidade em lidar com as emoções – amplia o impacto do QI, da IA e da IT porque lhe permite relacionar-se com outros seres humanos, respondendo às suas demandas, influenciando-os e persuadindo-os.

As pessoas que combinam alto QI, IA e IT com alta IE dominam qualquer campo ou disciplina a que se dediquem. Nos negócios e na vida, as pessoas de "alta I" situam-se bem no topo da cadeia alimentar, enquanto as de "baixa I" mal sobrevivem às mais aptas na luta pela vida.

Capítulo 6 | # CONSTRUINDO A PROBABILIDADE DE VITÓRIA

> *O provável é o que geralmente acontece.*
> Aristóteles

Não existe solução tamanho único para todas as situações de vendas. As vendas complexas são diferentes das vendas por internet ou por telefone. Vendas de soluções para empresas são diferentes das vendas de carros para consumidores finais. Vendas de software e vendas de equipamentos para escritório exigem conjuntos de competências diferentes.

Em vendas, o contexto é importante. Os *prospects*, as conversas de vendas, os territórios, as empresas e os produtos são diferentes e exigem vendedores para adaptar e ajustar os processos de vendas a essas situações únicas.

Não existe preto no branco. Não existe botão a apertar que sempre torne o trabalho de vendas perfeito. Em algumas situações, você fará tudo errado e ainda conseguirá fechar o negócio. Em outras, você executará o processo de vendas como se estivesse seguindo um manual, e quebrará a cara.

Isso é o que considero tão fascinante em vendas. Não há garantias, não há pílulas mágicas, não há Cálice Sagrado. Há apenas poesia e probabilidade.

## Poesia

Há poesia nas emoções. É a cola que interliga todos os elementos díspares da equação de vendas. As emoções são agnósticas ou céticas em relação aos processos de vendas: não os conhecem, nem se interessam em conhecê-los; no entanto, as emoções influenciam os processos de vendas na verticalidade dos mercados setoriais, na complexidade de certos negócios, nas vendas internas ou nas vendas de campo, e em contextos B2B (de empresas para empresas) ou B2C (de empresas para consumidores).

É a capacidade de gerenciar e de explorar as emoções em proveito próprio para criar a mais alta probabilidade estatística de vencer que distingue os supervendedores de todos os demais. Sua capacidade de construir e influenciar a probabilidade de vitória é a única razão do seu trabalho.

Imagine um comprador potencial que visita o site da sua empresa em busca de um produto. Se, no momento em que ele abre a página do produto, a probabilidade de que ele clique em um botão, digite o número do cartão de crédito e faça a compra for superior a 80%, você já está desempregado. A empresa precisaria apenas concentrar a atenção em atrair mais compradores potenciais para o seu site.

Compras puramente transacionais não requerem vendedores para construir a probabilidade de vitória. Entretanto, quanto mais complexa for a venda, mais longo for o ciclo de venda, mais alto for o valor da transação, maior for o risco para os *stakeholders*, e mais emoções estiverem envolvidas na decisão de compra, mais a empresa precisará de vendedores inteligentes, criativos, imaginosos, influentes e convincentes para mudar a probabilidade de vitória em favor da organização.

## Probabilidade de vitória é a primeira regra do alto desempenho em vendas

Imagine que você está na porta de entrada de uma grande sala. Na extremidade oposta encontram-se duas máquinas caça-níqueis idênticas. Ao entrar na sala, o atendente lhe entrega uma única moeda. Você pode escolher entre jogar em qualquer uma das duas máquinas ou simplesmente devolver a moeda e ir embora. Se você optar por jogar, terá a chance de ficar com a moeda original e mais quaisquer outras que venha a ganhar.

Sem nada a perder, você decide jogar.

Ao caminhar em direção às máquinas, você percebe algo curioso. Em cima de cada uma, vê-se uma placa com um número. Numa placa, lê-se 93; na outra, 33. Você se volta para o atendente e pergunta, apontando para as placas: "O que esses números significam?"

"Inteligente da sua parte perguntar", responde o atendente, sorrindo. "A maioria das pessoas nunca pergunta."

E prossegue: "Essas placas indicam a probabilidade de vitória de cada máquina. Na primeira máquina, você tem 93% de probabilidade de receber a sua moeda de volta, e mais. Na segunda máquina, a probabilidade de ganhar é de somente 33%".

Que máquina você escolherá?

Elementar, é claro. A aposta inteligente é na máquina que lhe oferece maior probabilidade de ganhar.

*Gerenciar a probabilidade é como os supervendedores jogam em vendas.*

Sem dúvida, a atividade de vendas seria muito mais fácil se os *prospects* trouxessem avisos na testa indicando a probabilidade de vitória. Infelizmente, porém, os *prospects* não são máquinas caça-níqueis, e, ao contrário do que acontece com as máquinas caça-níqueis, a probabilidade de vitória, em vendas, é fluida, complexa e influenciada por muitas variáveis diferentes e, por isso, impossível de prever com certeza, até que, obviamente, se ganhe ou se perca o negócio.

Por essa razão, os supervendedores nada dão por certo, nada consideram garantido. Eles estão sempre verificando, testando e analisando qual é a situação das oportunidades em seu *pipeline*. Os supervendedores são perfeccionistas, gerenciando todos os elementos sob seu controle para construir, influenciar e enviesar a curva de probabilidade de vitória a seu favor.

Cinco são as alavancas manejadas pelos supervendedores para construir a probabilidade de vitória:

❶ *Fanatical prospecting* (Prospecção sistemática).

❷ Qualificação disciplinada.

❸ Mapeamento dos *stakeholders*.

❹ Alinhamento dos três processos de vendas.

❺ Inteligência emocional específica para vendas e modelos de persuasão humana.

É importante esclarecer que probabilidade de vitória não é o mesmo que avanço do negócio ao longo do processo de vendas, ou porcentagem para o fechamento – medidas que em geral são usadas para quantificar os *pipelines* de vendas para fins de previsão.

Indicar que você já percorreu 70% do processo de vendas porque você completou a demonstração final não significa que você tem 70% de probabilidade de fechar o negócio. Apenas significa que você já chegou a esse ponto no processo de vendas, ou seja, já superou o marco de 2/3 do processo de vendas.

É como se faz a maioria das previsões de vendas e por que tantas dessas previsões não se confirmam mês após mês, trimestre após trimestre, ano após ano. É por isso que tantas previsões estão recheadas de tolices, apenas para fechar os números. Se você (ou sua organização) está sempre aquém das previsões, é hora de adotar um método diferente e elaborar as previsões com base na probabilidade de vitória.

## *Fanatical prospecting* (Prospecção sistemática)

Os supervendedores são prospectores fanáticos de novos clientes.[13] Desenvolver e cultivar uma mentalidade prospectiva sistemática é a chave-mestra para o alto desempenho em vendas.

Uma vez que os supervendedores são prospectores fanáticos de novos clientes, eles podem ser exigentes e meticulosos na seleção de clientes. Eles têm muito mais oportunidades de escolher do que os vendedores medíocres. Eles podem se dar ao luxo de dedicar seu tempo limitado e precioso aos negócios mais qualificados, com as mais altas probabilidades de vitória.

Para não caírem na situação em que o desespero do *pipeline* vazio os leva a engajar-se em negócios questionáveis, de baixa probabilidade de vitória e de baixo valor potencial, os supervendedores encaram a prospecção como prioridade diária.

Os vendedores medíocres passam boa parte de seu tempo no Parque de Diversões da Inanição ou Comilança, cavalgando a montanha russa do Desespero. Para os vendedores medíocres, a prospecção não é prioridade, sendo praticada de maneira aleatória ou irregular, na melhor das hipóteses. Tipicamente, eles só prospectam com intensidade quando se veem no fundo pedregoso de um *pipeline* vazio.

Por isso é que os vendedores medíocres geralmente se defrontam face a face com a Lei Universal da Necessidade. Esse é o marco regulatório do desespero. Ele afirma que quanto mais você precisa de algo, menor a probabilidade de que você o consiga. Quando toda a

---

[13] BLOUNT, Jeb. *Fanatical Prospecting*. Hoboken, NJ: John Wiley & Sons, 2016.

esperança de sobrevivência se resume em um, dois ou até um punhado de clientes, a probabilidade de vitória despenca.

O desespero é uma *emoção negativa* e sinal de baixa Inteligência Emocional em Vendas. Em situações de desespero, você não concentra mais seus pensamentos no que é necessário para o sucesso. Em vez disso, você foca no que lhe acontecerá em caso de fracasso. O resultado é baixa autoestima, falta de confiança, medo perceptível e más decisões.

Nessa situação, os *stakeholders* sentem o seu desespero. Eles, naturalmente, rejeitam vendedores necessitados, desesperados e patéticos. No sentido oposto, eles gravitam rumo a profissionais de vendas que transpiram confiança. Quando você exala o mal cheiro do desespero, as pessoas não compram de você.

## A lei da substituição

Os supervendedores evitam a clássica montanha russa de vendas, porque seguem a lei da substituição. A inobservância dessa lei é a razão pela qual os vendedores medíocres entram em desespero, *e* continuam em Desespero.

Pense na seguinte questão matemática:

Becky tem 30 *prospects* em seu *pipeline*. Sua porcentagem de fechamento é 10%. Ela fecha um negócio. Quantos *prospects* continuam em seu *pipeline*?
A maioria das pessoas responde 29.
A resposta certa é 20.

Mas por que 20? Becky tem a probabilidade de 1 em 10 de fechar um negócio. Isso significa que, em média, ela fechará apenas um negócio com cada 10 *prospects* que ela inclui no *pipeline*. O resultado líquido é que, quando ela fecha um negócio, os outros nove deixam de ser *prospects* viáveis. O *pipeline* dela se reduz em 10 *prospects* sempre que ela fecha um negócio. Ela agora precisa substituir os 10 *prospects* para restabelecer a situação anterior do *pipeline*.

Você pode argumentar que não temos como saber que os outros nove *prospects* não são mais viáveis. Raciocinar dessa maneira, porém, é não compreender a essência da questão. Estamos falando de probabilidades estatísticas de vencer, com base na proporção de fechamento média de Becky. As estatísticas nos dizem que, no longo prazo, ela deve substituir esses *prospects* para manter o *pipeline* saudável e cheio de oportunidades qualificadas, com alta probabilidade de vitória.

Você deve ser implacável em bombear novas oportunidades para o seu *pipeline* com o objetivo de substituir os *prospects* que estão sendo excluídos conforme a lógica estatística. E você deve repô-los a taxas que igualem ou superem o seu índice de fechamento de negócios. Essa fórmula simples é uma das chaves para melhorar suas probabilidades de vencer. Para ser exigente e meticuloso, você precisa de escolhas, e você nunca terá escolhas se você não for um prospector sistemático.

Não dedicarei mais tempo à análise da prospecção neste livro; se, porém, você quiser aprender mais sobre o tema, dê uma olhada no meu livro *Fanatical Prospecting*. É o guia mais abrangente já compilado sobre prospecção e, portanto, é o complemento perfeito da *Inteligência Emocional em Vendas*.

## Qualificação disciplinada

Os supervendedores são parcimoniosos. Eles investem tempo apenas nos *prospects* com alta probabilidade de fechar negócios. Para tanto, os supervendedores precisam ser mestres em qualificar e segmentar os *prospects*.

Os vendedores medíocres têm a tendência de tratar todos os *prospects* da mesma maneira. Depois de investirem num negócio, continuam a "jogar dinheiro bom em cima de dinheiro ruim", mesmo quando veem um enorme aviso luminoso pendurado no *prospect* advertindo que ele é um fracasso. Eles se comprometem emocionalmente com negócios que jamais fecharão.

Os supervendedores aprenderam a gerenciar as emoções danosas resultantes do engajamento. Os supervendedores são bastante disciplinados para se afastarem de *prospects*, no momento em que percebem que a probabilidade de fechar o negócio caiu abaixo de um limite aceitável.

A coragem de afastar-se ou de apartar-se emocionalmente de *prospects* com baixa probabilidade de vitória exige não só um *pipeline* cheio, mas também disciplina emocional. Essa disciplina decorre de um sistema de freios e contrapesos implícitos, destinado a promover conscientização e perspectiva ao qualificar os negócios. Daremos um mergulho mais profundo nos modelos de qualificação de oportunidades em capítulos subsequentes.

## Mapeamento dos *stakeholders*

Das vendas mais simples, fechadas com apenas um telefonema, até os negócios mais complexos, concluídos depois de um longo ciclo, as emoções humanas irracionais, as motivações, as percepções e os vieses cognitivos subconscientes dos *stakeholders* exercem o maior impacto sobre a probabilidade de vitória.

Um conjunto de *stakeholders* determinará o resultado de cada oportunidade no seu *pipeline*. Cada um desses *stakeholders* desempenha um papel – alguns mais importantes, outros menos, mas todos com o potencial de aumentar ou de reduzir a sua probabilidade de vitória.

Em negócios pequenos e simples, os *stakeholders* podem assumir vários papéis. Em negócios grandes e complexos, esses papéis podem ser especializados e bem definidos. Em alguns negócios, os papéis dos *stakeholders* serão transparentes, exercidos com clareza e fáceis de verificar. Em outros, o mapa dos *stakeholders* é nebuloso.

Cinco são os *stakeholders* básicos, cujos nomes em inglês formam o acrônimo BASIC, que você encontrará em todos os negócios, a não ser nos mais simples, fechados com um único telefonema.

- **B**uyers (compradores).
- **A**mplifiers (amplificadores).
- **S**eekers (investigadores).
- **I**nfluencers (influenciadores).
- **C**oaches (coaches).

Enquanto os vendedores medíocres insistem na pergunta míope "Você é que toma decisões?", o supervendedor se empenha com persistência em identificar e mapear todos os *stakeholders* potenciais, para compreender o papel de cada um no processo de compra.

Os vendedores medíocres deixam o destino por conta do acaso. O supervendedor vê o panorama geral e compreende as implicações dos pontos cegos de *stakeholders* em relação às probabilidades de vencer. Da prospecção à qualificação, desde o momento em que um negócio entra no *pipeline* e completa todo o percurso, até o fechamento, o supervendedor procura conhecer, influenciar, neutralizar e explorar em proveito próprio os *stakeholders*, no esforço para aumentar a probabilidade de vitória.

É aqui que os profissionais de alto desempenho começam a distinguir-se dos vendedores medíocres. Depois de compreender com clareza o mapa dos *stakeholders* e as motivações pessoais de cada *stakeholder*, os supervendedores recorrem a um conjunto de modelos replicáveis para formatar as emoções humanas e influenciar as decisões de compra.

## Alinhando os três processos de vendas

Os supervendedores dominam o manual do processo de vendas e o executam com precisão cronométrica. Mas, enquanto os vendedores medíocres focam no processo de vendas sistemático e linear, esbanjando lógica, dados, atributos, especificações e fatos, os supervendedores mudam as regras do jogo e interferem no próprio campo de disputa.

Desde o primeiro contato com o cliente potencial e, caminho afora, até a conclusão da venda, os supervendedores formatam e alinham os três processos que compõem o negócio, para inclinar a seu favor a curva de probabilidade de vitória.

- Processo de vendas.
- Processo de compra.
- Processo decisório.

O processo de vendas (como o pessoal de vendas impulsiona o negócio) e processo de compra (como as organizações [B2B] ou os consumidores [B2C] analisam o negócio) são compostos de passos racionais e lineares que não podem e não devem ser ignorados.

O processo decisório, em contraste, é individual, emocional, não linear e, quase sempre, irracional. É o processo intuitivo pelo qual cada *stakeholder* assume compromissos de tempo, emoção e ação. Os supervendedores compreendem que o processo decisório é onde a estratégia, a lógica e as emoções humanas colidem entre si.

## Inteligência Emocional em Vendas e modelos de persuasão humana

Os supervendedores nunca se esquecem de que estão lidando com seres humanos emocionais, falíveis e irracionais. Eles trabalham muito para compreender em profundidade as motivações, desejos, necessidades, vontades, medos, aspirações e problemas de cada *stakeholder*.

Em vendas, perceber, interpretar e reagir às próprias emoções e às emoções dos *stakeholders* são capacidades críticas. Os vendedores precisam aprender a gerenciar as próprias emoções e a responder adequadamente às emoções dos *stakeholders*, que sempre pontilham os processos de vendas e de compra lógicos, lineares e sistemáticos. Esta é a verdadeira gênese da diferenciação competitiva.

O domínio da inteligência emocional específica para vendas explica por que algumas pessoas se tornam profissionais de alto desempenho enquanto outras não vão além da mediocridade, mesmo quando a capacidade intelectual e o nível de conhecimento sejam equivalentes.

Os supervendedores são virtuosos e mestres em lidar com as pessoas. Eles mudam as probabilidades de vencer a seu favor, percebendo, controlando, gerenciando e influenciando emoções humanas insubmissas e irracionais. Eles possuem uma caixa de ferramentas cheia de modelos de influência e cultivam agilidade suficiente para aumentar a probabilidade de alcançar o resultado almejado.

Os vendedores medíocres observam com espanto os profissionais de alto desempenho, acreditando que os supervendedores, de alguma maneira, desafiaram as chances. A verdade, porém, é que os supervendedores envergaram as chances a seu favor.

Capítulo 7 | **PROCESSO DUPLO**

> *O melhor teste de alta inteligência é a capacidade de conciliar na cabeça duas ideias opostas e, ao mesmo tempo, manter a cabeça funcionando.*
> Scott Fitzgerald

Um dos grandes mitos da profissão de vendas é que o processo de vendas consiste em desenvolver relacionamentos. Quem lê alguns de meus trabalhos provavelmente fica com a impressão de que eu aderi a esse mito, fisgando o anzol e a chumbada.

É verdade que escrevo muito sobre como é importante construir, fomentar e explorar relacionamentos em vendas e em gestão de contas. Não acredito, porém, como tantos especialistas e instrutores na minha área, que o fator decisivo em vendas são os relacionamentos.

Para mim, vendas é vender.

Não me interprete mal: os relacionamentos são importantes. Se você quiser fechar muitos negócios e manter alto desempenho em vendas, precisará construir relacionamentos com os *stakeholders*.

Só quero ser muito transparente ao repetir que o fator decisivo em vendas não são os relacionamentos; é o negócio. O vendedor que esquece esse fato básico está condenado à mediocridade, porque eles até podem ser bons em fazer amigos, mas, sem o foco no negócio, tendem a ser ruins em avançar com os negócios no *pipeline*.

Os representantes que caem nessa armadilha são quase sempre excepcionais em captar e em responder às emoções alheias. As pessoas gostam deles. Só que eles simplesmente não conseguem empurrar os negócios para frente porque os relacionamentos interferem no processo.

Conheço muita gente que diz querer entrar na área de vendas por ser "bom com pessoas". Não acho que quem é "bom com pessoas" necessariamente se dará bem em vendas no longo prazo, justamente por serem melhores em fazer amigos do que em fechar vendas. Essas pessoas têm dificuldade em regular suas necessidades emocionais de serem estimadas e aceitas.

Sei o que você talvez esteja pensando: "Mas, cara, este livro não é sobre inteligência emocional? Você não está escrevendo sobre relacionamentos interpessoais e sobre conexões emocionais com *prospects*? Por que será, então, que você diria algo desse tipo? Essas afirmações parecem exatamente a antítese de tudo o que você prega e ensina!"

Compreendo sua reação e reconheço que esses meus argumentos são difíceis de engolir. O fato inegável, no entanto, é que, como profissional de vendas, seu objetivo ao lidar com os *prospects* é fazer negócios, não fazer amigos.

Será que você fará amigos ao longo do caminho? Claro que sim. E isso é bom? Sem dúvida.

Será que você deve empenhar-se em construir relacionamentos profundos com os *stakeholders*? Quanto mais profundo forem esses relacionamentos, maior será sua probabilidade de vitória.

Você só precisa se lembrar que o resultado almejado não é o relacionamento. É o negócio.

## A Inteligência Emocional em Vendas equilibra os pratos da balança

Não significa que você deva focar exclusivamente no resultado egocêntrico almejado. Desbravar o seu caminho ao longo do processo de vendas e ignorar os componentes humanos e emocionais inerentes a vendas leva ao desastre. Se você logo partir para a ação, discursar, manipular e ignorar o lado pessoal do processo, você fracassará.

A Inteligência Emocional em vendas equaliza o investimento em relações interpessoais *e* no seu objetivo básico de aproveitar as oportunidades ao longo do *pipeline*. É um processo duplo que equilibra esses dois comportamentos opostos.

Esse processo duplo é a acuidade mental e emocional para, imediatamente, pôr-se no lugar dos *stakeholders*, encarar a situação sob as perspectivas deles (empatia) e manter-se focado no objetivo de vendas e no próximo passo (resultado).

Não é o jogo de soma zero de "gente boa com pessoas" – você é a favor dos *prospects* ou contra eles. Nem é a abordagem fria e calculista dos manipuladores narcisistas – interessados em extrair o máximo dos *prospects*, no menor prazo, com o menor investimento emocional possível.

Os profissionais de vendas que são hábeis em explorar o processo duplo são mestres em gerenciar as próprias emoções. Eles têm empatia, são compreensivos e investem em relacionamentos. Entretanto, eles superam a necessidade egocêntrica de serem estimados, a bem de alcançar o objetivo almejado e passar para o próximo passo.

Esse processo duplo é o fundamento da inteligência emocional específica para vendas.

## Os quatro pilares da inteligência emocional específica para vendas

Acredito que a inteligência emocional é situacional e contextual. É aplicada de maneira diferente em situações de liderança, grupo de pares, sala de aula, conflitos policiais, relacionamentos conjugais, campo de batalha ou parentalidade.

Em vendas, a inteligência emocional atua no contexto do processo de vendas. A Inteligência Emocional em Vendas é explorada em proveito próprio para aumentar as probabilidades de vencer, formatando e influenciando as decisões dos *stakeholders*. Os supervendedores dominam os quatro pilares da inteligência emocional específica para vendas:

- Empatia.
- Autoconsciência.
- Autocontrole.
- Esforço de vendas.

Para os supervendedores, não existe decisão binária: conexão emocional *ou* resultado almejado. É relacionamento, conexão emocional *e* resultado almejado. Os profissionais de vendas que recorrem à inteligência emocional específica para vendas são capazes de gerenciar emoções e resultados, de maneira integrada, sem descambar para um jogo de soma zero.

Capítulo 8 | **EMPATIA**

> *A verdade é que nunca saberei tudo o que há para saber sobre você, como você nunca saberá tudo o que há para saber sobre mim. Os humanos são, por natureza, muito complicados para serem totalmente compreendidos. Portanto, podemos escolher entre nos aproximarmos de nossos colegas humanos com desconfiança ou nos aproximarmos deles com abertura, uma pitada de otimismo e candura.*
>
> Tom Hanks

"Quando os jovens casais entram em nossa loja para comprar alianças de noivado, é uma ocasião jubilosa – parte de sua jornada juntos. Também pode tornar-se uma experiência estressante e embaraçosa para o jovem solteiro", explica Shell, uma profissional de vendas de alto desempenho, no mercado de joias de alta qualidade.

"A futura noiva tem uma fantasia. No íntimo, ela se imagina ostentando magnífica aliança de noivado às amigas reunidas em torno dela, admiradas. O jovem tenta desesperadamente corresponder ao sonho da amada, sem precisar admitir que não tem condições adquirir a aliança tão cobiçada."

Shell destaca o grande diamante no dedo da moça. "A noiva quase sempre é atraída para a pedra de US$ 20.000. O noivo empalidece. Você sente o estresse. É horrível, porque ele está entre a cruz e a espada – uma situação sem vencedor."

Shell construiu uma enorme clientela, porque ela é empática e encontra as soluções certas para os clientes.

Ao trabalhar com casais, ela entra em sintonia com as emoções dos dois. Ela sabe que, se o noivo for encurralado, é alta a probabilidade de que ele diga que quer "pensar um pouco" e nunca mais volte.

Os supervendedores acreditam que sua principal missão é servir aos *prospects* e aos clientes. O padrão desses operadores é o *foco no outro*. Eles se empenham intensamente em pôr-se no lugar dos *stakeholders* e encarar a situação sob a perspectiva deles – do ponto de vista racional e emocional.

Os supervendedores se sintonizam com as emoções dos *stakeholders* e a eles reagem adequadamente, em geral ajustando seus próprios comportamentos e estilos de comunicação, para que a outra pessoa se sinta confortável e à vontade.

Shell reconhece e se afina com as emoções do jovem casal. "Sempre começo a conversa estimulando-os a falar sobre seus planos para depois do casamento. Sonhos para a lua de mel, para a compra de uma casa, dos móveis e utensílios, dos filhos, e para outras decisões a serem tomadas pelos recém-casados ao começarem a vida juntos. É muito fácil levá-los a falar, pois estão apaixonados e entusiasmados com esse novo capítulo."

Shell continua: "Depois que sei mais sobre eles, recomendo uma aliança compatível com o estilo de vida do casal e que não os sobrecarregue com dívidas. Explico-lhes exatamente por que estou fazendo a recomendação, pois quero que saibam que estou ao lado deles e quero que eles se casem com o pé direito".

Shell explica: "Essa atitude imediatamente deixa o jovem à vontade e diminui o nível de estresse. Reduzo a temperatura e deixo-o fora do anzol. A essa altura, ele não ameaça ir embora, desistindo da compra ou procurando um concorrente.

"Então, ajudo a noiva a sentir-se mais satisfeita, mostrando-lhe como ela poderá trocar a aliança por outra maior, se ela e o amor da vida dela progredirem financeiramente. Dessa maneira, mantenho vivo o sonho de Cinderela e lhe dou espaço para pensar racionalmente sobre a decisão. Depois que a noiva aceita, fechar a venda é mera formalidade."

Será que Shell conseguiria vender um anel mais caro? Não tenho dúvida, uma vez que ela é uma influenciadora bem-dotada. No entanto, ao demonstrar empatia e ao agir de maneira correta, ela não só aumenta a probabilidade de vitória, fechando a venda em que está empenhada, mas também gera referências e conquista novos clientes, duradouros e leais.

Ela sorri. "E o casal me recomenda a todos os amigos deles."

## Fundamentos da Inteligência Emocional em Vendas

A inteligência cognitiva é vazia sem empatia. Em uma de minhas citações favoritas sobre empatia, o autor Dean Koontz explica por que somente QI não é suficiente para o alto desempenho:

> Há quem pense que só o intelecto conta: saber como resolver problemas, saber como enfrentar as situações, saber como identificar uma vantagem e aproveitá-la. As funções do intelecto, contudo, são insuficientes, sem coragem, amor, amizade e empatia.[14]

O alto desempenho exige intelecto e empatia. Esses dois atributos exercem funções vitais nos relacionamentos, na comunicação e no esforço para vencer.

A empatia é a viga mestra da Inteligência Emocional em vendas. É o começo e o fim. Empatia é a capacidade de pôr-se no lugar de outras pessoas e experimentar emoções sob a perspectiva delas – de compreender e identificar-se com os sentimentos e as emoções dos outros. Você demonstra empatia por outras pessoas ao identificar-se com elas, emocionalmente.

A empatia oferece *insights* sobre os pontos de vista alheios. Ajuda-o a ver cada pessoa como indivíduo sem igual e a compreender que, por mais comum que um problema lhe pareça, cada *stakeholder* acredita que seus problemas, oportunidades e situações são especiais. É sob essa perspectiva que os supervendedores partem para soluções personalizadas que confirmam sua compreensão de que os *stakeholders* veem-se a si próprios como seres únicos.

## Escala da empatia

Todos nós temos a capacidade de captar as emoções alheias.[15] Para algumas pessoas, o processo é fácil e espontâneo, enquanto para outras exige esforço intencional. Minha esposa, por exemplo, é altamente empática. Ela não precisa esforçar-se para sentir o que os outros sentem. Eu, por outro lado, sou naturalmente egocêntrico. Em consequência, devo manter-me deliberadamente consciente

---

[14] www.quotes.net/quote/14905
[15] Certas pessoas não têm capacidade de empatia, em consequência de transtornos psicológicos, lesões no cérebro ou disfunções neurológicas. Como esses indivíduos raramente trabalham em vendas, sinto-me à vontade para fazer essa generalização sobre a profissão de vendedor.

de meus pontos cegos emocionais e esforçar-me intencionalmente para ser empático.

Em sua dissertação *Personality Characteristics and Superior Sales Performance* [Características de Personalidade e Desempenho Superior em Vendas], o doutor Marc Hamer desenvolve o argumento de que os bons profissionais de vendas são naturalmente egocêntricos, em vez de altruístas, focados nos outros.[16] Se você não tiver um impulso competitivo para vencer, se você não for motivado para realizações, se o seu ego não for mais inflado que o da maioria das pessoas, você provavelmente não durará muito na profissão de vendas.

Por isso, a maioria do pessoal de vendas, como eu, precisa focar, de propósito, em desenvolver empatia e em sintonizar-se com os sentimentos alheios.

A empatia começa com a autoconsciência. Em outras palavras, para ser eficaz em sintonizar-se com as emoções alheias, você deve primeiro tornar-se hábil em afinar-se com suas próprias emoções e em reconhecer seus pontos cegos emocionais.

Sei que, por natureza, não sou bem-dotado de empatia. Tenho consciência de que, na maioria das situações, meu padrão será concentrar-me em minhas próprias necessidades emocionais, antes de me ligar às dos outros. Também estou consciente de que esses traços me ajudam como vendedor, porque me permitem fazer coisas difíceis que a maioria das pessoas não fará – como enfrentar a rejeição – e contrariar-me nos relacionamentos.

Cada pessoa ocupa um lugar único na escala de empatia (Figura 8.1). O dom natural da empatia é em grande parte inato – está impresso nos genes. Portanto, é necessário ser honesto consigo mesmo sobre como você vê o mundo.

Será que você é mais altruísta, como minha esposa, ou mais egocêntrico, como eu? A maioria das pessoas se situa em algum ponto mais ou menos no meio da escala – 3 ou 4 para os egocêntricos e 6 ou 7 para os altruístas.

Escala de empatia

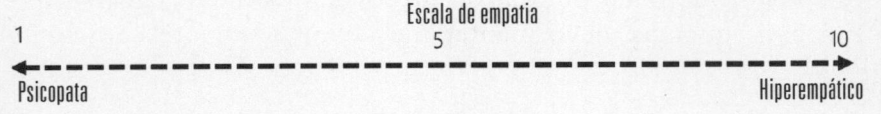

1 — 5 — 10

Psicopata — Hiperempático

Figura 8.1: Escala de empatia

---

[16] HAMER, Marc R. *Personality Characteristics and Superior Sales Performance*. Ann Arbor, MI: ProQuest/UMI, 2001. Tese de doutorado, Publication #3015797.

Uma maneira de saber onde você se situa na escala de empatia é considerar como você tende a interpretar os comportamentos, estilos de comunicação e emoções das outras pessoas. Seus julgamentos precipitados ou impetuosos sobre as pessoas dizem muito sobre como você é em relação às emoções alheias.

Duas são as heurísticas comuns para interpretar comportamentos:

❶ **Atribuição à situação:** Ao observar uma pessoa que parece zangada, você interpreta esse estado emocional no sentido de que ele ou ela está enfrentando um dia ruim ou está passando por circunstâncias difíceis.

❷ **Atribuição ao temperamento:** Ao observar uma pessoa que parece zangada, você interpreta esse estado emocional como consequência da personalidade dele ou dela e em seguida rotula a pessoa como idiota e desprezível.

As pessoas que atribuem o comportamento alheio a situações ou a circunstâncias tendem a ser mais empáticas do que aquelas que interpretam o comportamento alheio como manifestações da personalidade ou do temperamento pessoal e a rótulos preconceituosos.

Temos, então, um dilema: as pessoas com baixa pontuação na escala de empatia tendem a apresentar melhor desempenho em vendas; no entanto, a capacidade de sintonizar-se com as emoções dos *stakeholders* no contexto do processo de vendas é fundamental para o alto desempenho.

> **Até que ponto você é empático**
>
> Teste sua empatia com esses instrumentos de avaliação gratuitos:
> http://greatergood.berkeley.edu/quizzes/take_quiz/14
> https://psychology-tools.com/empathy-quotient/

## Empatia intencional

**Pergunta:** Como preencher essa lacuna de empatia?
**Resposta:** Intenção consciente.

"Precisamos que você nos ajude a ensinar nosso pessoal a passar menos tempo com e-mails e mais tempo ao telefone interagindo com as pessoas", explicou Patrick, diretor de vendas de uma empresa de US$ 4 bilhões. Em sua equipe de 25 representantes, a maioria era medíocre, uns poucos que superavam as metas, e dois profissionais de alto desempenho.

Os dois supervendedores não se limitavam a superar o grupo por pequena margem. A vantagem era esmagadora: os resultados dos profissionais de alto desempenho eram 300% melhores do que os vendedores medíocres. Só para cair a ficha: 300%. O curioso é que ninguém sabia por quê.

Passei dois dias observando a equipe para descobrir o que estava acontecendo. O que constatei não chegou a ser chocante, mas foi esclarecedor. A intuição de Patrick de que as pessoas estavam passando muito tempo às voltas com e-mails estava absolutamente correta.

Quase 80% da comunicação com os *prospects* e com os clientes pelo grupo medíocre era via e-mail. Eles enviavam e-mail em cima de e-mail, com algumas mensagens de texto intercaladas.

Em contraste, quase 90% da comunicação do pessoal de alto desempenho era por telefone – de humano para humano. Quero dissuadi-lo da suposição preconceituosa de que os supervendedores eram mais velhos – talvez da Geração X, anterior à Geração Y, ou Geração do Milênio, pré-internet – que cresceu usando o telefone. É o que pensa a maioria das pessoas quando conto essa história. Na verdade, dos dois supervendedores, um tinha 23, e o outro, 26 anos.

A empresa de Patrick faz um trabalho excepcional para atrair talentos e adota um processo de seleção meticuloso, com uma bateria de testes. Os profissionais medíocres tinham as mesmas credenciais, as mesmas competências e a mesma inteligência dos supervendedores, e receberam o mesmo treinamento. Todos os membros da equipe eram inteligentes, talentosos e preparados.

A única diferença real entre os supervendedores e os medíocres era que os de alto desempenho deliberadamente procuravam investir nos relacionamentos, enquanto os profissionais medíocres erguiam barreiras entre eles e as interações humanas.

Você precisa tomar a decisão consciente e persistente de focar no outro ao interagir com os *stakeholders*. O ponto de partida é desenvolver competências ao longo de quatro dimensões centrais da empatia:

❶ Desejo de compreender os *stakeholders* e ver as coisas sob a perspectiva deles.

❷ Interesse pelos sentimentos dos *stakeholders*.

❸ Foco em servir aos *stakeholders* e em resolver os seus problemas.

❹ Ouvir em profundidade.

Ouvir em profundidade – ou seja, prestar atenção nos *stakeholders* com todos os sentidos (ouvidos, olhos e intuição) – abre uma porta de acesso aos sentimentos dos *prospects* e o ajuda a sintonizar-se com as emoções deles.

A empatia surge com facilidade quando você, deliberadamente, dedica aos outros sua mais completa atenção, desliga seus pensamentos egocêntricos e torna-se genuinamente interessado no que eles estão dizendo.

## Regulando a empatia

A empatia é o atributo mais importante da Inteligência Emocional em Vendas. Ponto. Quanto mais empático você for, mais alta será, em geral, sua Inteligência Emocional. No entanto, empatia demais também pode ser problemático.

James procurou-me no intervalo. Ele estava participando de um Treinamento em *Fanatical prospecting* (Prospecção sistemática). Tínhamos terminado havia pouco um módulo sobre telefonemas breves.

"Jeb, sabe qual é a parte mais difícil disso para mim? Se eu estivesse no lugar dos *prospects*, eu simplesmente desligaria o telefone. Detesto quando as pessoas me telefonam. Por isso é que não consigo agir assim. Sinto que tem algo errado."

James ficava embromando, mexendo com papéis, ou fazendo qualquer outra coisa que não fosse pegar o telefone. Enquanto isso, as outras 25 pessoas da turma punham pra quebrar.

A empatia dele estava interferindo, levando-o a projetar seus sentimentos em outras pessoas. Essa tendência tornava difícil para ele interromper os *prospects*. Ele não queria que eles sentissem o que ele sentia quando recebia telefonemas de vendedores em busca de clientes; por isso é que ele resistia em dar telefonemas.

A projeção é uma emoção comum nos vendedores, principalmente entre aqueles com maior pontuação na escala de empatia.

James e eu almoçamos juntos naquele dia e analisamos os sentimentos dele. James reconheceu que, se não começasse a procurar os *prospects*, não teria condições de manter o emprego, nem de sustentar a família. Como ele queria continuar empregado e alimentar a família, chegou à conclusão egocêntrica de que pegar o telefone era o que melhor atendia aos interesses dele.

Depois de tomar essa decisão, discutimos a maneira como os *prospects* prefeririam ser abordados – assumimos o lugar deles. Sob a perspectiva do outro, concluímos, então, que as abordagens deveriam ser rápidas, objetivas e relevantes, para atingirmos nosso propósito com rapidez, sem desperdiçar o tempo deles.

James, por fim, aplicou o Modelo de Cinco Passos para Telefonemas de Prospecção, extraído do meu livro *Fanatical Prospecting*, que lhe permitiu (1) marcar as visitas de que precisava para alcançar as metas, manter o emprego e sustentar a família, e (2) respeitar o tempo dos *prospects*.

Ele voltou para o trabalho e marcou quatro visitas de qualidade naquela tarde. Depois de mudar de mentalidade e de exercer controle sobre suas emoções, ele mudou o jogo.

Na medida certa, a empatia o ajuda, deliberadamente, a não magoar outras pessoas – do ponto de vista físico e emocional. A empatia regula a ganância, o ódio, o ciúme, a raiva, o medo da escassez, e várias outras emoções potencialmente destrutivas.

Sem empatia, não teríamos escrúpulos em passar o rolo compressor sobre outras pessoas. Portanto, pessoas cuja empatia é extremamente baixa, como narcisistas e psicopatas, abusam de pessoas hiperempáticas, como se elas fossem capachos, ou pior.

Entretanto, em vendas, a empatia tem o potencial de tornar-se emoção destrutiva, que lhe custa dinheiro, avanço na carreira, e até o próprio emprego. Em vendas, é preciso ser empático – sintonizado com as emoções dos compradores e dos *stakeholders* – e, ao mesmo tempo, manter em perspectiva o seu objetivo mais alto. Esse é o *processo duplo*.

# Capítulo 9 | AUTOCONSCIÊNCIA

*Você sabe muito menos sobre si
próprio do que acha que sabe.*
Daniel Kahneman

Os supervendedores não são perfeitos. Na verdade, estão longe de serem perfeitos. Eles enfrentam as mesmas preocupações, fobias e fontes de estresse de todas as outras pessoas. Também eles têm forças e fraquezas, pontos cegos, vieses e estilos de comunicação peculiares, que, por vezes, os impedem de ser eficazes com outras pessoas.

O que distingue os supervendedores no confronto com os profissionais medíocres é o fato de terem consciência de suas deficiências e bloqueios. Eles:

- Interpretam com exatidão as próprias emoções.
- Reconhecem seus bloqueios emocionais.
- São realistas sobre suas forças e fraquezas.
- Compreendem seus estilos de comunicação e como eles impactam outras pessoas.
- Têm consciência de suas emoções e de seu efeito negativo sobre seus relacionamentos e desempenho.

Como se sabe, autoconsciência é uma daquelas coisas mais fáceis de falar do que de fazer, sobretudo quando se trata de nossas deficiências, bloqueios emocionais e fraquezas. Nossa imagem de quem somos – como interagimos com o mundo, como os outros nos veem, quais são nossos valores e como julgamos as outras pessoas – fica obscurecida, no nível do subconsciente. A mente nos prega peças e oculta a realidade sob uma cortina.

Autoconsciência combinada com empatia é a chave da consciência situacional: saber quando empurrar e quando puxar; quando fazer perguntas e quando conciliar em busca de soluções; quando ouvir e quando falar; quando acomodar e quando interpelar. A consciência situacional é uma das metacompetências de vendas, sobretudo em contexto de vendas complexas.

## A autoconsciência é a mãe da elevada Inteligência Emocional em Vendas

O desenvolvimento da autoconsciência é um processo árduo e incessante. Como humanos, não somos naturalmente hábeis em nos olhar ao espelho e nos ver como realmente somos.[17] O conforto da ilusão é muito mais cativante que o desconforto da realidade nua e crua. Mas você não pode ser delirante e vitorioso ao mesmo tempo.

Uma longa fila de cientistas, de sociólogos comportamentais e de psicólogos revelaram resultados de pesquisas incríveis sobre como nossa mente subconsciente impulsiona nosso comportamento. Todos temos bloqueios quando se trata de emoções, forças e fraquezas, e de como nossos comportamentos e estilo impactam outras pessoas – negativa e positivamente. Nosso viés autosserviente, uma emoção potencialmente destrutiva, protege nosso ego e nossa autoestima frágeis, por meio de uma distorção cognitiva da realidade.

A consciência é a mãe da mudança, do crescimento, do desenvolvimento e do aprimoramento. Mas é difícil mudar o que não se vê. O desenvolvimento da autoconsciência é, sem dúvida, o obstáculo mais difícil e desafiador ao desenvolvimento e à manutenção de elevada Inteligência Emocional em Vendas. Seis são as chaves para o desenvolvimento da autoconsciência:

❶ Avaliações psicométricas (como DISC ou Myers-Briggs).

❷ Coaching ou mentoria.

❸ *Feedback* direto.

❹ Registro das metas.

❺ Análise 360 graus.

❻ Autorreflexão.

---

[17] ATASOY, Ozgun. You Are Less Beautiful Than You Think. *Scientific American*, 21 maio 2013. Disponível em: <https://www.scientificamerican.com/article/you-are-less-beautiful-than-you-think>. Acesso em: 5 dez. 2017.

## Avaliações psicométricas

Cada um de nós tem uma maneira singular de lidar com o mundo ao nosso redor. Algumas pessoas são diretas e incisivas, enquanto outras são sinuosas e evasivas. Algumas pessoas falam devagar e com pouca emoção, enquanto outras são mais animadas e mais emotivas.

As pessoas podem ser ambiciosas e motivadas, analíticas e cuidadosas, ou sociáveis e extrovertidas.

A autoconsciência de seu estilo interpessoal é fundamental para tornar-se um comunicador mais eficaz. As pessoas se sentem mais à vontade a seu lado quando você interage com elas, em função de quem elas são – não de quem você é. Isso lhe permite tirar vantagem do viés de afinidade, uma heurística cognitiva, que leva os humanos a gostar e a confiar mais nas pessoas que são mais parecidas com elas.

Os supervendedores têm autoconsciência aguda de seu estilo comportamental, valores e crenças, e são bastante autoconfiantes para ajustar seu estilo, de modo a lidar com pessoas que não são como eles. A boa notícia é que isso não exige muito. Pequenos ajustes em seu estilo quase sempre provocam grande impacto.

Não há bons e maus estilos – apenas estilos. Você é quem você é; isso não vai mudar. No entanto, quando você está consciente do seu estilo preferido e de como você responde a situações específicas e a outros estilos, essa autoconsciência lhe confere poderosa vantagem ao influenciar o comportamento dos outros.

O caminho mais direto para compreender seu estilo comportamental é uma avaliação de seu estilo de personalidade. As avaliações, usadas da maneira certa, podem ser muito eficazes em ajudá-lo a tornar-se plenamente consciente do impacto que seu estilo de comunicação preferido exerce sobre os outros. Várias são as ferramentas de avaliação, como Myers-Briggs, DISC, Clifton StrenghtFinder, Kolbe, e Sales Drive.

Oferecemos numerosas avaliações para ajudá-lo a compreender melhor o seu estilo de comunicação preferido. Aprenda mais sobre avaliações em: <https://www.salesgravy.com/saleseq ou https://assessments.salesgravy.com>.

## Consiga um coach ou mentor

Por que será que os golfistas profissionais de elite têm coaches de *swing*? Simples. Nos torneios de golfe, há milhões de dólares em jogo, e a diferença entre ganhar e perder geralmente é de uma ou duas tacadas. Pequenas falhas no *swing* ou na personalidade do profissional podem fazer enorme diferença nos resultados.

O mesmo raciocínio se aplica ao pessoal de vendas. As pessoas que se inscrevem no meu Elite Coaching Program estão em geral no apogeu do seu jogo – profissionais de alto desempenho em busca de *insights* que os ajudem a melhorar ainda mais sua performance.

Você não pode mudar o que não vê. Por isso é que tantos profissionais de alto desempenho, em ampla variedade de empreendimentos, têm coaches. Os coaches seguram um espelho do seu comportamento diante de você e o ajudam a chegar a um acordo com o verdadeiro você.

Enfrentemos, porém, a realidade: nem todos podem dar-se ao luxo de contratar um coach. Embora eu tenha contratado alguns coaches extraordinários, a maioria dos meus coaches e mentores foram meus gerentes e outros líderes que se interessaram por mim. A chave para atrair um coach é ser acessível e suscetível ao coaching. Você deve ser aberto ao autodesenvolvimento. Cinco são as chaves para ser receptivo ao coaching:

❶ **Pedir.** Deixe o orgulho de lado, abra-se e peça ajuda.

❷ **Ouvir.** Deixe seu ego de lado e disponha-se a relaxar. Se você resistir, ficar na defensiva ou não comprometer-se, os coaches logo se desengajam e investem o seu tempo e energia em outra coisa.

❸ **Confiar.** Lembre-se de que você tem bloqueios. O seu coach logo lhe mostrará coisas que você não consegue ver. Dê ao seu coach tempo para agir e confie nele para mostrar-lhe a realidade do que estão vendo.

❹ **Agir.** Persista no plano de ação combinado. Nada é mais frustrante para um coach do que um cliente que não segue suas orientações.

❺ **Progredir.** Empenhe-se em avançar. Se o seu coach não o vê aplicando o que aprendeu, ele perde o interesse em trabalhar com você.

Você encontrará mais recursos sobre coaching em meu Elite Coaching Program, em: <https://www.salesgravy.com/saleseq> ou <https://elite.salesgravy.com>.

## Peça *feedback*

Marque uma reunião e peça ao seu gerente para lhe dar um *feedback* sobre seu desempenho. Esteja preparado com perguntas específicas sobre suas forças e fraquezas, seus comportamentos e interações com outras pessoas e seus estilos de comunicação, porque você talvez tenha que induzir o seu gerente a lhe oferecer o *feedback* específico que lhe será útil.

A maioria das pessoas não toma a iniciativa de buscar *feedback* honesto, porque a verdade às vezes dói. A conquista da autoconfiança requer coragem para enfrentar a verdade, superar a dor e aprender.

## Registre suas metas e planos

Investir tempo para desenvolver um conjunto de metas e registrar seus planos de ação pode ser esclarecedor. Ao longo do processo, você ganha *insights* sobre os seus valores, sonhos, desejos e sobre os obstáculos que o estejam retendo.

Essa conscientização o ajuda a desenhar uma imagem mais exata de si mesmo. Esse processo começa com duas perguntas simples:

❶ O que eu quero?
❷ Com que intensidade eu quero?

Você encontrará um guia gratuito para o planejamento de objetivos em: <http://www.FreeGoalSheet.com>.

## Análise 360 graus

Os marqueteiros frequentemente reúnem os clientes atuais e potenciais em salas com espelhos falsos ou de dupla face para testar as percepções deles sobre produtos, serviços e marcas. Esses grupos de foco os ajudam a compreender as percepções emocionais e experimentais das pessoas sobre o objeto da pesquisa. Os dados assim coletados são usados para refinar produtos, serviços, mensagens, posicionamentos e propaganda.

Imagine que tenhamos reunido um grupo de seus clientes e *prospects*, pares e gestores numa sala. O grupo é coordenado por um moderador que fará perguntas para explorar as percepções dos participantes.

No outro lado do espelho falso, encontram-se pesquisadores que fazem anotações sobre todo o processo: as palavras e expressões, as entonações e a linguagem corporal dos participantes. Você foi convidado para sentar e observar:

- Qual é a experiência deles ao interagir com você?
- Eles sentem que você tem empatia?
- Eles o acham simpático?
- Eles confiam em você?
- Eles dirão que você cuida deles?
- Eles o consideram bom ouvinte?
- Você oferece valor ou está empenhado em extrair valor?
- Como você se situa em relação aos concorrentes? Você é percebido como diferente ou igual?
- O que eles diriam que você deve mudar ou aprimorar para tornar-se um profissional de vendas mais impactante?
- O que eles percebem como suas forças?
- No todo, quais são as percepções deles sobre você como pessoa?

Para a maioria das pessoas, esse exercício seria uma experiência extremamente emocional. Poucas apreciariam as críticas, por mais construtivas que fossem.

Dez anos atrás, contratei uma empresa para me analisar sob a perspectiva de 360 graus. Depois de ler o relatório, senti-me arrasado. Embora o grupo de foco tivesse feito comentários positivos a meu respeito, eles também disseram muitas coisas negativas. Foi doloroso descobrir como eu estava completamente cego a respeito de comportamentos que me prejudicavam nos relacionamentos com as pessoas mais importantes para mim.

Esse processo doloroso e esclarecedor de 360 graus foi um ponto de inflexão. Saí daquela experiência com o reconhecimento de que o valor da minha educação, das minhas competências, dos meus talentos e das minhas realizações era comprometido pela qualidade de meus relacionamentos interpessoais. Aprendi que eu tinha de me pôr no lugar dos outros, de dar respostas adequadas e de perceber o mundo sob o ponto de vista alheio. Aprendi o verdadeiro valor da autoconsciência, em vez da ilusão do autoengano.

Uma análise 360 graus pode ser dispendiosa, mas é uma das maneiras mais eficazes de deflagrar o processo de autoconscientização. Muitos empregadores estarão dispostos a oferecer-lhe essa experiência. Pergunte ao seu gerente ou ao pessoal de recursos humanos sobre como iniciar o processo. Se você tiver recursos próprios, recomendo-lhe enfaticamente que assuma esse ônus. Aprenda mais sobre análises de 360 graus em: <https://www.salesgravy.com/saleseq>.

## Autorreflexão

Na primavera passada, meus pais prepararam o jardim para plantar abóboras. Revolveram e fertilizaram o solo, plantaram as sementes e o regaram. E, então, saíram em férias durante duas semanas.

Ao retornarem, meu pai foi direto ao jardim, para ver se os canteiros de abóboras tinham brotado. E ficou entusiasmado ao ver como as plantas haviam crescido.

Sabendo que precisaria arrancar as ervas daninhas que tinham germinado nos canteiros para evitar que sufocassem os brotos de abóboras, ele meteu a mão na massa. Mas logo percebeu que era difícil distinguir as ervas daninhas dos brotos de abóboras. Lembrei-o, de brincadeira, do velho ditado: "É fácil arrancar do solo a boa planta e lá deixar a erva daninha".

Como minha mãe não estava convencida de que meu pai acertaria quase ao acaso, na base da experimentação, resolvemos procurar no Google como identificar ervas daninhas. Digitei "identificar ervas daninhas" e obtive 600.000 resultados.

Ocorre que isso é algo em que muita gente está interessada, e por bons motivos. Ao arrancar logo as ervas daninhas, você garante que as boas plantas não precisarão competir por nutrição, espaço ou água, e se tornarão abóboras saudáveis e maduras. Esperar, porém, até que as ervas daninhas sejam identificadas com facilidade dá tempo às más plantas para lançar raízes fortes no solo e abafar as boas plantas.

Assim como em qualquer jardim, as ervas daninhas são inevitáveis na vida e, francamente, são evidências da nossa falibilidade como humanos: são os joios do medo, das más atitudes, da amargura, da indolência, da indecisão, da ignorância, da arrogância, da insegurança, da hesitação, da desordem, da má gestão do tempo, da incapacidade de definir objetivos, da falta de exercício físico, dos maus hábitos alimentares e dos relacionamentos destrutivos. Com que frequência nós os deixamos crescer descontrolados, até nem mais percebermos que se alastraram e tomaram conta do jardim?

As ervas daninhas começam pequenas. Um simples lapso de autodisciplina, de mau julgamento ou de procrastinação fornece solo fértil para as ervas daninhas se espalharem. De início, nem percebemos que o rebento despontou, mas, aos poucos, todos os dias, o broto cresce, integra-se à paisagem e passa despercebido; até que um dia, quando a praga se destaca e se torna notória, já é tarde demais – o dano já foi feito. Nosso bem-estar físico e emocional foi sufocado. Nossos relacionamentos ficam comprometidos. Nossa carreira começa a ratear. E, por fim, o fracasso assume o lugar do sucesso.

Isso acontece com os vendedores, por exemplo, quando eles adiam a prospecção de clientes, apenas para descobrir, um ou dois meses depois, que não estão fechando negócios porque o *pipeline* está vazio. Também acontece quando começam a abrir atalhos no processo de vendas, porque deixaram que as ervas daninhas do cinismo, da arrogância, das prerrogativas e da vitimização ocupassem grande parte do solo.

Embora ninguém seja perfeito para impedir a germinação de ervas daninhas, é possível adotar medidas para identificá-las e erradicá-las antes que se tornem dominantes. Uma das maneiras mais radicais é a introspecção honesta.

Bill George, professor de Gestão na Harvard Business School, sugere que "você desenvolva a prática diária de dedicar pelo menos 20 minutos para refletir sobre a sua vida".[18] Para muita gente, esse pequeno intervalo de tranquilidade envolve exercício, meditação e oração.

O silêncio lhe proporciona espaço e liberdade para apenas refletir e contemplar, sem intervenção do mundo exterior. Isso lhe permite programar o tempo para:

- Sentar em silêncio e somente pensar.
- Ouvir sua voz interior.
- Considerar sua intuição.
- Refletir sobre onde você está e para onde vai.
- Conscientizar-se do que o está retardando.

Na busca da autoconsciência, vale a pena lembrar-se da famosa colocação de Shakespeare, em *Hamlet*: "Acima de tudo, sê fiel a ti mesmo". Todos temos a capacidade de descobrir quem realmente somos e mudar. É uma simples equação de procurar a verdade, de ter a coragem de suportar a dor da verdade e de cultivar o desejo de reconhecer a verdade para mudar.

---

[18] GEORGE, Bill. Know Thyself: How to Develop Self-Awareness. *Psychology Today*, 29 set. 2015. Disponível em: <https://www.psychologytoday.com/blog/what-is-your-true-north/201509/know-thyself-how-develop-self-awareness>. Acesso em: 5 dez. 2017.

## Capítulo 10 | ESFORÇO DE VENDAS

*Desejo é o ponto de partida de todas as realizações; não uma esperança, não um anseio, mas uma vontade intensa e pulsante, que a tudo transcende.*

Napoleon Hill

Essa é a verdade brutal e incontestável: vendas é uma profissão árdua, fatigante, e, às vezes, angustiante. A pressão por resultados e a demanda por desempenho são implacáveis. Você precisa entregar resultados, cumprir metas, continuamente. Sua renda e sua capacidade de sustentar a si próprio e a família depende disso.

Em vendas, ao contrário de em muitas outras profissões, a ameaça de perder o emprego porque não cumpriu as metas do mês, do trimestre ou do ano sempre pende sobre sua cabeça. Mesmo quando você tem um bom mês, você não pode comemorar por muito tempo, porque o importante não é o que você já vendeu; é o que você vende hoje e venderá amanhã, no mês, no trimestre e no ano. Nessa jornada, você escala picos emocionais incríveis, mas também mergulha em abismos profundos.

Apesar desse ambiente altamente estressante e de alta pressão, os profissionais de alto desempenho demonstram autoconfiança e tranquilidade. Eles têm convicção de que serão bem-sucedidos. Acreditam que controlam o futuro. Os supervendedores exibem otimismo em face da adversidade.

O doutor Chris Croner passou anos pesquisando e escrevendo extensivamente sobre supervendedores. Com base nesses estudos, ele descobriu que os profissionais de alto desempenho "sempre têm em comum um traço psicológico crítico, e essa característica é "esforço."[19]

O Esforço de Vendas é componente fundamental da Inteligência Emocional em Vendas e inclui:

**Otimismo:** O sentimento positivo de otimismo o ajuda a enfrentar a adversidade e a manter o rumo. O otimismo é a mãe da perseverança. Ele energiza um sistema de crenças positivo e atrai energia positiva. Como tão bem afirmou Helen Keller, "Otimismo é a fé que leva à realização".

**Competitividade:** Você odeia perder e ama vencer? O esforço para evitar perder é o que mantém os supervendedores trabalhando jornadas mais longas e mais árduas, e fazendo tudo o que for necessário para vencer. A competitividade é a mãe da persistência.

**Necessidade de realização:** O psicólogo e pesquisador Henry Murray definiu necessidade de realização como "esforços intensos, prolongados e reiterados para realizar alguma coisa difícil. Trabalhar com obstinação para alcançar um objetivo ambicioso e distante. Ter determinação para vencer".[20] A necessidade de realização é a mãe da motivação.[21] O pessoal de vendas com alta necessidade de realização é propenso à ação – competência crítica para conseguir que os *stakeholders* assumam compromissos regulares com o próximo passo e para que assim se impulsionem negócios ao longo do *pipeline*.

Sabemos que a inclinação para o autodesenvolvimento é componente importante para alcançar alta Inteligência Emocional em Vendas e alta Inteligência Adquirida. O que a pesquisa[22] nos diz, porém, é que não basta autodesenvolvimento para manter a continuidade do pique de desempenho. O bom vendedor treina e trabalha com afinco. Isso é um dom. Os profissionais de alto desempenho, contudo, extraem a vantagem competitiva do esforço perseverante.

---

[19] DRILLING for Drive. *SalesDrive*, 1 ago. 2007. Disponível em: <https://salesdrive.info/drilling-for-drive>. Acesso em: 5 dez. 2017.

[20] MURRAY, H. A. *Explorations in Personality*. Nova York: Oxford University Press, 1938.

[21] CRONER, Christopher; ABRAHAM, Richard. *Never Hire a Bad Salesperson Again: Selecting Candidates Who Are Absolutely Driven to Succeed*. Richard Abraham Company, 2006.

[22] MENTAL Toughness Profiles and Their Relations with Achievement, Goals and Sport Motivation in Adolescent Australian Footballers. Disponível em: <www.ncbi.nlm.nih.gov/pibmed/20391082>.

O doutor Croner não está sozinho em suas descobertas. Dados de vários estudos de pesquisa indicam que o Esforço de Vendas é mais importante que talento, experiência, educação, competências ou técnica. O Esforço de Vendas é a razão pela qual o pessoal de vendas[23] com alta Inteligência Emocional em Vendas viceja sobre pressão, enquanto outros com o mesmo nível de talento se deixam desanimar assim que as coisas ficam difíceis.

## Desenvolvendo o esforço de vendas

O que é necessário para desenvolver e manter o Esforço de Vendas? Como cultivar o otimismo, a competitividade e a necessidade de realização?

A resposta a essa pergunta é dupla. Primeiro, um componente do Esforço de Vendas é inato. Como a maioria dos aspectos do comportamento humano, parte do seu esforço está impresso em seu DNA. Como todas as características da Inteligência Emocional em Vendas, porém, o esforço pode ser desenvolvido e aprimorado. Você pode mudar sua mentalidade.

Essa mudança de mentalidade começa com a disciplina para desenvolver um *locus* de controle interno e compreender com clareza que só três coisas são controláveis:

❶ Ações – o que você escolhe para fazer todos os dias e a cada momento.

❷ Reações – como você responde às pessoas, às circunstâncias e às emoções.

❸ Mentalidade – suas atitudes e crenças.

Basicamente você precisa tomar consciência das emoções e dos diálogos internos que possam levá-lo ao sucesso ou ao fracasso.

Sim, algumas pessoas são mais competitivas, otimistas e focadas em resultados do que outras. Entretanto, ultimamente, o esforço de vendas é uma escolha que começa com duas crenças:

❶ Uma expectativa de que você pode e vai vencer.

❷ A crença de que tudo acontece por uma razão.

A expectativa de vencer é a gênese do otimismo, do entusiasmo e da confiança. Quem acredita que vencerá vence com muito mais

---

[23] DUCKWORTH, A. L. *et al.* Grit: Perseverance and Passion for Long-Term Goals. *Journal of Personality and Social Psychology*, v. 92, n. 6, p. 1087-1101, 2007.

frequência do que quem acredita que perderá. Você descartará os sentimento de dúvida e insegurança e pedirá com confiança o que quiser, alcançará os objetivos de suas visitas de vendas com mais frequência, conseguirá mais microcompromissos e fechará mais negócios.

Quando você acredita que tudo acontece por alguma razão, sua perspectiva sobre eventos potencialmente negativos serão otimistas. Em vez de se queixar "Por que eu?" ao se defrontar com um retrocesso, você pergunta "O que posso aprender com isso?". Essa crença é o berço do otimismo.

Quando você opta por acreditar que controla seu próprio destino, você não mais teme o fracasso e a rejeição, pois acredita que o fracasso é o caminho para o aprendizado, para o crescimento e para a melhoria do desempenho.

E, assim, fechamos o círculo: para manter o esforço de vendas, você precisa de autoconsciência; esta, por seu turno, deve ser explorada de modo a lhe proporcionar o autocontrole necessário para gerenciar as emoções negativas que erodem o esforço de vendas. As seguintes estratégias o ajudarão a manter alto nível de esforço.

## Escolha os amigos cuidadosamente

A miséria adora companhia, e quer que você entre para o grupo. As más atitudes das pessoas com quem você convive destruirão as suas boas atitudes. Em vez disso, relacione-se com pessoas capazes de construir suas atitudes positivas, em vez de demoli-las.

## Mude sua autoconversa

Uma voz em seu interior tagarela o tempo todo, 24 horas por dia, 7 dias por semana. Essa autoconversa – o que você, no íntimo, diz para si mesmo – manifesta-se através de suas atitudes e ações externas. Pare e ouça o que você está dizendo a si próprio. Se você está afundando em autopiedade, culpando o mundo por seus problemas e dizendo de si para consigo o que você não pode fazer, é hora de mudar a sua linguagem. Você não pode se dar ao luxo de cultivar pensamentos negativos.

## Mude seu input

O que você põe na cabeça impacta o esforço. Ler, observar ou ouvir coisas negativas influencia suas atitudes. Faça uma pausa nas notícias. Desligue o rádio. Comece a alimentar seu cérebro com mensagens positivas e suas atitudes ganharão altitude.

## Mude o foco

Sim, você perdeu. Você sofreu um retrocesso. Você fracassou. Ao se confrontar com o fracasso, os vendedores medíocres gastam suas energias e tempo remoendo-o. Retrocedem e reproduzem a fita sucessivas vezes na cabeça. Mude sua visão. Abrace o dom do fracasso. Tire proveito da dor para ficar mais forte e mais ágil. Explore a energia que você está desperdiçando ao reproduzir a fita da derrota e canalize-a para impulsioná-lo rumo a seu próximo objetivo.

Você não é definido pelo que acontece com você, mas sim pela maneira como reage ao que acontece com você. Cada vez que enfrenta adversidades ou quando as coisas não correm à sua maneira, você tem uma escolha. Você pode optar por lamuriar-se e queixar-se ou por aprender e crescer.

## Aptidão física

Quando você enfrenta obstáculos emocionais, o Esforço de Vendas lhe permite superá-los. Mas o impulso exige enorme quantidade de energia mental.

A energia mental sempre será limitada pela resiliência física. Se você estiver cansado, com fome, ou se sentir fisicamente esgotado, fica muito difícil sustentar o esforço e gerenciar as emoções.

Manter-se em ótimas condições físicas melhora o pensamento criativo, a clareza mental e o otimismo, além de ajudá-lo a desenvolver a disciplina para preservar o autocontrole emocional. E também turbina a confiança e o entusiasmo, as duas emoções mais importantes em vendas.

Os profissionais de vendas passam muito tempo sentados olhando para telas. Com o aumento das funções de vendas internas e com o avanço da tecnologia, como videoconferências, e-mails e mídias sociais, o pessoal de vendas passa cada vez menos tempo em pé ou andando.

Há evidências crescentes de que passar o dia sentado é extremamente perigoso para a saúde[24] e impacta sua capacidade mental.

---

[24] AVIROOP BISWAS, Paul *et al*. Sedentary Time and Its Association with Risk for Disease Incidence, Mortality, and Hospitalization in Adults: A Systematic Review and Meta-Analysis. Annals of Internal Medicine. Disponível em: <http://annals.org/article.aspx?articleid=2091327>. Acesso em: 5 dez. 2017.

Ocorre que, quando você fica muito tempo sentado, de olho na tela do computador, "tudo desacelera, inclusive as funções cerebrais".[25]

Trinta minutos a uma hora de exercícios físicos diários é suficiente para mantê-lo saudável, reduz as chances de doença e desenvolve a resiliência física.[26] Vá para a academia, caminhe na hora do almoço, ou pedale a bicicleta ao chegar em casa à noite. Por fim, complemente essa rotina diária com 50 abdominais e 50 flexões. Nos fins de semana, pratique esportes ou saia para caminhar. Carregue os tacos no campo de golfe, em vez de transportá-los no carrinho. Deixe o carro nos fundos do estacionamento, suba escadas e caminhe entre os terminais do aeroporto, evitando pegar esteiras rolantes ou outros meios de transporte internos. Trabalhe no jardim.

Levante-se enquanto estiver ao telefone e caminhe durante os intervalos intrajornada ou entre reuniões, em vez de ficar sentado na sala de descanso ou na sala de reuniões batendo papo. Exercitando-se com regularidade, você se sentirá e terá aparência mais confiante, além de controlar melhor suas emoções.

## Durma o suficiente

Arianna Huffington, cofundadora do jornal *Huffington Post*, assumiu a missão de ajudar as pessoas a dormir melhor. De acordo com Huffington, "Estamos em plena crise de privação de sono. Só se renovarmos nossas relações com o sono seremos capazes de retomar o controle da nossa vida".[27]

Nada impacta mais a saúde e o bem-estar mental do que o sono. Quando você dorme o suficiente, sua energia física e mental alcança o pico. Você fica mais criativo, mais disciplinado e mais ágil, além de mais confiante, capaz de falar em público, apto a superar adversidades passadas e a controlar suas emoções; e, francamente, você se sente melhor e parece mais bem-disposto.

Os humanos precisam de sete a nove horas de sono por noite para alcançar o desempenho ótimo. Na sociedade de hoje, porém, dormir pouco tornou-se insígnia de honra.

---

[25] BERKOWITZ, Bonnie; CLARK, Patterson. The Health Hazards of Sitting. *Washington Post*, 20 jan. 2014. Disponível em: <www.washingtonpost.com/wp-srv/special/health/sitting/Sitting.pdf>. Acesso em: 5 dez. 2017.

[26] PHYSICAL Activity Guidelines. *U.S. Health and Human Services*. Disponível em: <www.health.gov/paguidelines>. Acesso em: 5 dez. 2017.

[27] HUFFINGTON, Ariana. *The Sleep Revolution: Transforming Your Life, One Night at a Time*. New York: Harmony, 2016.

Muitas coisas ruins podem acontecer quando você não dorme o suficiente.[28] No longo prazo, você fica mais suscetível a deficiências imunológicas, à obesidade, a problemas cardíacos e a transtornos de humor. Além de tudo isso, sua expectativa de vida é reduzida.

No curto prazo, a privação de sono produz impacto profundo sobre sua capacidade cognitiva e degrada sua inteligência emocional. Você fica mal-humorado, desatento e estressado; sua memória falha e você se torna suscetível a falhas na disciplina emocional. É muito mais difícil regular as próprias emoções, responder adequadamente às emoções alheias e manter o esforço quando você não dorme o suficiente.[29]

## Alimente-se de maneira saudável

Em vendas, pode ser difícil comer bem. O pessoal de vendas externas recorre a redes de fast-food para abastecer-se e o pessoal de vendas internas tira da gaveta o saco de batata frita ou a barra de cereais e empurra tudo goela abaixo com refrigerantes açucarados ou bebidas energéticas.

Alimentar-se mal é como encher o tanque de um carro de corrida de alto desempenho com gasolina de baixa octanagem. Para desenvolver resistência e resiliência mental de modo a trabalhar no pique durante todo o dia de vendas, você precisa encher o tanque com combustível de foguete.

A alimentação saudável é uma escolha consciente. É também um compromisso fácil de quebrar, se você não estiver dormindo, nem se exercitando o suficiente. Hoje, até os restaurantes de fast-food têm opções saudáveis. Com um pouco de disciplina e planejamento, é possível encontrar comida nutritiva com facilidade e, certamente, preparar refeições saudáveis em casa.

Uma regra é essencial para o pessoal de vendas. Seja como for, tome um bom café da manhã. O café da manhã, justamente por ser a quebra do jejum, daí o nome desjejum, é a refeição mais importante do dia de vendas. Dá a partida no esforço de vendas.

---

[28] CONSEQUENCES of Insufficient Sleep. *Harvard Medical School*. Disponível em: <http://healthysleep.med.harvard.edu/healthy/matters/consequences>. Acesso em: 5 dez. 2017.

[29] HERE is Arianna Huffington's Recipe for a Great Night's Sleep. *Fast Company*, 10 jun. 2016. Disponível em: <https://www.fastcompany.com/3060801/your--most-productive-self/heres-arianna-huffingtons-recipe-for-a-great-night-of-s-leep>. Acesso em: 5 dez. 2017.

## Desenvolvendo a resistência mental

Para recuperar-se dos retrocessos, para levantar-se depois de ter sido nocauteado e para ser resiliente em face da rejeição, da adversidade e do fracasso, você precisa de resistência mental. Resistência mental é a capacidade de aceitar a dor e o sacrifício hoje para vencer no futuro. É a disposição para bloquear a autoconversa negativa, gerenciar as emoções, ignorar as pessoas que dizem o que você não pode fazer e concentrar foco singular no objetivo desejado.

Estudos desbravadores, como *Garra: O poder da paixão e da perseverança* (Intrínseca, 2016), estão nos ajudando a compreender como a resistência mental é importante para a capacidade de realização. James Loehr, o pai da "psicologia da vitória", descreveu sete dimensões centrais da resistência mental[30]:

1. Autoconfiança.
2. Controle da atenção.
3. Minimização da energia negativa.
4. Aumento da energia positiva.
5. Manutenção dos níveis de motivação.
6. Controle das atitudes.
7. Controle visual e das imagens.

Cada uma dessas dimensões pode ser aprendida, praticada, desenvolvida e cultivada. A chave é fazer a escolha de mudar sua mentalidade. A maioria dos vendedores medíocres tem tudo de que precisa para alcançar o sucesso, exceto resistência mental.

Os supervendedores sacrificam o prazer no curto prazo pelo ganho no longo prazo. Eles batem nas mesmas paredes e enfrentam os mesmos sofrimentos emocionais de qualquer outra pessoa. O que os torna diferentes é a capacidade de enfrentar construtivamente os desafios, de manter o foco e de controlar as emoções, que poderiam desviá-los de sua missão.

Em vendas, o sucesso é pago adiantado. Na verdade, vender é ralar. Mas para brilhar é preciso ralar. Os profissionais de alto desempenho estão dispostos a pagar o preço do sucesso.

---

[30] LOEHR, James E. *Mental Toughness Training for Sports: Achieving Athletic Excellence*. Nova York: Plume, 1991.

Capítulo 11 | **AUTOCONTROLE**

*A vida é dez por cento o que você experimenta e noventa por cento como você responde às experiências.*
Dorothy M. Neddermeyer

Sam Scharaga olhou para o interior da cesta de lixo ao lado da mesa de seu *prospect*. Ele estava perplexo. O que deveria ser uma visita de vendas rotineira a um gerente de frota de transportes, para discutir para-brisas danificados nos veículos, tinha azedado feio, em fração de segundos.

O gerente de frota já se relacionava com outra empresa de vidros e, embora Sam tivesse desenvolvido bons argumentos em defesa da sua empresa, o *prospect* manteve-se inflexível. Sam agradeceu-lhe a atenção, deixou seu cartão de visitas "caso as coisas mudassem", e preparou-se para ir embora. Também entregou ao gerente de frota alguns blocos de notas autoadesivas.

"A maioria das pessoas gosta de receber nossos blocos de notas", explica Bob, filho de Sam, agora o CEO da All Star Glass, que se expandiu para 31 localidades, na Califórnia, Nevada e Texas. "Mas esse cara arrancou os blocos da mão do meu pai e os jogou na cesta de lixo."

Bob se lembra: "Foi quando tínhamos uma loja e meu pai fazia das tripas coração para manter as luzes acesas. Ele trabalhava sem parar, 24 horas por dia, 7 dias por semana. O negócio era a paixão dele.

"Meu pai tinha um gênio terrível, mas se controlou, olhou para o cara, e disse:'Admiro sua lealdade. Gostaria que todos os meus clientes fossem tão leais quanto você. Esses caras são sortudos ao contar com você como cliente'."

"O gerente de frota não sabia o que dizer. Ao manter a cabeça fria, meu pai pegou-o totalmente desprevenido. O cara acabou se desculpando e, por fim, ganhamos o negócio. Em vez de descontrolar-se, meu pai ficou calmo e virou a situação."

## Gerenciando as emoções negativas

De várias maneiras, grandes e pequenas, as emoções negativas impedem o sucesso de alguns vendedores. A profissão de vendas está tão imersa em emoções que praticamente todos os erros, bloqueios e fracassos experimentados podem ser atribuídos diretamente às emoções negativas. A lista de emoções é longa e inclui, entre outras:

- Medo.
- Raiva.
- Incerteza.
- Insegurança.
- Impaciência.
- Ligações afetivas.
- Rompimentos afetivos.
- Arrogância.
- Reclamações.
- Ilusões.

As emoções negativas se manifestam em comportamentos destrutivos, que obscurecem o foco, corrompem os relacionamentos, enevoam a consciência situacional e acarretam decisões irracionais, erros de julgamento e excesso de confiança; e podem gerar paralisia ou procrastinação quando você se defronta com decisões ou reivindica compromissos.

Gerenciar emoções negativas é a principal metacompetência de vendas. A combinação de consciência situacional e controle das emoções negativas é o que põe os profissionais de alto desempenho num pedestal, bem acima dos vendedores medíocres.

A realidade brutal é que, não importa o que você venda, se seu processo é simples ou complexo, ou se o ciclo de vendas é curto ou longo, a excelência em vendas acontece quando você aprende a gerenciar as emoções negativas para ser capaz de influenciar as emoções alheias.

Sabemos que a experiência emocional do comprador ao longo da jornada de compra exerce tanto (ou mais) impacto sobre a propensão a comprar o que você está vendendo quanto qualquer outro fator. Quando os *stakeholders* se engajam no processo de compras e se conectam emocionalmente com o vendedor (ou com a equipe de vendas, em negócios complexos), a probabilidade de vitória aumenta significativamente.

Desde o estágio inicial de prospecção de clientes, ao longo de todo o processo de vendas, a incapacidade de gerenciar e controlar as emoções negativas é a principal razão isolada para os vendedores explodirem com os *stakeholders*. As emoções negativas descontroladas distorcem suas conversas de vendas, encobrem seu julgamento e interferem em sua tão importante consciência situacional.

Tudo isso porque vender é humano. Comprar é humano. Você e os seus *stakeholders* são bombardeados com emoções irracionais e negativas. Em conversas de vendas com forte carga emocional, todos tentam manter-se controlados e racionais para alcançar o melhor resultado possível.

O que torna tão difícil gerenciar e controlar as emoções é que cada emoção é, basicamente, uma faca de dois gumes. Ao mesmo tempo, as emoções podem ser positivas ou negativas, dependendo da situação, do contexto e das pessoas envolvidas. Por isso é que a consciência situacional – a capacidade de julgar com exatidão onde você está na conversa de vendas e qual será a próxima manobra ou resposta adequada – é fator crítico tão importante da Inteligência Emocional em Vendas.

## Gênese das emoções negativas

*O paradoxo das emoções é que elas são, ao mesmo tempo, seu mais poderoso aliado e também seu mais perigoso inimigo.*

Shanon sentiu-se enrubescer, com o calor subindo ao rosto. Pela quarta vez em menos de 15 minutos, Amir interrompeu a sua apresentação para dizer que ela estava errada.

Ela havia trabalhado durante meses para chegar àquele ponto no processo de vendas. Descobrir e construir o caso de negócios tinha sido um exercício complexo, exigindo várias viagens pelo país para visitar os muitos centros de dados da empresa e para fazer dezenas de entrevistas com *stakeholders* em toda a empresa.

O desenvolvimento da solução que ela estava apresentando tinha envolvido investimento significativo de tempo e dinheiro pela equipe de engenharia de Shannon. Com um software empresarial de US$ 10 milhões e um acordo de consultoria em vias de conclusão, ela não precisava daquele palhaço atrapalhando sua apresentação. E ele estava errado!

Desde o começo, Amir, CIO da empresa-alvo, era contra a ideia de fazer qualquer mudança. Embora o CFO tenha patrocinado o projeto a pedido do CEO, Amir se opôs e jogou contra, mesmo passivamente, dificultando para a equipe de Shannon o desenvolvimento do caso de negócios. Agora, mais do que nunca, ele estava trabalhando abertamente contra ela, interrompendo-a e encurralando-a.

De repente, Shannon perdeu a paciência. Descarregou sobre Amir toda a raiva reprimida e o pôs em seu devido lugar, refutando todos os fatos e números que ele havia atirado nela. Shannon sabia mais do que os centros de dados deles e do que esse ludita da velha guarda, que estava apenas protegendo o próprio emprego.

Naqueles cinco minutos tensos e constrangedores, ela defendeu sua posição e desandou o negócio. Ao terminar sua apresentação, o patrocinador dela, o CFO da empresa, chocado com a explosão de Shannon, agradeceu-a com polidez pelo árduo trabalho e lhe disse que o comitê consideraria todos os fatores antes de fazer uma recomendação ao Conselho de Administração da empresa.

Na locadora de automóveis, ao voltar para o aeroporto, ela ainda estava furiosa. "Como é que pode, aquele cara? Como é que executivos incapazes mantêm o emprego em empresas como aquela?"

Quando Edwin, o vice-presidente de vendas de Shannon, observou que talvez ela tivesse perdido o controle com Amir, ela imediatamente tornou-se defensiva e lutou para justificar sua posição.

O engenheiro de vendas de Shannon interveio. Ele não acreditava que o argumento de Amir pudesse convencer. "Talvez tivesse sido melhor se você o tivesse deixado falar sozinho." Shannon continuou a argumentar que ela tinha acertado ao defender sua posição.

No meio tempo, Amir tinha passado de opositor moderado a inimigo ostensivo. Ele trabalhou ativamente em defesa de outro fornecedor e usou seu poder junto a outros membros da equipe executiva para bloquear a empresa de Shannon.

A incapacidade de Shannon de controlar sua frustração, raiva e percepção de ter sido diminuída diante de outras pessoas levou-a a converter Amir em inimigo. Em consequência, ela, a equipe e a empresa perderam o negócio.

O cérebro humano é a mais incrível estrutura biológica do planeta. É capaz de proezas extraordinárias, e ainda hoje, depois de mais de cem anos de pesquisas incessantes, os cientistas ainda estão longe de desvendar seus muitos segredos. Mas já sabemos muito sobre o funcionamento do cérebro e sobre sua enorme complexidade.

Sabemos, por exemplo, que, apesar da sua complexidade quase infinita, o cérebro é incumbido de uma tarefa muito simples – mantê-lo seguro e vivo. O doutor Walter Cannon, professor e psicólogo de Harvard, usou pela primeira vez a frase "resposta luta ou fuga" (*fight or flight response*) para descrever como nosso cérebro responde às ameaças.

Essa resposta, em algumas circunstâncias, pode salvá-lo da morte certa; em outras, pode liberar uma onda de emoções fortes capazes de destruir um relacionamento.

Basicamente, luta ou fuga é sua resposta autônoma e instintiva de resistir e combater ou desistir e fugir quando o cérebro percebe uma ameaça. Para os humanos, essas ameaças se manifestam de duas formas:

❶ Física – uma ameaça à sua segurança ou à segurança de alguém próximo a você.

❷ Social – uma ameaça à sua posição social: rejeição, banimento do grupo, parecer mal diante de outra pessoa, não aceitação, diminuição.

Uma vez que vendas não é uma profissão perigosa, praticamente todas as percepções de ameaça são à posição social e aos egos frágeis. Não é um salto ousado concluir que 80% ou mais das emoções fortes que nos acometem à medida que avançamos no dia de vendas são disparadas pela resposta luta ou fuga.

As restantes 20% são provocadas pelos vieses cognitivos. Às vezes, esses atalhos mentais que permitem ao cérebro pensar rápido em um mundo complexo tornam-se emoções negativas que impedem a objetividade.

Um aspecto que quero salientar sobre a resposta luta ou fuga e os vieses cognitivos é que essas emoções fortes são universais para os humanos. Portanto, compreender nossas próprias emoções também tem o propósito de ajudá-lo a desenvolver empatia pelos *stakeholders* e seus comportamentos irracionais. Esse *insight*, combinado com o controle emocional, é a chave para dominar os modelos de persuasão.

## Luta ou fuga

A resposta luta ou fuga é insidiosa porque é uma reação neurofisiológica que contorna o pensamento racional e pode, pelo menos no curto prazo, extinguir sua capacidade de pensar e de focar. Ela começa na amígdala e daí se irradia, na medida em que se produzem e se bombeiam hormônios por todo o corpo.

A amígdala interpreta a ameaça transmitida por um input sensorial. O processo dispara um jorro de substâncias neuroquímicas, como adrenalina, testosterona e cortisol. O sangue rico em oxigênio e glicose flui como enxurrada de partes não essenciais do corpo para os músculos. Os batimentos cardíacos aceleram, a pele enrubesce, as pupilas dilatam, a visão periférica desaparece, o estômago aperta, os vasos sanguíneos se contraem, a digestão desacelera e você começa a tremer.

Essa é a causa básica da resposta física desconfortável e não raro dolorosa ao medo, à ansiedade e ao estresse. Ah, e a coisa ainda pior: você não exerce nenhum controle sobre esse processo. A resposta luta ou fuga se manifesta sem o seu consentimento.

Se a reação for lutar, como no caso de Shannon da história anterior, a raiva pode tornar-se descontrolada, a ponto de você atacar verbalmente um *stakeholder*. Numa resposta mais moderada e mais comum, você pode interromper a fala de outra pessoa para sustentar sua posição – diminuindo o significado dela e, talvez, disparando sua própria resposta de luta ou fuga, o que resulta em nova discussão.

Se a resposta for fugir, você se rende, em face de uma rejeição potencial ou real. Você pode tornar-se passivo e não assertivo ao propor um compromisso, ou inseguro e fraco, diante de outras pessoas.

A fim de preparar seu corpo para defender-se, o sangue flui de áreas não essenciais para os músculos. Uma dessas áreas não essenciais de onde flui o sangue é o neocórtex – o cérebro racional. Ao lidar com ameaças e tentar manter-se vivo, pensar nas opções não é bom. Você precisa agir com rapidez.

À medida que o sangue é drenado do neocórtex, você regride à capacidade cognitiva de um macaco bêbado. Nas garras da luta ou fuga, você não consegue pensar, não encontra as palavras e se sente descontrolado. Sua mente gira, as palmas das mãos suam, o estômago aperta, os músculos se retesam. Nesse estado, sem intervenção racional, você é possuído pelas emoções negativas e perde o controle.

## Medo

Em vendas, a emoção forte mais óbvia e traiçoeira é o medo. O medo é a raiz de muitos fracassos em vendas. Ele o impede de propor o que você quer, de prospectar, de transpor as portas de acesso aos executivos-chefes dos *prospects*, de ser assertivo, de dar o próximo passo e de abandonar maus negócios; o medo encobre a objetividade e alimenta a insegurança.

## Insegurança

A insegurança afoga a confiança e o entusiasmo (paixão). Se desnudarmos as vendas até o seu nível mais essencial, concluiremos que vendas é simplesmente transferência de emoções entre duas pessoas. Essa troca vai e volta do vendedor para o *stakeholder* e do *stakeholder* para o vendedor. Quando você se sente e age com confiança e entusiasmo, a probabilidade de que o *stakeholder* se engaje e concorde com todos os seus pedidos aumenta exponencialmente.

## Desespero

Desespero é a emoção forte que o leva a sentir-se inseguro, a tomar decisões ruins e a ficar carente e frágil. Torna-o pouco atraente para outras pessoas. Suas emoções afloram e você age de maneira ilógica, o que o induz a decidir inadequadamente.

Quando você está desesperado, em vez de concentrar-se nos requisitos para o sucesso, você foca nas consequências do fracasso. Em vez de acreditar na vitória, você pressupõe o fracasso, atraindo, assim, a derrota.

Os *stakeholders* podem perceber seu desespero e essa percepção lhes causa repulsa. Por meio das ações, do tom de voz, das palavras e da linguagem corporal, você envia a mensagem de que está assustado e debilitado. Os *stakeholders* tendem para alternativas confiantes e confiáveis.

## Necessidade de significado

A mais insaciável necessidade humana é sentir-se importante e relevante. Essa necessidade egocêntrica pode tornar-se uma de suas emoções mais fortes quando deixada sem controle. A necessidade de sentir-se importante pode levá-lo a ficar tão focado em si mesmo que você fala demais, impõe-se aos outros, não ouve e fala com arrogância a respeito de si próprio. Esses comportamentos destroem as conexões emocionais com os *stakeholders*.

## Fixação

O lado escuro da competitividade é a fixação. Essa emoção forte leva-o a ficar tão obcecado em vencer, em conseguir o que você quer, em parecer bom para os outros, em querer que todos concordem com você e em sempre estar certo, que você perde a perspectiva e a objetividade. A fixação é inimiga da autoconsciência e a mãe da ilusão.

## Preocupação

Mark Twain disse certa vez: "Experimentei muitas coisas terríveis em minha vida, poucas de fato aconteceram". O lado negativo da cruzada vigilante do seu cérebro para mantê-lo seguro e vivo é a tendência de focar no negativo – no que pode dar errado em vez de no que pode dar certo.

De um ponto de vista puramente evolucionário, isso fazia sentido, porque quem evitava o perigo em primeiro lugar era mais propenso a perpetuar seus genes. É grande a diferença, porém, entre evitar alguma coisa que pode matá-lo e evitar uma ameaça social.

A amígdala, no entanto, trata todas as ameaças da mesma maneira. Em consequência, tememos, ruminamos e remoemos reiteradamente os piores cenários em nossa mente.

A preocupação em si pode disparar a resposta luta ou fuga e a torrente de emoções fortes que a acompanha. Isso pode levar aos Três Ps[31] – procrastinação, perfeccionismo e paralisia –, emoções que o bloqueiam na prospecção e nas vendas.

Preocupar-se com eventos que ainda não aconteceram aflige o pessoal de vendas. À medida que você rumina o cenário na cabeça e vê-se fracassado, constrangido ou rejeitado, você perde a confiança, cria insegurança onde antes não existia, e até evita completamente a situação.

## Vieses cognitivos

Não há nada que você faça – nenhuma decisão, nenhuma conversa, nenhuma situação – em que não atuem vieses cognitivos.[32]

---

[31] BLOUNT, Jeb. *Fanatical Prospecting*. Hoboken, NJ: John Wiley & Sons, 2016.
[32] HALVORSON, Heidi Grant; ROCK, David. Beyond Bias. *Strategy+Business*, 13 jul. 2015. Disponível em: <www.strategy-business.com/article/00345>. Acesso em: 5 dez. 2017.

Vieses são o lado escuro da heurística cognitiva — os atalhos mentais que possibilitam decisões rápidas e eficientes sobre pessoas e situações. Esses julgamentos apressados, porém, podem encobrir a objetividade e acarretar desvios da objetividade para a ilusão, levando-o a[33]:

- Ignorar oportunidades, opções, e informações úteis.
- Superestimar ou subestimar as probabilidades de vencer.
- Perder a empatia e desconectar-se da consciência emocional.
- Tornar-se cego para as motivações dos *stakeholders*.
- Procurar informações que sustentem seu ponto de vista e desprezar dados que suscitem questionamentos.

Os vieses cognitivos emanam do subconsciente e, em geral, são disparados antes de você estar plenamente consciente de como suas decisões e padrões de pensamento foram impactados negativamente. É muito difícil controlá-los.

A chave para controlá-los é a compreensão intelectual de vieses cognitivos comuns e a autoconsciência para captá-los e redirecioná-los à medida que se manifestam.

### Erro de atribuição fundamental

O erro de atribuição fundamental, às vezes denominado viés de correspondência, leva-o a rotular o comportamento de outras pessoas com base em características ou falhas internas percebidas *versus* fatores externos. Em vez de assumir intenção positiva ao interpretar[34] o comportamento alheio, você pensa o pior da outra pessoa.[35]

### Viés autosserviente

O viés autosserviente é a tendência de atribuir eventos positivos ao seu próprio caráter, mas atribuir eventos negativos a fatores

---

[33] LICHTENSTEIN, Sarah; FISCHHOFF, Baruch; PHILLIPS, Lawrence D. Calibration of Probabilities: The State of the Art to 1980. In: KAHNEMAN, Daniel; SLOVIC, Paul; TVERSKY, Amos. *Judgment under Uncertainty: Heuristics and Biases*. Cambridge University Press, 1982. p. 306-334.

[34] ROSS, L. The Intuitive Psychologist and His Shortcomings: Distortions in the Attribution Process. In: BERKOWITZ, L. *Advances in Experimental Social Psychology* 10. Nova York: Academic Press, 1977. p. 173-220.

[35] SHERMAN, Mark. Why We Don't Give Each Other a Break. *Psychology Today*, 20 jun. 2014. Disponível em: <https://www.psychologytoday.com/blog/real-men-dont--write-blogs/201406/why-we-dont-give-each-other-break>. Acesso em: 5 dez. 2017.

externos.³⁶ Basicamente, o viés autosserviente é uma emoção negativa que o impede de reconhecer e responsabilizar-se por ações que podem impactar negativamente seu sistema de crenças egocêntrico e sua autoestima.

## Viés de autoaprimoramento

Os seres humanos têm o desejo e a motivação básica de verem a si próprios sob uma luz positiva e de preservarem a autoestima. Tendemos, portanto, a buscar evidências que reforcem nossa visão de nós mesmos.

Pode ser uma emoção positiva em situações nas quais fomos rejeitados ou enfrentamos bloqueios, pois nos ajuda a reestruturar nossa autoconversa, a nos ver sob luz positiva e conseguir apoio.

O viés de autoaprimoramento se torna destrutivo quando inibe a autoconsciência³⁷ e nos cega para nossas falhas e fraquezas, reduzindo esforço de autodesenvolvimento e crescimento; ou nos leva a evitar coaching e *feedback*, quando essas atividades podem revelar verdades que receamos enfrentar.

## Viés de otimismo

Já aprendemos que o otimismo é o componente central do Esforço de Vendas. O lado escuro do otimismo³⁸ é levar você a acreditar que é menos propenso a experimentar um evento negativo – como perder um negócio – do que outras pessoas (o que às vezes é denominado otimismo comparativo).³⁹ O viés do otimismo pode gerar ilusão e cegá-lo para possíveis armadilhas com compradores, *stakeholders*, negócios e concorrentes, expondo-o a surpresas.

---

[36] BOYES, Alice. The Self-Serving Bias: Definition, Research, and Antidotes. *Psychology Today*, 9 jan. 2013. Disponível em: <https://www.psychologytoday.com/blog/in-practice/201301/the-self-serving-bias-definition-research-and-antidotes>. Acesso em: 5 dez. 2017.

[37] BAUMEISTER, R. F. *et al.* Bad Is Stronger Than Good. *Review of General Psychology*, v. 5, n. 4, p. 323–370, 2001. Disponível em: <doi:10.1037/1089-2680.5.4.323>. Acesso em: 5 dez. 2017.

[38] BEAZLEY, Claire. The Many Sides of Optimism. *Positive psychology*, 24 out. 2009. Disponível em: <http://positivepsychology.org.uk/pp-theory/optimism/97-the-many-sides-of-optimism.html>. Acesso em: 5 dez. 2017.

[39] SHEPPERD, James A. *et al.* Exploring the Causes of Comparative Optimism. *Psychologica Belgica*, v. 42, p. 65-98, 2002. Disponível em: <CiteSeerX: 10.1.1.507.9932>. Acesso em: 5 dez. 2017.

## Efeito de excesso de confiança

A chave para o alto desempenho em vendas é o foco obsessivo nas probabilidades de vencer. Para tanto, é necessário estimar e prever com exatidão o potencial de oportunidades no *pipeline*. O problema é que os humanos, inclusive você, têm o hábito estranho de sempre superestimar a probabilidade.

Você conhece essa situação. Ao observar alguém executar uma tarefa difícil ou complexa com facilidade, você declarou, cheio de confiança: "Posso fazer isso!" Só quando estava no meio da tarefa, você constatou que havia sobrestimado as suas capacidades.

Do mesmo modo, o excesso de confiança pode induzi-lo a investir tempo em *prospects* de baixa probabilidade ou a não se preparar adequadamente para as reuniões de vendas.

O excesso de confiança tem três dimensões: superestimativa do desempenho real, sobreavaliação do próprio desempenho em comparação com o alheio e excesso de exatidão ao expressar certeza indevida quanto à validade das próprias crenças.[40]

## Vieses de falso consenso e de confirmação

Dê uma volta rápida pelo Facebook para ter uma experiência direta e pessoal do viés de falso consenso. Essa emoção negativa o leva a acreditar que seus valores, crenças, opiniões e hábitos são normais e, portanto, compartilhados por todas as outras pessoas.[41] Quem não tem a mesma crença é rotulado de anormal ou problemático.

O viés de falso consenso pode ser extremamente prejudicial em vendas.

- Ele impede a empatia e o induz a projetar as próprias crenças nos outros.
- Ao presumir que você e os *stakeholders* pensam da mesma maneira, sua tendência é fazer menos perguntas e ser menos curioso.

---

[40] MOORE, Don A.; HEALY, Paul J. The Trouble with Overconfidence. Psychological Review, v.115, n. 2, p. 502-517, 2008. Disponível em: <doi:10.1037/0033-295X.115.2.502>. Acesso em: 5 dez. 2017.

[41] BAUMAN, Kathleen P.; GEHER, Glenn. We Think You Agree: The Detrimental Impact of the False Consensus Effect on Behavior. Current Psychology, v. 21, n. 4. p. 293-318, 2002. Disponível em: <doi:10.1007/s12144-002-1020-0>. Acesso em: 5 dez. 2017.

- Você passa a considerar problemáticos os *stakeholders* que têm opiniões diferentes das suas, o que o leva a assediá-los com conversas fiadas na tentativa de convencê-los de que estão errados.

O pessoal de vendas cuja objetividade é obscurecida por esse viés geralmente se surpreende quando os *stakeholders* não compram. Em vez de olhar para dentro de si mesmos a fim de descobrir onde erraram, passam a culpar os *stakeholders* e a rotulá-los de estúpidos.

Os humanos também têm a tendência negativa de formar uma crença e, então, buscar informações que a apoiem e confirmem, ignorando quaisquer evidências que a refutem. É o chamado viés de confirmação.

O viés de confirmação obscurece a verdade. É possível observá-lo a plena força no fim do trimestre, por parte do pessoal de vendas que não cumpriu as metas, quando ignoram evidências contrárias às suas suposições, que estavam à sua frente o tempo todo.

## Falácia dos custos irrecuperáveis

A maioria de nós acredita que tomamos decisões racionais sobre investimentos com base em nossos interesses e na situação futura que almejamos. A verdade é que, em muitos casos, essas decisões são mais influenciadas pelos investimentos anteriores.

Depois que investimos tempo, dinheiro e emoções em alguma coisa, temos o mau hábito de jogar dinheiro bom em cima do dinheiro ruim, na falsa crença de que "não podemos desistir agora".

A falácia dos custos irrecuperáveis pode levá-lo a fixar-se em um negócio de baixa probabilidade, por já ter investido nele tempo, esforço e emoções – mesmo que as evidências sejam claras de que ele nunca será concluído. Os vendedores medíocres geralmente têm um *pipeline* cheio de negócios com custos irrecuperáveis.

## Desenvolvendo o autocontrole

Há uma diferença entre experimentar emoções e emaranhar-se nelas. Por isso, a autoconsciência emocional é a mãe do autocontrole. Ela lhe permite manejar o leme e mudar o curso, em meio a uma tempestade emocional.

Regular e gerenciar as emoções fortes é um processo difícil e contínuo. Assim que você baixa a guarda, suas emoções começam a correr soltas, às suas expensas – sobretudo quando você está cansado, com fome e estressado.

Já aprendemos que você exerce muito pouco controle sobre os processos e mecanismos que dão origem às emoções negativas e aos vieses cognitivos. Por isso, para exercer o controle, você precisará mobilizar um conjunto de técnicas e modelos que o ajudem a se conscientizar das emoções negativas, a exercer controle racional e a regulá-las, antes que elas causem danos irreparáveis.

Com a consciência, você se ergue acima das emoções, para tornar-se um observador imparcial e desapaixonado. Desse ponto de vista, você ganha a perspectiva e a objetividade necessárias para avaliar as consequências não intencionais de ser levado de roldão pelas emoções negativas.

## Conheça seus gatilhos emocionais

Certas situações, palavras, tipos de pessoas e circunstâncias em seu dia de vendas disparam emoções negativas.[42]

Alguns gatilhos emocionais, como receber uma fechada no trânsito ou ser afrontado por uma pessoa rude, ocorrem sem nosso consentimento. Outros, como enfrentar situações que talvez sejam estressantes ou indutoras de ansiedade, quando você já está cansado, com fome ou experimentou carga cognitiva opressora, são autoinfligidas.

Muitos gatilhos, como ser rejeitado em visitas prospectivas, durante apresentações ou ao lidar com clientes transtornados, são parte do trabalho e, como tal, inevitáveis. A consciência desses gatilhos torna muito mais fácil evitá-los, prevê-los, preparar-se para eles e reagir de maneira adequada.

Aprenda a antecipar-se aos gatilhos e a conscientizar-se de suas respostas psicológicas e emocionais que armam o gatilho. Com autoconsciência, você exerce o controle necessário para regular deliberadamente as emoções negativas no momento certo e ainda para realizar seu objetivo.

## Preparação e prática

As situações estressantes, como uma apresentação importante para um *stakeholder* no nível diretivo, na presença do seu gerente, podem

---

[42] VANDEKERCKHOVE, Marie *et al.* (Orgs.). *Regulating Emotions: Culture, Social Necessity, and Biological Inheritance.* Hoboken, NJ: John Wiley & Sons, 2008.

disparar emoções negativas que o desviam do rumo. Seu nervosismo pode transbordar em insegurança, levando-o a dar a impressão e a assumir atitudes de falta de confiança e a tropeçar durante a apresentação.

A maneira mais eficaz de gerenciar emoções negativas nessas situações é a preparação e a prática prévias. Faça o dever de casa antes do evento, pesquisando sobre os participantes, imaginando as perguntas prováveis, pondo-se no lugar deles e considerando os seus pontos de vista.

Então, pratique. Ensaie a demonstração ou apresentação várias vezes e simule a conversa de vendas com seu gerente ou colegas. Encene todos os piores cenários, de modo a estar preparado para qualquer eventualidade.

Em minha equipe, quando nos prepararmos para uma apresentação em grupo, praticamos juntos e conversamos abertamente sobre as situações em que nossas emoções negativas possam nos desviar do rumo. Por exemplo, um dos piores problemas das apresentações de equipes é a necessidade de sentir-se importante. Essa tendência se manifesta quando membros da equipe entram em cena e se sobrepõem uns aos outros, ou acham que precisam contestar depois que outro membro da equipe expôs sua opinião – um comendo o outro.

Definimos com antecedência quem dirá o que e quem responderá a que perguntas. Praticamos ficar em silêncio e criamos uma linguagem de sinais para ajudar uns aos outros a conscientizar-se no momento em que se manifestam emoções negativas, liberando comportamentos impróprios.

A preparação gera tranquilidade e reforça a confiança. Você descobrirá que, ao programar o tempo para praticar, a situação real se revela muito mais fácil. Sua mente está preparada para prevenir e para superar as emoções negativas.

## Planejamento das visitas

Os vendedores medíocres improvisam. Deixam ao acaso os resultados das visitas de vendas e permitem que suas emoções fiquem ao sabor do vento. Os profissionais de alto desempenho planejam com antecedência suficiente as visitas de vendas, respondendo a quatro perguntas:

❶ O que eu sei?
❷ O que eu quero saber?

❸ Qual é o objetivo da minha visita?
❹ Qual é meu próximo passo programado?

O planejamento da visita de vendas lhes permite considerar vários cenários, desenvolver uma agenda, antecipar-se às perguntas e definir o compromisso a ser proposto.

Visualização positiva

Já aprendemos que nossa mente está configurada para pensar o pior. Ao nos defrontar com uma tarefa emocionalmente desagradável, começamos a imaginar resultados negativos – resultados que não existem. Sem intervenção, essas narrativas internas tornam-se profecias autorrealizáveis.

Por exemplo, Lisa espera encontrar resistência num telefonema prospectivo. Essa visualização a deixa insegura. Sem confiança, ela faz a ligação cheia de ansiedade. Quando o cliente potencial atende, ela tropeça nas palavras e sua voz soa fraca e patética. O cliente potencial a atropela. Lisa está tremendo e receia encontrar ainda mais resistência na próxima chamada.

"Como o foco do cérebro em ameaças e perigos ultrapassa em muito a capacidade do cérebro de oferecer recompensas, é importante ficar de olho, deliberadamente, nas possibilidades positivas",[43] aconselha Scott Halford, em seu livro *Activate Your Brain* (*Ative o seu cérebro*). Tivesse Lisa abordado o telefonema de vendas com confiança, as atitudes dela em si teriam reduzido a resistência e gerado mais resultados positivos.

Por isso é que os atletas de elite[44] e os vendedores de elite adotam recursos de visualização para pré-programar o cérebro subconsciente. Quando você visualiza o sucesso, você ensina a mente a agir de maneira congruente com a realização desse sucesso.[45]

Comece concentrando-se na respiração. Desacelere. Então, mentalmente, percorra passo a passo cada parte da visita/chamada. Foque na sensação de ter autoconfiança. Imagine o que você dirá e perguntará. Visualize-se bem-sucedido. Repita o processo várias vezes, até

---

[43] HALFORD, Scott G. *Activate Your Brain: How Understanding Your Brain Can Improve Your Work – And Your Life.* Austin, TX: Greenleaf Book Group Press, 2015.
[44] www.nytimes.com/2014/02/23/sports/olympics/olympians-use-imagery-as--mental-training.html?_r=0
[45] www.sportpsychologytoday.com/sport-psychology-for-coaches/the-power-of--visualization

ter treinado a mente o suficiente para gerenciar as emoções negativas que o empurram ladeira abaixo para o fracasso.

## Gerencie a autoconversa

O falatório na sua cabeça é contínuo e infindável, formatando suas emoções e atitudes. Sua conversa mental consigo mesmo reforçará suas atitudes, desenvolverá seu sistema de crenças e construirá uma mentalidade vencedora ou, em vez disso, disparará emoções negativas que o debilitarão.

Ao contrário das emoções que são ativadas sem o seu consentimento, a autoconversa está completamente sob seu controle. Você faz a escolha de pensar de maneira positiva ou negativa. Para revigorar-se ou debilitar-se. Para ver um copo meio cheio ou meio vazio. Para estar consciente ou delirante.

Sente-se com tranquilidade e ouça a conversa em sua cabeça, as palavras que você usa, as perguntas que você faz. Resolva, então, mudar essas palavras para sustentar a imagem de quem você quer ser, de como você quer agir e de como você quer se sentir. Tome a decisão deliberada de continuar sintonizado com sua voz interior. Quando ela se tornar negativa, pare e mude o tom.

## Mude sua fisiologia

Estudos sobre o comportamento humano oriundos praticamente de todos os cantos do mundo acadêmico já demonstraram várias vezes que podemos mudar a maneira como nos sentimos, mudando nossa postura física. Em outras palavras, as emoções internas podem ser formatadas por nossa fisiologia externa. Por exemplo, ao afundar os ombros, baixar o queixo e olhar para o chão – sinais físicos de insegurança –, você se sente menos confiante.

Mudar a postura física não só muda as emoções,[46] como também dispara uma resposta neurofisiológica.[47] Por exemplo, sabemos que os hormônios cortisol e testosterona desempenham papel significativo no sentimento de autoconfiança. Pesquisa de Amy Cuddy, da Universidade Harvard, demonstra que a "pose de poder" – adotar

---

[46] http://jamesclear.com/body-language-how-to-be-confident
[47] http://lifehacker.com/the-science-behind-posture-and-how-it-affects-your--brai1463291618

fisicamente uma postura de confiança, mesmo quando você não se sente confiante – influencia os níveis de cortisol e de testosterona no cérebro, influenciando a confiança.[48]

As mães sabem disso. Elas nos dão esse mesmo conselho há anos. *Sente-se direito e se sentirá melhor. Mantenha a cabeça empinada.* A maioria dos treinadores de vendas internos ensina ao pessoal de vendas que pôr um sorriso no rosto transferirá esse sorriso para a voz.

Aja como se você estivesse animado, tenha pensamentos entusiásticos, use linguagem estimulante. Até o simples fato de responder "Estou ótimo!" quando alguém lhe pergunta "Tudo bem?" pode levantar seu humor e levá-lo a sentir-se ótimo – mesmo que você não esteja bem.

Sabemos que, quando você se veste bem, você se sente bem. Ao erguer os ombros e levantar o queixo, você aparenta e se sente confiante. Use palavras, frases e entonações assertivas e taxativas, e você será mais poderoso e confiável – e é mais provável que receba um sim ao propor o que almeja.

### Imunidade a obstáculos

Os suboficiais militares que haviam servido em combate no exterior acenaram e riram em reconhecimento à verdade desconfortável. Eles preferiam enfrentar fogo vivo nos campos de batalha a procurar sem aviso prévio jovens recrutas, de 18 anos, para alistamento militar.

Os recrutadores militares tinham dificuldade em cumprir a missão, não porque lhes faltasse talento ou paixão. Ao contrário. No entanto, abordar as pessoas e lidar com possíveis rejeições eram obstáculos emocionais assustadores – pelo menos na opinião deles.

Quando os militares me convidaram para conversar com os recrutadores, aquelas chamadas ou visitas me pareciam fáceis. Na minha opinião, os recrutadores estavam fazendo um favor àquelas crianças de ensino médio e aos seus pais: dando-lhes um emprego, bolsas de estudos e benefícios maravilhosos. Os soldados, porém, tinham medo. Diante deles, só viam rejeição.

Para os soldados, assediar os recrutas desprevenidos, em um ambiente que eles não controlavam, nem compreendiam, gerava o que lhes parecia um obstáculo emocional intransponível.

---

[48] https://youtu.be/Ks-_Mh1QhMc

No treinamento, os soldados eram submetidos a sucessivos exercícios sob fogo vivo, o que os imunizava ao medo antes de serem enviados às zonas de combate. A maioria das pessoas, sob fogo cerrado do inimigo, congelaria ou correria, talvez contribuindo para a própria morte ou de outras pessoas. Os soldados, porém, controlavam a resposta natural de luta ou fuga e avançavam sem hesitação rumo a perigos ainda maiores.

Só então, quando estabeleci um paralelo entre como eles haviam sido treinados para superar o obstáculo do medo em face do fogo vivo e como eles podiam aplicar a mesma metodologia para vencer o medo de procurar sem aviso prévio recrutas de 18 anos, as luzes se acenderam.

Você precisa ensinar o cérebro racional a dizer ao cérebro emocional que o obstáculo que parece tão grande no momento é, na verdade, muito pequeno. O ponto de partida é pôr-se na posição de experimentar o obstáculo percebido e as emoções subsequentes, sucessivas vezes.

O autocontrole em face de obstáculos é como um músculo. Quanto mais você o exercita, mais forte você fica.

Depois que, de propósito, você passa a enfrentar os medos e as situações emocionalmente desconfortáveis, você aprende a preparar-se para a ansiedade que antecede o obstáculo e começa a mudar sua autoconversa interna e sua reação física externa àquele medo. Em breve, o que antes parecia obstáculo insuperável torna-se rotina.

## Aperte o "pause"

Já sabemos que a resposta psicológica inicial luta ou fuga é involuntária. O jato de adrenalina em sua corrente sanguínea ocorre sem seu consentimento. Nesse estado, com o corpo e o cérebro embebidos de substâncias neuroquímicas, é difícil pensar e manter a compostura.

A adrenalina, porém, tem vida curta. A resposta luta ou fuga se destina apenas a tirá-lo do perigo por tempo suficiente para deixá-lo considerar, racionalmente, suas opções e planejar a manobra seguinte. O segredo para controlar as emoções negativas no momento em que irrompem é simplesmente dar ao cérebro racional (neocórtex) a chance de entrar em ação e de assumir o controle.

Em seu livro *Emotional Alchemy*, Tara Bennett-Goleman chama esse processo de *magic quarter second* (quarto de segundo mágico),[49]

---

[49] BENNETT-GOLEMAN, Tara. *Emotional Alchemy*. Nova York: Harmony, 2001.

que lhe permite evitar que as emoções negativas que você sente se transformem em reações emocionais que você expressa.

Em situações em rápida transformação, para lidar efetivamente com as emoções negativas, você precisa de apenas um milissegundo para que o cérebro lógico desperte e diga à amígdala para se recolher. Isso lhe permite recuperar a pose e reassumir o controle da conversa.

A maneira mais eficaz de conceder-se esse momento é simplesmente pausar antes de falar. Quando você sentir que as emoções estão assumindo o controle, desacelere a respiração e conte até cinco. Essa pequena pausa dá tempo para que a adrenalina se dissipe e para que o cérebro racional entre em ação e o impeça de entrar de peito aberto na montanha russa emocional.

Nessa breve pausa, você considera as consequências não intencionais de uma resposta precipitada e, em vez da reação imediata, você foca no resultado *realmente* almejado.

Outra estratégia que uso é denominada *recuperação*. Ela é eficaz ao defrontar-se com uma pergunta difícil, uma objeção, ou um questionamento direto de um *stakeholder*. A recuperação tem o mesmo efeito da pausa – dar ao cérebro racional o quarto de segundo mágico para entrar em ação e assumir o controle.

Em vez de tropeçar numa resposta insensata – que pareça defensiva, frágil ou desinformada – ou de deflagrar uma discussão inútil, simplesmente recupere-se fazendo outra pergunta:

- "Interessante! Será que você poderia explicar por que isso é importante para você?"
- "Como assim?"
- "Você poderia falar mais sobre isso?"
- "Curioso! Será que você teria condições de me orientar a esse respeito?"
- "Só para eu ter certeza de que compreendi sua pergunta, seria possível você esclarecer um pouco melhor a sua dúvida?"

A pergunta leva o *stakeholder* a falar, dando a você tempo para pensar e controlar suas emoções.

## Foque no que você realmente quer

"Esse equipamento é uma ...! Quero outro e quero hoje!" O cliente de Wayne estava gritando com ele pelo telefone. Era julho e o ar-condicionado que a empresa dele havia instalado três meses antes estava quebrado de novo. Era a terceira vez que quebrava e o cliente estava furioso.

Wayne, o dono de segunda geração da HVAC Company, sentia o sangue começar a ferver nas veias. Ele não gostava que falassem com ele daquela maneira. Ele estava tentando argumentar, mas o cara nem lhe dava tempo para falar.

"Quantas unidades comprei de você no último ano?", berrou o cliente. Antes que Wayne pudesse responder, o cliente preencheu a lacuna.

"Seis. Seis unidades e quase US$ 75 mil. Além disso, já encomendamos outras sete para as reformas que estão em andamento agora. Acho bom você pensar se o nosso negócio significa alguma coisa para a sua empresa e levar a situação a sério!"

Wayne já tinha aguentado mais do que o suficiente. Como aquele imbecil ousava tratá-lo daquela maneira! Ele detestava quando os clientes jogavam na cara dele o quanto estavam comprando dele. Ele não gostava de ser encurralado.

"Se vocês não estão dispostos a dar assistência aos seus equipamentos, vou parar de fazer negócios com vocês e procurar um concorrente. Depois, vou postar essa história nas redes sociais e fazer uma reclamação ao Better Business Bureau." O cliente mal estava respirando entre os assaltos.

Chega! Wayne explodiu. Suas últimas palavras terminaram a conversa: "Se você não gosta da maneira como trabalhamos, procure outra empresa!" Quando a poeira baixou, ele tinha perdido um cliente.

No momento, foi boa a sensação de reagir àquele cliente, que tinha ido longe demais. Logo depois, porém, caiu a ficha de se ver às voltas com o Better Business Bureau, de contestar as postagens do cara nas redes sociais, de responder ao fabricante a quem o cliente faria uma queixa, e de explicar ao pai como ele tinha conseguido perder um cliente de alto valor, que vinha fazendo negócios com eles havia mais de sete anos.

Em retrospectiva, teria sido melhor ficar calado e ouvir. No final das contas, tinha sido um relacionamento produtivo e lucrativo. O cliente só estava estressado e com calor, e o dia não estava sendo bom para ele. Mas Wayne perdeu o controle de suas emoções e provocou danos irreparáveis.

Durante conversas tensas, quando você está magoado, zangado e frustrado, ou o seu ego foi ferido, você finca o pé, não cede espaço e mantém sua posição – mesmo quando ela é irracional. Enquanto isso, a pessoa no outro lado também finca o pé e não cede espaço.

Nessa situação intratável, chamada reatância psicológica, as duas partes discutem, nenhuma delas disposta a recuar. Você se fixa na vitória e insiste em estar certo. As emoções se acirram e os ataques se tornam pessoais ou ofensivos, até que alguém diz algo que rompe o relacionamento, além de qualquer possibilidade de reparação. É humano, e acontece todos os dias, em pessoa, por telefone, ou via texto, e-mail ou redes sociais.

Para sair ileso dessas e de outras crises com forte carga emocional, você deve erguer-se acima delas e não responder com a mesma moeda. É claro que, no calor do momento, pode ser difícil e desafiador – pergunte a Wayne.

Há uma técnica, porém, que quando empregada o ajudará a manter a objetividade e a perspectiva, e a desvencilhar-se da necessidade de vencer a discussão. A chave é focar no que você *realmente* quer. A técnica gira em torno de uma pergunta simples, que você faz a si próprio, durante a discussão:

"Eu quero _____ ou eu quero _____?"

Por exemplo, se você está tendo uma discussão com o cônjuge ou com um membro da família, você pode perguntar-se: "Eu quero estar certo ou eu quero ser feliz?"

A pergunta que poderia ter ajudado Wayne a não perder um cliente valioso é: "Eu quero estar certo ou quero manter este cliente?"

Quando você está numa reunião com um *stakeholder* que se gaba o tempo todo de quanto ele conhece o seu produto, você quer mostrar-lhe quanto você também sabe. Mas, antes de interrompê-lo e falar mais alto do que ele, pergunte-se: "Quero me sentir importante ou quero manter esse *stakeholder* a meu lado e avançar para o próximo passo?"

Daniel Goleman, especialista em inteligência emocional, afirma que esse processo deliberado, de cima para baixo, de pôr no comando o cérebro racional, é a chave do autocontrole, em situações com forte carga emocional.[50] Na essência, consiste em pensar nas consequências de se deixar levar pelas emoções negativas e, então, fazer uma escolha consciente de como você responderá, em vez de dar-se ao luxo de deixar seu cérebro emocional correr solto.

---

[50] GOLEMAN, Daniel. ed. reimp. *Focus*. Nova York: Harper Paperbacks, 2015. p. 194.

## Erga-se acima das emoções e escolha seus comportamentos

O pessoal de vendas que é incapaz de controlar as emoções negativas se deixa emaranhar e dominar por ondas emocionais, muito à semelhança de um barco sem leme, ao sabor de um mar tempestuoso – lançado de onda em onda, sem rumo e sem destino.

Os supervendedores dominam suas emoções. São hábeis em se conscientizar de que a emoção está acontecendo e em explorar a parte racional do cérebro para assumir o leme, compreender a emoção e responder de maneira adequada, no momento certo. Eles se erguem acima das emoções e escolhem seus comportamentos.

Mas não vamos varrer para debaixo do tapete como é difícil gerenciar adequadamente as emoções negativas quando elas se manifestam. Como humanos, todos já fomos aquele navio sem leme. Todos já dissemos ou já fizemos coisas impulsivas de que depois, em retrospectiva, nos arrependemos.

Trivialidades do tipo "Você tem uma boca e dois ouvidos" e "As pessoas não se importam com quanto você sabe até saberem quanto você se importa com elas" são muito comuns em salas de treinamento de vendas. É muito fácil falar sobre gerenciar emoções negativas recorrendo a clichês desapaixonados, mas outra coisa totalmente diferente é morder a língua numa conversa de vendas, quando tudo dentro de você quer jorrar uma resposta ou uma solução que parece tão lógica para você.

As emoções negativas são a razão pela qual metodologias de vendas como Challenger, Insight Selling, SPIN Selling, e Strategy Selling são difíceis de aplicar pelos vendedores medíocres, fora das páginas de um livro ou do contexto de um seminário. O intelecto, o pensamento racional e os processos se afogam no mar das emoções negativas, dos vieses cognitivos e do subconsciente humano.

A gênese de grande parte de nosso comportamento – bom ou mau, destrutivo ou construtivo – começa fora do alcance da nossa mente consciente. Agimos, mas não temos consciência de por que agimos se não optarmos por nos sintonizar e nos conscientizar. Em vendas, você não pode ser delirante e vencedor ao mesmo tempo, mas o delírio é um ladrão elegante, um abrigo caloroso e acolhedor, sob o qual se proteger contra a verdade dolorosa.

A consciência é a mãe do autocontrole. É a escolha intencional e deliberada de monitorar, avaliar e modular suas emoções, para que suas respostas emocionais às pessoas e ao ambiente a seu redor sejam congruentes com seus propósitos e objetivos.

> **Recursos gratuitos de Inteligência Emocional em Vendas**
>
> Talvez você já esteja sentindo que há muito mais onde desenvolver e mobilizar a Inteligência Emocional em Vendas no processo de vendas do que seria possível incluir neste livro.
>
> Cortamos mais de 80.000 palavras do manuscrito final. Para compensar, incluí novos recursos de treinamento, artigos, vídeos e fóruns de discussão em: <https://www.salesgravy.com/saleseq>.
>
> Como você comprou este livro, você têm direito a 12 meses de Professional Membership (no valor de US$ 1.200) absolutamente de graça, sem imposição de condições ou restrições.
>
> Cupom: SEQ97PD4

Capítulo 12 | **CONSTRUIR A PROBABILIDADE DE VITÓRIA COMEÇA COM A QUALIFICAÇÃO**

> *Você não precisa de* swing *para fazer um* home run. *Se você aproveitar o momento certo, ele acontece.*
> Yogi Berra

Preciso deixar uma coisa muito clara. Nada do que você aprender neste livro será importante se você não estiver lidando com *prospects* qualificados. Você pode ser o maior influenciador que o mundo já conheceu, mas, se você estiver tratando com um *prospect* que não está na janela de compra ou com *stakeholders* que não estão dispostos a se engajar e a assumir microcompromissos que empurrem o negócio no *pipeline*, você fracassará. Ponto, e fim de papo.

Para os supervendedores, tudo começa com um *prospect* qualificado. Os supervendedores são muito disciplinados na qualificação. Eles compreendem que tempo é dinheiro e que trabalhar com *prospects* que não vão comprar *é perda de tempo*. Eles sabem que *prospects* e *stakeholders* qualificados são escassos, e que um momento perdido com um *prospect* de baixa probabilidade os afasta da tarefa mais importante – investir em *prospects* que comprarão.

A qualificação eficaz começa com a coleta de informações durante a prospecção. E prossegue com as descobertas durante as conversas iniciais com os *stakeholders*, e com a preservação da consciência aguda durante todo o processo de vendas, à cata de sinais que possam desqualificar o *prospect* ou reduzir a probabilidade de vitória do negócio.

## Perseguindo negócios ruins

Se você já jogou beisebol ou softbol, ou já assistiu a seus filhos jogarem, você, sem dúvida, já viu o batedor perseguir um lançamento impossível – alto demais, baixo demais, ou muito fora da zona de *strike*. Quase nunca dá certo.

Vários anos atrás, quando meu filho jogava na Little League Baseball, o time dele enfrentava um adversário difícil e o jogo estava empatado. Até que surgiu uma oportunidade de vitória com uma jogada decisiva.

Quando o nosso batedor caminhava para a caixa, o técnico o chamou e lhe deu um conselho sábio.

"Não importa o que aconteça", o técnico Sandro o advertiu, "não faça *swing* em bola ruim."

Os vendedores medíocres, sob o impulso de emoções negativas como desespero, impaciência, custos irrecuperáveis ou fixações, desperdiçam tempo, energia e emoções fazendo o *swing* em negócios ruins: negócios de baixa probabilidade, não lucrativos, não qualificados, que não estão na janela de compra, que não têm verba, cujos *stakeholders* não estão engajados, ou porque contratos e outras restrições impedem a compra.

Para o observador externo, esses negócios ruins, de baixa probabilidade, nunca serão fechados, só servindo para dispersar tempo e atenção, comprometendo o foco em melhores oportunidades. No entanto, apesar dos sinais óbvios, os vendedores medíocres avançam a duras penas, delirantes ou inconscientes, incluindo negócios ruins em seus *pipelines* e em suas previsões, e desperdiçando longas horas de trabalho com *prospects* que nunca fecharão negócios.

Infelizmente, os resultados são previsíveis. Esses vendedores fracassam.

## Defina a zona de *strike*

O primeiro passo da qualificação é definir com clareza a zona de *strike*. Muitas empresas (especialmente startups e pequenos negócios), departamentos de vendas e vendedores não desenvolvem o perfil do *prospect* qualificado ideal (PQI). Esse perfil é um composto que inclui janela de compra, motivações para a compra, hierarquias de *stakeholder*, engajamento, concorrentes entrincheirados, ciclo de vendas, mercados verticais, tamanho da empresa, encaixe e mais.

Eis um caso de luz ofuscante do óbvio: se você não definir a zona de *strike*, perderá muito tempo caçando negócios ruins.

Se você trabalha numa empresa tradicional de grande porte, é provável que já exista um perfil de PQI. Esse perfil irá variar, dependendo do tamanho do cliente, da vertical, do produto ou do serviço. Passe algum tempo com os supervendedores da sua equipe e com o seu líder de vendas para assegurar-se de ter compreendido as nuances menos tangíveis dos PQIs da sua empresa ou da sua linha de produto.

Se você trabalha para uma pequena empresa ou para uma startup, o perfil de PQI talvez ainda não exista ou esteja em rápida transformação à medida que a organização evolui. É possível que você tenha de desenvolvê-lo com seus próprios recursos.

Comece analisando as forças e as fraquezas dos seus produtos e serviços. Procure padrões e pontos em comum entre seus melhores clientes. Defina e mapeie as funções comuns dos *stakeholders*. Analise os negócios que você está fechando e compreenda em profundidade os eventos disparadores que abriram essas janelas de compra.

Depois de reunir informações suficientes, desenvolva um perfil do cliente potencial mais propenso a fazer negócios com você e, no longo prazo, a ser um cliente lucrativo e feliz.

## Metodologias e atalhos de qualificação

Em vez de ser uma decisão única, em determinado momento e lugar, a qualificação eficaz é uma série contínua de decisões, começando com o desenvolvimento de listas de prospecção eficazes e prosseguindo ao longo de toda a jornada do processo de vendas.

Nos últimos anos, muitas metodologias e atalhos de qualificação foram desenvolvidos para ajudar o pessoal de vendas a avaliar com rapidez a viabilidade de um negócio. Muitas são representadas por acrônimos de fácil memorização.

Para mim, nenhuma delas é melhor ou pior que as outras. Francamente, todas são situacionais. Dependendo da complexidade do negócio, da duração do ciclo, do produto, do serviço, e assim por diante, você terá de escolher a que funciona melhor no seu caso, e o mais provável é que você termine com uma mistura das várias metodologias.

### BANT

A metodologia de qualificação usada com mais frequência, e uma das pioneiras, é denominada BANT:

- **Budget** (verba): O cliente potencial tem verba?
- **Authority** (autoridade): Você está falando com a pessoa que tem autoridade para tomar a decisão?
- **Need** (necessidade): O cliente potencial ou a organização do cliente potencial necessita do seu produto?
- **Time line** (cronograma): A necessidade é urgente? Existe um cronograma definido para tomar a decisão de compra?

Uma alternativa que é parente próximo da BANT é a ANUM, letras iniciais de authority (autoridade), need (necessidade), urgency (urgência) e money (dinheiro). Enquanto a BANT foca primeiro na disponibilidade de verba, a ANUM prioriza a identificação de quem toma a decisão. Ambas as metodologias de qualificação, BANT e ANUM, funcionam bem nas seguintes situações:

- Negócios de ciclo curto e baixa complexidade.
- Produtos e serviços maduros, para os quais a necessidade pode ser definida com clareza.
- Funções de vendas de alta atividade, em que o pessoal de vendas atrai muitos *prospects* por dia e, portanto, precisa tomar decisões rápidas sobre a viabilidade desses clientes potenciais.

BANT e ANUM são deficientes quando aplicadas a negócios de ciclo longo e complexos, que envolvem alto risco para o comprador e que têm ampla variedade de *stakeholders*.

## PACT

No caso de produtos e serviços emergentes ou disruptivos, raramente há verba planejada e, em geral, a urgência é pequena, uma vez que o cliente potencial nem sabia da existência do produto ou do problema.

Em seu livro *The Sales Development Playbook*, Trish Bertuzzi sugere uma estratégia mais eficaz para a qualificação avançada na venda de produtos disruptivos, denominada PACT[51]:

- **Pain** (dor): Nem todos os *prospects* terão necessidade do seu produto ou serviço. A principal questão é: será que eles sentem

---

[51] BERTUZZI, Trish. *The Sales Development Playbook*. New Hampshire: Moore-Lake, 2016.

alguma dor (conhecida ou desconhecida) que, se identificada, os levaria a fazer alguma coisa para eliminar ou mitigar essa dor?
- **Authority** (autoridade): Você tem condições de identificar os *stakeholders* e o nível de influência que eles exercem sobre o negócio? O seu acesso está limitado a um nível muito baixo na organização? Você tem condições de subir de nível?
- **Consequence** (consequência): O seu cliente potencial pode sentir dor, mas, se a consequência ou a implicação para o cliente potencial ou para a organização de não agir em relação a essa dor não for intenso o suficiente, é improvável que se faça alguma coisa.
- **Target profile** (perfil-alvo): Esse *prospect* se encaixa em seu perfil de PQI? Se não, é provável que você esteja olhando para um negócio que nunca será fechado.

## MEDDIC

Essa metodologia foi desenvolvida por Jack Napoli e Dick Dunkel, basicamente para vendas de tecnologia de ciclo longo. No entanto, a MEDDIC funciona bem com negócios de ciclo longo, complexos, e em nível empresarial, em qualquer setor de atividade.

Quando usada com eficácia, ela melhora significativamente a exatidão das previsões do *pipeline*, uma vez que você obriga a saber como os *prospects* compram, as razões da compra, e quem no cliente é responsável pela decisão, antes de investir mais recursos no negócio.

- **Metrics** (métricas): O fato de você ser escolhido como fornecedor tende a exercer impacto quantificável sobre a organização do cliente potencial?
- **Economic buyer** (comprador econômico): Você tem acesso ao responsável final pela decisão – a única pessoa autorizada a dizer sim?
- **Decision criteria** (critérios de decisão): Você compreende os critérios a serem adotados para selecionar o fornecedor? Você pode influenciar os critérios? Você atende a esses critérios?
- **Decision process** (processo decisório): Você compreende o processo decisório e seu cronograma? Você pode influenciar o processo? Você é capaz de alinhá-lo com o seu processo de vendas?

- **Identifying pain** (identificação da dor): A falta do seu produto ou serviço geraria dor ou acarretaria evento capaz de levar o comprador econômico a sentir a necessidade urgente de comprar o seu produto ou serviço?
- **Champion** (campeão): Você tem patrocinadores ou coaches que o defendem e o promovem ou que ampliam a sua mensagem?

## TAS

A combinação das metodologias de qualificação MEDDIC e TAS (*Target Account Selling*) pode ser muito eficaz. A TAS é uma excelente metodologia ir/não ir, a ser aplicada depois da descoberta inicial, que o força a responder a quatro perguntas:

❶ Há uma oportunidade?
❷ Podemos competir?
❸ Podemos vencer?
❹ Vale a pena vencer?

Todas essas perguntas são excelentes para serem feitas no *murder boarding* (pelotão de fuzilamento), ao avaliar a viabilidade de negócios. Analisaremos em detalhe o *murder boarding*, mais adiante, neste capítulo.

## WOLFE

Quando trabalho com vendas contratuais (sobretudo quando os contratos impõem exclusividade) ou com *prospects* que já compram de um fornecedor concorrente, uso a metodologia de qualificação WOLFE.

As vendas contratuais têm características próprias. As janelas de compra ficam abertas por pouco tempo, são tipicamente previsíveis, e o comprador é obrigado a tomar uma de três decisões: ficar com o atual fornecedor, mudar de fornecedor, ou deixar de usar o produto ou serviço.

- **Window** (janela): A janela de compra está aberta? Se não, quando abrirá? Há quanto tempo está aberta? Em situações não contratuais, com um fornecedor titular, o que disparou a abertura?
- **Opportunity** (oportunidade): Qual é a oportunidade? Ela é grande ou pequena? É de curto prazo ou de longo prazo?

Eles têm problemas, desafios ou oportunidades que só você pode resolver?

- **Loyalty** (lealdade): Até que ponto eles são leais ao atual fornecedor? Quanto será difícil para eles mudar? Quanto custará para eles mudar? Todos os *stakeholders* são leais? O atual fornecedor está cometendo erros que você pode explorar? O atual fornecedor está dando como certo o seu cliente potencial?
- **Fit** (encaixe): Esse *prospect* ou problema é um bom encaixe para o seu produto ou serviço? O processo de compra dele se alinha com o seu processo de vendas? Se não, você tem condições de formatar o processo de compra deles?
- **Engagement** (engajamento): Você tem um mapa claro dos *stakeholders* que influenciam e tomam decisões? Você é capaz de acessar e de influenciar esses *stakeholders*? Se não, de que outros recursos para reforçar sua posição você dispõe? Os *stakeholders* mais influentes estão dispostos a se engajar?

Qualquer que seja a metodologia ou combinação de metodologias que você escolha, é importante focar o seu supervendedor interior e ser seletivo, muito seletivo, sobre o que pode entrar e permanecer no seu *pipeline*.

## Matriz de qualificação de nove quadrantes

Gosto do que é simples e visual. Minha maneira preferida de qualificar e de continuar qualificando oportunidades é com uma matriz de qualificação simples, de nove quadrantes. Essa ferramenta oferece uma representação visual dos fatores de qualificação, ao longo de seis dimensões independentes. Gosto dela porque ela se integra e amplia qualquer metodologia de qualificação ou atalhos para o mesmo fim. A matriz pode ser poderosa demais para negócios de ciclo curto e de baixa complexidade, mas ela se torna extremamente esclarecedora à medida que a complexidade aumenta, facilitando a avaliação da probabilidade de vitória durante todo o ciclo.

No começo deste ano, por exemplo, trabalhando com um grupo de profissionais de vendas de uma das mais importantes empresas de tecnologia do mundo, eu os dividi em equipes e, nas lousas brancas, desenhei essa matriz de nove quadrantes. As colunas foram rotuladas como Qualificadores Técnicos, Qualificadores por *Stakeholder* e

Qualificadores por Encaixe. As fileiras foram rotuladas como *Prospect* de Alto Potencial (PAP), *Prospect* de Médio Potencial (PMP) e *Prospect* de Baixo Potencial (PBP). Semelhante à Figura 12.1.

| Qualificadores | Qualificadores Técnicos (QT) | Qualificadores por *Stakeholder* (QS) | Qualificadores por Encaixe (QE) |
|---|---|---|---|
| *Prospect* de Alto Potencial (PAP) | | | |
| *Prospect* de Médio Potencial (PMP) | | | |
| *Prospect* de Baixo Potencial (PBP) | | | |

Figura 12.1: Matriz de nove quadrantes

Em cada quadrante, os participantes descreveram o perfil de um *prospect* que nele se enquadraria. No quadrante *Prospect* de Alto Potencial (PAP)/Qualificadores Técnicos (QT), por exemplo, eles concordaram com o seguinte:

- Receita anual superior a US$ 2 bilhões.
- CIO (Chief Information Officer) sediado nos Estados Unidos.
- Atuação global.
- Taxa de crescimento anual superior a 10%.
- Pelo menos uma violação de dados séria nos últimos 24 meses.

Esse perfil representava o *prospect* de mais alto potencial para o produto de software que esse grupo estava vendendo, com base apenas nos qualificadores técnicos (QTs). Como os QTs são apenas parte da questão, prosseguimos para completar o resto da matriz.

**Qualificadores técnicos.** QTs são fatos quantificáveis e números. São as informações mais fáceis de reunir antes de envolver o *prospect*. Por exemplo, na Sales Gravy, vendemos treinamento on-line e soluções de aprendizado para dispositivos móveis. Nossas empresas-alvo geram receita de US$ 10 milhões a US$ 100 milhões, de capital fechado, com mais de 10 vendedores na equipe. Esses *prospects* são os de mais alto potencial em aprendizado de vendas on-line, autodirigido ou dirigido por instrutores. À medida que os *prospects* se afastam desse perfil, a probabilidade de vitória diminui.

**Qualificadores por *stakeholder* (QS).** Essa coluna da matriz de qualificação foca no *stakeholder* e no engajamento. Os qualificadores por *stakeholder* (QS) ajudam a definir os papéis e a autoridade das pessoas com quem você está lidando, assim como seu nível de engajamento. Por exemplo, se eu estou lidando com um CEO num negócio complexo, trata-se de um PAP QS. Por outro lado, se recebi um pedido de proposta cego, estou com um PBP QS.

Grande parte da qualificação por *stakeholder* decorre diretamente do mapeamento do conjunto de *stakeholders* da oportunidade. Analisaremos em detalhes o mapeamento de *stakeholders* num dos próximos capítulos, "Os cinco *stakeholders* com que você lida em um negócio".

O mapeamento dos *stakeholders* vai além do foco típico na identificação dos tomadores de decisão. O objetivo é descobrir os vários *stakeholders* que influenciam o resultado do negócio. Por exemplo, quando consigo identificar e desenvolver um coach, elevo o nível do negócio na escala de qualificação.

Certo elemento da qualificação por *stakeholder*, porém, é puramente intuitivo. Sua capacidade de sentir e de testar o engajamento emocional do *stakeholder* é componente fundamental da qualificação por *stakeholder*. É onde a IE em Vendas entra em ação. Daremos um mergulho mais profundo nesse tema no próximo capítulo, "Engajamento e microcompromissos".

**Qualificadores por encaixe.** Às vezes você não se encaixa com os *prospects* — em relação a expectativas, necessidades, requisitos, demandas, processos de compra, e assim por diante. Outras vezes, os *prospects* não se encaixam com você — em termos de produtos e serviços, capacidades, cultura, valores, processos, e assim por diante. Seu trabalho como profissional de vendas é adquirir clientes que são o melhor encaixe total para ambas as partes, de modo a garantir que seus clientes recebam o valor máximo, enquanto sua organização aufere o lucro máximo.

Muitas vezes o pessoal de vendas busca negócios que não são bons encaixes. A consequência dessas malfadadas parcerias são clientes infelizes, que exigem de seu negócio o que você não pode oferecer, situação que, no final das contas, lhe custam dinheiro e, às vezes, comprometem sua reputação. Alguns qualificadores por encaixe são identificáveis antes de você conhecer o cliente. Na maioria dos casos, porém, você precisará passar algum tempo na fase de descoberta do processo de vendas, para compreender melhor as exigências, demandas e expectativas atuais e futuras do *prospect*.

Outro recurso para analisar o encaixe é a matriz de encaixe. Essa matriz foca em duas dimensões:

❶ Facilidade de trabalhar com o cliente e *stakeholders*.
❷ Lucratividade da conta.

| Difícil de trabalhar<br>Alto lucro | Fácil de trabalhar<br>Alto lucro |
|---|---|
| Difícil de trabalhar<br>Baixo lucro | Fácil de trabalhar<br>Baixo lucro |

Figura 12.2: Matriz de encaixe

Em meu negócio, quero clientes que sejam fáceis de trabalhar, com alto lucro – PAP QEs.

Estamos dispostos a trabalhar com clientes exigentes, mas altamente lucrativos, e trabalharemos satisfeitos com um número limitado de clientes fáceis de trabalhar, mas que gerem lucro mais baixo – PMP QEs. Por fim, queremos ficar longe de clientes que são difíceis de trabalhar e que geram baixo lucro – esses são os PBP QEs.

Os vendedores medíocres tendem a engajar grande quantidade de *prospects* difíceis de trabalhar e de baixo lucro, basicamente porque é fácil movimentar esses *prospects* no *pipeline* (uma vez que ninguém quer trabalhar com eles) e porque emoções negativas de medo e desespero geradas por um *pipeline* vazio obscurecem a objetividade desses profissionais de vendas.

## Avalie todos os *prospects* com base em seu perfil de *prospect* qualificado ideal

Os supervendedores têm obsessão pela probabilidade de vitória. Eles avaliam todos os *prospects* com base no perfil de *prospect* qualificado ideal (PQI). Quando o *prospect* não se encaixa, os supervendedores mantêm a disciplina de irem embora. Eles não permitem que as emoções negativas de fixação, desespero ou custos irrecuperáveis obscureçam sua capacidade de julgar a probabilidade de vitória.

Não estou dizendo que todos os negócios devem encaixar-se perfeitamente em seu perfil de *prospect* qualificado ideal para entrar no seu *pipeline* de vendas. Não é assim que o mundo real funciona.

Recentemente, uma empresa que vende soluções sofisticadas de software como serviço (SaaS), na nuvem, me contratou para ajudá-los a melhorar o *pipeline*, que estava perigosamente vazio (apenas 1 x a cota esperada). Descobri um conflito flagrante entre o grupo de desenvolvimento de negócios e os executivos de contas (ECs).

Os ECs só se engajavam em oportunidades que fossem perfeitas (com P maiúsculo). Eles relutavam em trabalhar com qualquer *prospect* que não viesse numa bandeja de prata. Isso estava matando o *pipeline*.

Unicórnios PAP são raros. As oportunidades, na maioria, são imperfeitas. A qualificação é tanto arte quanto ciência, e os dados nunca contam toda a história.

É preciso não só considerar as evidências factuais, mas também ouvir sua intuição quando se avalia a viabilidade de um negócio. No percurso, com base em informações empíricas, combinadas com o instinto entranhado, você precisa tomar uma série de decisões para discernir se a oportunidade merece sua atenção contínua (Figuras 12.2 a 12.6).

| Qualifiers | QT | QS | QE |
|---|---|---|---|
| PAP | ● | ● | ● |
| PMP | | | |
| PBP | | | |

Figura 12.2: Situação 1

| Qualifiers | QT | QS | QE |
|---|---|---|---|
| PAP | | | ● |
| PMP | ● | ● | |
| PBP | | | |

Figura 12.3: Situação 2

| Qualifiers | QT | QS | QE |
|---|---|---|---|
| PAP | ● | | |
| PMP | | ● | |
| PBP | | | ● |

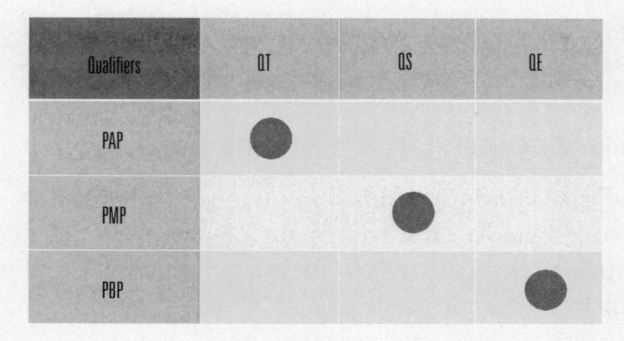

Figura 12.4: Situação 3

| Qualifiers | QT | QS | QE |
|---|---|---|---|
| PAP | ● | | ● |
| PMP | | | |
| PBP | | ● | |

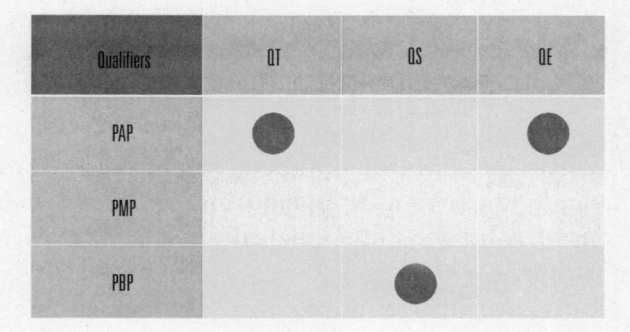

Figura 12.5: Situação 4

| Qualifiers | QT | QS | QE |
|---|---|---|---|
| PAP | | ● | ● |
| PMP | ● | | |
| PBP | | | |

Figura 12.6: Situação 5

Em alguns casos, faz sentido correr o risco e fazer *swing* fora da zona de *strike*. No entanto, há uma diferença entre correr risco calculado e perseguir um negócio ruim, por desespero ou ilusão. Quando você opta pela ilusão contra a realidade, está fazendo uma escolha consciente não só de mentir a si mesmo, mas também de baixar seus padrões e desempenho. A realidade é o reino do profissional de alto desempenho, e encarar a realidade é um dos primeiros passos para desenvolver um *pipeline* de negócios de alta probabilidade.

## *Murder boarding* (pelotão de fuzilamento)

Engajar-se em oportunidades pouco promissoras é fácil quando você está desesperado. Descartar maus negócios depois de neles ter feito investimentos significativos de tempo e emoção é difícil. Uma vez consumado o investimento, a falácia dos custos irrecuperáveis o leva a ignorar as chances reais e a investir ainda mais.

Sua natureza competitiva o torna propenso a fixações. Os vieses de otimismo e de excesso de confiança obscurecem a objetividade, e você se ilude com a crença de que pode fechar um negócio que ninguém mais conseguiu fechar, mesmo nos seus melhores dias (ver "Efeito do excesso de confiança").

Em *O Senhor dos Anéis*, Gollum ficou famoso por murmurar "my precious" quando se agarrava desesperadamente ao anel que segurava com tanto fervor. A fixação emocional com o anel é tão forte que ele o segue até a morte.

Esta é uma comparação sinistra de como o pessoal de vendas se fixa em negócios do *pipeline* que nunca serão fechados. Os gerentes de vendas podem praticamente enxotá-los desses negócios fracassados, mas eles retornam aos seus "precious" *prospects*, sucessivas vezes, como que atraídos por uma força poderosa.

Os supervendedores usam estratégias de qualificação para superar as emoções negativas e tomar decisões objetivas sobre como, onde e a quem dedicar seu tempo, este, sim, "precioso". Eles também mobilizam um sistema para devolver-lhes a consciência quando constatam estar perdendo tempo com negócios que, em qualificações preliminares, pareceram ideais, mas que, ao prosseguirem no processo de vendas, se revelaram menos promissores.

Um dos melhores gerentes de vendas com que já trabalhei fazia um jogo com todos os grandes negócios do nosso *pipeline*. Íamos para uma sala e explorávamos todos os cenários potenciais que poderiam matar o negócio. Não era uma conversa muito ampla. Entrávamos em minúcias e fuzilávamos alguns deles (*murder boarding*/pelotão de fuzilamento). Nada era sagrado. Todos os *stakeholders*, armadilhas possíveis, concorrentes insidiosos e as nossas próprias fraquezas eram os possíveis vilões.

As sessões, geralmente realizadas com a presença de vários de meus pares, eram dolorosas e, às vezes, embaraçosas. O pelotão de fuzilamento expunha pontos cegos, excesso de confiança, falta de vigilância, vieses de confirmação, fraquezas e lacunas em nossos conhecimentos. Era constrangedor confrontar-se com o fato de que você tinha ignorado uma informação importante porque teve medo (emoção negativa) de fazer perguntas difíceis.

Na primeira vez que participei de uma sessão de *murder boarding*, odiei a experiência. Não compreendia a razão de esvaziar minha confiança (ver "Viés de autoaprimoramento"). Com o passar do tempo, porém, passei a amar o processo, porque ele contribuía para meu crescimento pessoal. Fechei muitíssimos negócios que teriam sido perdidos se não fossem os *insights* que tive com o *murder boarding*.

A objetividade é um grande problema para os vendedores medíocres. Enquanto os profissionais de alto desempenho facilmente descartam *prospects* que consideram de baixa probabilidade, os vendedores medíocres persistem em maus negócios e os conduzem como o *Titanic*, direto para o fundo do abismo.

Os supervendedores têm acuidade e disciplina emocional para fazer buracos nos próprios negócios – para formular perguntas difíceis e encarar a dura realidade. São abertos ao *feedback* e exploram as perspectivas e as opiniões de outras pessoas.

Os supervendedores gerenciam as emoções negativas e são realistas e estratégicos acerca das oportunidades do *pipeline*, criando condições para que a lógica e a objetividade se superponham à fixação emocional, aos vieses cognitivos e às ilusões.

Capítulo 13 | **ENGAJAMENTO E MICROCOMPROMISSOS**

*Grandes coisas não são feitas por impulso, mas por uma série de pequenos passos reunidos.*

Vincent van Gogh

Kurt Long, CEO e fundador da FairWarning, empresa de segurança de dados, admite que não era uma situação ótima a ser aproveitada. "Mas eu não tinha muita escolha", explica ele. "Estávamos lançando um novo produto de segurança e, àquela altura, eu era a única pessoa que o compreendia o suficiente para vendê-lo."

Foi um tiro ambicioso. Um novo software como serviço (SaaS), de que ninguém nunca tinha ouvido falar. Um CEO e fundador faminto. Um *prospect* enorme. Uma distância de mais de 7.000 km entre Tampa e Londres. Só um relacionamento dentro daquela grande empresa.

"Quem estava ao meu lado, porém, era Andy, um *stakeholder* da empresa que havia demonstrado interesse pelo software. Ele estava totalmente engajado."

Para Kurt, como para muitos profissionais de alto desempenho, o qualificador mais importante é engajamento:

- A pessoa com quem estou trabalhando acompanha meu esforço?
- Quando dou, o *stakeholder* retribui?
- Quando proponho pequenos compromissos razoáveis, eles os aceitam ou negociam uma alternativa?

- Quando assumimos compromissos, eles os cumprem?
- Eles investiram no processo?

"Tempo é o meu ativo mais valioso", explica Kurt. "Se o meu *stakeholder* não valorizar o meu tempo tanto quanto valoriza o seu próprio tempo, vou embora."

Kurt testou o engajamento de Andy propondo-lhe microcompromissos – pequenos passos adiante. Andy concordou com a proposta e cumpriu os compromissos. Ele correspondeu aos esforços de Kurt. "Ele era sincero e suas atitudes me levaram a acreditar que ele tinha investido em conseguir a implantação do nosso programa de segurança na nuvem. Ele trabalhou comigo para continuar avançando com a bola – sempre dando o passo seguinte."

Como Kurt estava sempre testando o engajamento e conseguindo microcompromissos, a cada passo a probabilidade de vitória aumentava, até que, por fim, o compromisso final se converteu em certeza, em resultado inevitável. A vitória representou para Kurt o impulso de que ele precisava para lançar seu novo produto e para construir uma equipe de vendas que levasse seu software a outros clientes.

## Testando o engajamento

Aprendemos no capítulo anterior que você deve focar nos *prospects* (clientes potenciais) que se enquadram em sua zona de *strike* – coincidindo exatamente com o seu *prospect* qualificado ideal (PQI). No entanto, o simples fato de o *prospect* situar-se tecnicamente no ponto doce da qualificação não significa que o *prospect* tem alta probabilidade de vitória.

Sim, o *prospect* pode ser grande, a janela de compra pode estar aberta, pode haver verba, talvez haja bom encaixe, e é até possível que o negócio seja urgente. Se, contudo, os *stakeholders* e os compradores não estiverem dispostos a engajar-se, o negócio não irá a lugar nenhum.

Os supervendedores testam constantemente para assegurar-se de que os *stakeholders* estão engajados. Testar o engajamento atende a três propósitos:

Primeiro, ajuda você a conscientizar-se da realidade objetiva. Essa conscientização é crucial para gerenciar as emoções negativas, como fixação, viés de otimismo e falácia dos custos irrecuperáveis, à medida que você avalia a probabilidade de vitória das oportunidades no seu *pipeline*.

Segundo, ajuda-o a estimar a probabilidade de vitória do negócio, para tomar melhores decisões estratégicas, envolvendo suas ações e seu tempo.

Terceiro, o processo de conseguir microcompromissos aumenta a probabilidade de vitória, por levar os *stakeholders* a assumir compromissos maiores.

O engajamento é complexo, por ser emocional, intangível, individual, e um alvo em movimento. Engajar os *stakeholders*, mantê-los engajados, e testar e estimar seu nível de engajamento exige empatia, autoconsciência e autocontrole – elementos da Inteligência Emocional em Vendas.

Quando os supervendedores sentem que não há engajamento, eles dão um passo atrás, reavaliam a estratégia, reengajam os *stakeholders*, ou se afastam totalmente do negócio. Duas são as maneiras de testar o engajamento:

❶ Sintonizar-se com as emoções.

❷ Propor microcompromissos.

## Sintonia com as emoções

Durante as conversas de vendas, preste muita atenção às emoções da outra pessoa. Observe como ela responde às suas perguntas. *As respostas são longas e elaboradas ou breves e simples*?

Atente para a linguagem corporal, para a inflexão de voz e para os olhares. Perscrute em profundidade e por intuição os sinais de emoções. *Será que eles estão ocultando emoções e informações ou sendo abertos, honestos e transparentes?*

Os supervendedores ativam as antenas de empatia durante as conversas de vendas. Eles observam e ouvem, de maneira objetiva e intuitiva, em busca de pistas de engajamento emocional e do progresso desse engajamento.

No começo das conversas iniciais com os *stakeholders*, há, em geral, uma barreira emocional entre os dois. Isso é natural. No entanto, durante essa primeira conversa e ao longo das conversas subsequentes, a barreira deve tornar-se cada vez mais baixa. Se assim não for, nem haja perspectivas de que assim será, você deve fazer uma avaliação honesta:

- Será que você está fazendo alguma coisa que impeça a conexão emocional?
- Será que você precisa ajustar o seu estilo de comunicação?

- Será que você está cometendo algum erro que gere desconfiança?
- Será que você não está falando demais e ouvindo pouco?

Se seu estilo, seu comportamento ou suas emoções negativas estão interferindo no processo, dê um passo atrás e se ajuste. Em alguns casos, quando você é incapaz de flexibilizar o seu estilo de comunicação o suficiente para entrar em sintonia com o *stakeholder*, talvez faça sentido procurar outra pessoa que atue como interface. Explorei com sucesso essa tática muitas vezes no passado, para manter o avanço dos negócios.

Se a resposta a essas perguntas for não e o *stakeholder* ainda não estiver engajado, você tem três escolhas:

**Diluir a influência do *stakeholder*:** Se for um negócio complexo e de ciclo longo e houver ampla variedade de *stakeholders*, você talvez possa se dar ao luxo de diluir a influência do *stakeholder* não engajado, construindo conexões e alianças emocionais com outros jogadores da equipe.

**Recorrer à ameaça de retirada:** Se o *stakeholder* tem autoridade para comprar ou exerce grande influência sobre o resultado do negócio, acenar com a possibilidade de retirada pode reverter a posição dele e predispô-lo a seu favor.

"Sinto que o que estou dizendo não está sensibilizando você. A última coisa que eu quero é desperdiçar o seu tempo e o meu. Você gostaria que eu fizesse alguma coisa de maneira diferente ou será que devemos apertar as mãos e seguir caminhos diferentes?"

(Ou alguma variação dessa fala, mais adequada à situação específica.)

A maioria do pessoal de vendas receia desafiar o *prospect* de maneira tão direta. "E se eu o ofender?" "E se ele responder que não quer ir adiante?" E se, e se, e se – emoções negativas de medo, insegurança e fixação embaçam a objetividade.

Eis o que o supervendedor sabe: se um *stakeholder* com alto nível de influência e autoridade de compra não está engajado emocionalmente, a probabilidade de vitória despenca. Você pode escolher entre desperdiçar seu tempo com um negócio de baixa probabilidade de vitória, porque não valoriza seu tempo o suficiente para gerenciar as suas emoções negativas, ou pôr as cartas na mesa para saber qual é a situação e tomar uma decisão objetiva sobre seu próprio movimento, com base na probabilidade de vitória.

Como as pessoas querem o que não podem ter, a tática mais poderosa em vendas é a ameaça de retirada, em tom conclusivo.

Ao distanciar-se emocionalmente, terminando o assédio e mostrando-se disposto a ir embora, você, com muita frequência, rompe a austeridade e o comedimento do *stakeholder*, e ele o mantém em cena – com o benefício adicional de lhe conferir mais poder, por você ter invertido o *script* e de ele agora passar a caçá-lo.

**Ir embora:** Em algumas situações, só faz sentido ir embora. Se o negócio for pequeno ou estiver muito fora do seu PQI, não há razão para insistir. Se o seu *pipeline* estiver cheio, se os negócios estiverem avançando e se houver pouco tempo para jogos, é hora de juntar as tralhas e ir para casa. Se o *stakeholder*, além de desengajado, for hostil ou rude, o melhor a fazer é pegar o telefone e procurar melhores oportunidades.

## Microcompromissos

Durante cada conversa com os *stakeholders*, os supervendedores propõem pequenos compromissos. Esses microcompromissos incluem a próxima reunião, acesso a outro *stakeholder*, escalada para o nível diretivo, novos dados e informações, faturas, cópias de contratos, garantia de um concorrente, tours pelas instalações, café da manhã, almoço, jantar, refeições, ou qualquer coisa com que eles devam concordar e executar como compromisso.

### Os três compromissos

Basicamente, três são os compromissos que propomos aos *stakeholders* no curso do processo de vendas e compra.

**Tempo:** O pedido mais difícil em vendas é tempo. A maioria das pessoas reluta em ceder o próprio tempo para encontrar-se com você em reuniões iniciais e de acompanhamento. Ao concordarem em se encontrar com você, os *stakeholders* estão sinalizando que estão razoavelmente engajados.

**Emoções:** Pedimos aos *stakeholders* que respondam às nossas perguntas e revelem seus problemas, dificuldades e sentimentos. Também lhes pedimos que se comprometam emocionalmente com as soluções que recomendamos e com os produtos e serviços que oferecemos. Pedimos-lhes ainda que se conectem emocionalmente conosco. Ao atenderem aos nossos pedidos, reduzirem as barreiras emocionais e participarem ativamente, os *stakeholders* estão sinalizando engajamento.

**Ação:** Precisamos de compradores que nos forneçam informações, que nos apresentem a *prospects*, que nos forneçam dados, que nos mostrem as instalações, que participem de experimentos e demonstrações, que assinem contratos, que nos deem dinheiro e que implementem as soluções. Quando os *stakeholders* estão dispostos a partir para a ação e a corresponder aos seus esforços, o sinal de engajamento é ainda mais claro.

## Explorando o viés de valor e o princípio da consistência

Os supervendedores melhoram a probabilidade de vitória explorando os microcompromissos dos *stakeholders* para ativar o viés de valor cognitivo e o princípio da consistência humana.

Os humanos valorizam o que lhes custa mais. Não importa o que seja, quando você paga caro por alguma coisa, ela significa mais para você. Quando os humanos ganham alguma coisa de graça ou recebem alguma coisa com pouco esforço, pouca conexão emocional ou valor afetivo lhe atribuem – independentemente de quanto a coisa seja valiosa para outra pessoa. Por isso é que se atribui mais valor a coisas escassas que a coisas abundantes (efeito escassez).

Também é verdade que os seres humanos têm um forte impulso subconsciente para agir, comportar-se e decidir de maneira compatível com seus valores e crenças. Agir de outro modo desencadeia dolorosa dissonância cognitiva. Toda vez que um *stakeholder* assume e cumpre um microcompromisso, ele deve mudar o seu sistema de valores e crenças, para que se torne compatível com o compromisso e não atue como fonte de dissonância cognitiva.

Os microcompromissos são pequenos passos na longa jornada de compra. Cada passo adiante torna o passo seguinte mais fácil. Cada compromisso assumido e cumprido aumenta o preço pago e dificulta a reversão.

A cada microcompromisso, investimento de tempo e pequeno esforço, os *stakeholders* são forçados a manter a consistência, começam a sentir conexão emocional mais intensa com você, passam a atribuir valor cada vez maior à jornada de compra e se julgam cada vez mais responsáveis por avançar rumo a um resultado.

## Emaranhando-se nas emoções

É fácil deixar-se emaranhar, no calor do momento, por *prospects* ansiosos, que parecem engajados – principalmente quando eles o fazem sentir que a venda é iminente. Você se transforma em marionete do *prospect* e pula passos no processo de vendas. A ansiedade é uma emoção potencialmente negativa que gera impaciência, leva-o a errar na estimativa das probabilidades de vitória e emperra a consciência situacional.

Recentemente, uma empresa de equipamentos pesados procurou um de meus representantes de vendas, no intuito de contratar-me para que eu fizesse o discurso de abertura na conferência de vendas anual deles. Randy preenchia todos os requisitos – era interessado, animado, e estava ansioso para encontrar-se comigo. Meu representante de vendas estava convencido de que o negócio estava fechado. Tudo o que Randy e o chefe dele, Tim, queriam, antes de comprometer-se com uma data, eram alguns minutos de conversa pessoal comigo.

Assim que peguei o telefone para falar com Randy e Tim, ficou evidente que Randy era um influenciador (ver "Os cinco *stakeholders* com que você lida em um negócio") e que a decisão competia ao chefe. Fiz perguntas sobre os resultados almejados e o que eles queriam realizar. Randy se estendeu nas respostas, enquanto o chefe foi conciso. Estava faltando alguma coisa.

Então, fiz a Tim uma pergunta direta: "Tim, estou percebendo que você não está inteiramente convencido de que devo fazer o discurso de abertura do seu evento. Há alguma coisa que eu ainda não captei?"

**Primeiro teste de engajamento:** O objetivo da minha pergunta era levá-lo a abrir-se e a ser claro.

Ele respondeu que, no ano anterior, eles haviam contratado um palestrante externo que não trabalhou bem. O palestrante não se interessou em conhecer a situação específica da empresa, deu uma palestra genérica e, basicamente, entediou o público. Por causa da experiência, Tim não estava nem um pouco entusiasmado de trazer outro palestrante externo para a conferência daquele ano.

**Resultado:** Ele disse a verdade. Descobri que ele estava levando para a conversa a bagagem emocional de outra experiência de compra e que, se eu não conseguisse minimizar esse efeito, não haveria negócio. Também constatei que contratar-me não foi ideia de Tim. Randy, o líder de vendas que nos telefonou, estava pressionando o chefe para me contratar. Se Tim não comprasse a ideia, o negócio estaria perdido.

Tim se queixou do palestrante do ano anterior durante mais alguns minutos e, então, pediu que eu lhe enviasse algumas informações a meu respeito.

**Segundo teste de engajamento:** "Tim, com base no que estou ouvindo, parece que você tem perguntas a serem respondidas, antes de você poder confiar em mim com relação a sua equipe. Por que não fazemos isso primeiro? Vou enviar-lhe umas duas referências. Você pode procurar esses clientes e perguntar-lhes qualquer coisa a meu respeito. Então, vamos nos reunir de novo e decidir se faz sentido avançar no processo, depois de você ter tido a chance de conversar com as referências. Que tal na próxima sexta, à mesma hora?"

**Resultado:** Para testar esse engajamento, propus dois microcompromissos: (1) telefonar para as referências e (2) marcar nova reunião. Tim concordou em telefonar para as referências, mas não foi uma resposta entusiasmada. E não concordou em se reunir comigo na sexta e, em vez disso, transferiu o encargo para Randy, que logo topou a reunião. A probabilidade de vitória, a essa altura, já se tinha reduzido do "coisa certa" do meu representante para menos de 50%, numa avaliação realista.

**Último teste de engajamento:** Desliguei o telefone e imediatamente enviei por e-mail a Tim as informações sobre as duas referências. O teste seguinte seria verificar se ele reagiria ao meu esforço.

**Pista Um:** Não houve resposta ao meu e-mail.

**Pista Dois:** Um dia depois, telefonei para as referências para saber se elas tinham sido procuradas por Tim ou Randy. Não tinham. Mais dois dias se passaram, sem que as referências tivessem sido contatadas.

**Minha conclusão:** Não engajado, não será engajado, não vale o meu tempo. Enviei a Randy e a Tim uma nota, cancelando a reunião de sexta.

**Epílogo:** Randy telefonou duas semanas depois, para saber se eu ainda estava disponível. Aparentemente, Tim tinha mudado de ideia. Não perdi tempo correndo atrás deles, nem me preocupei com eles. Eles voltaram a me procurar e, então, a coisa seria feita à minha maneira. A data combinada de início já não estava disponível, e eles concordaram em mudar a data da conferência para se ajustar à minha agenda. Isso acontece com frequência – o *prospect* retorna quando você está disposto a ir embora.

Pedir e conseguir microcompromissos, e passar para o próximo passo acelera a velocidade do *pipeline*. Negócios com impulso para avançar têm maior probabilidade de vitória e menor chance de estagnar. Por isso é que nunca, jamais, você deve encerrar a conversa com um *stakeholder* sem antes combinar o próximo passo.

Você *sempre* precisa testar o engajamento – em todas as visitas e em todas as conversas. Se não houver engajamento, seu negócio morrerá. Às vezes, rapidamente. Às vezes, aos poucos. Mas por certo morrerá.

É razoável deduzir que, se os *stakeholders* estão assumindo e cumprindo compromissos, eles estão engajados e comprometidos com o processo. No entanto, o engajamento nem sempre é quantificável. No nível puramente emocional, é algo que você percebe, sente, e intuitivamente sabe que está lá. É humano. Você o sente nas entranhas. Você simplesmente precisa converter a percepção em conscientização.

> Você frequentemente encontrará supervendedores com o bolso cheio de "sim". Sempre que um *stakeholder* concorda com um compromisso, uma mudança, uma ideia, uma percepção de estado futuro, uma recomendação, o supervendedor coleta o "sim" e o põe no bolso.
>
> Se o *stakeholder* hesitar ao enfrentar uma mudança (o que ocorre com frequência), o supervendedor põe os "sim" na mesa, disparando a dissonância e ajudando o *stakeholder* a superar o medo da mudança e a assumir o próximo compromisso.

Capítulo 14 | **NEGÓCIOS ESTAGNADOS E PRÓXIMOS PASSOS**

*Quem quiser alcançar um objetivo distante deve dar pequenos passos.*
Saul Bellow

**Eu:** "Então, qual é o próximo passo?" [Estou apontando para o 11º negócio no relatório de *pipeline* do representante de vendas. Nenhuma das oportunidades anteriores que já tínhamos discutido tinha um próximo passo, objetivo e expresso]

**Representante:** Hum, bem, vou telefonar para ela na próxima semana.

**Eu:** Qual é o dia e hora desse compromisso?

**Representante:** Ela só pediu para eu dar um telefonema.

**Eu:** Algo do tipo "Me liga talvez"? Como é que isso é um próximo passo?

**Representante:** Olha, ela parecia interessada em receber uma proposta.

**Eu:** Tudo bem, vamos falar sério. Dos 17 negócios no seu *pipeline*, em quantos você tem uma reunião marcada em sua agenda ou na deles?

**Representante:** Talvez em três deles.

**Eu:** [Olhando para ele, sem acreditar]

**Representante:** Você não entendeu. Não é assim.

**Eu:** Como que é?

**Representante:** Em meu setor, as pessoas não marcam reuniões.

**Eu:** É...? Interessante. Você está dizendo que em nossas reuniões desta tarde — aquelas agendadas pelo telefone — se pedíssemos para marcar outra visita de *follow-up* para apresentar uma proposta, 100% deles nos mandariam passear porque eles não marcam reuniões.

**Representante:** Olha, não é bem assim. Não é isso o que estou dizendo. Só que é difícil.

**Eu:** Tudo bem. Deixa eu perguntar. Seja honesto. Ao tentar marcar a próxima reunião, qual é a sua taxa de êxito?

**Representante:** [Pensando...] Acho que muito alta.

**Eu:** E quando eles não marcam o próximo passo?

**Representante:** Honestamente?

**Eu:** Sim.

**Representante:** Tento vários telefonemas de acompanhamento, mas, em geral, eles não atendem, nem ligam de volta.

O *pipeline* desse representante era mais lento que lesma. A maioria dos *prospects* estava estagnada havia meses, e ele insistia nas ligações, *só estou checando.*

## O flagelo dos departamentos de vendas

Negócios estagnados são o flagelo da profissão de vendas, entupindo *pipelines*, arruinando previsões e gerando frustrações indescritíveis. Do CEO ao representante de vendas de primeira linha, todos parecem estar buscando maneiras de destravar os negócios. E, evidentemente, de alto a baixo, todos querem encurtar os ciclos de vendas e aumentar a velocidade do *pipeline*. Quando sou chamado para trabalhar com equipes de vendas, as duas questões mais comuns que emperram as organizações são deficiências de prospecção (não encher o *pipeline*) e congestão do *pipeline* (não esvaziar o *pipeline*).

Quando os *pipelines* estão congestionados, a causa básica é quase sempre a mesma: o pessoal de vendas não está conseguindo pedir e conseguir compromissos em relação aos próximos passos.

É claro que, às vezes, os negócios estagnam porque o vendedor está atrelado a um influenciador de baixo nível e reluta em subir de nível, até alguém que tome decisões, ou receia afastar-se do bloqueador, para não comprometer o relacionamento.

Às vezes, os negócios estagnam porque, para começar, nunca houve negócio, e o pessoal de vendas trabalhou mal na qualificação.

Em outros casos, os negócios empacam, embora você tenha feito tudo certo. Em vendas, essa é a vida. Você não ganha todas.

No entanto, a principal razão para os negócios estagnarem – 90% das vendas ou mais – é a incapacidade do pessoal de vendas de pedir e conseguir os próximos passos. Fechar microcompromissos ao longo do percurso em relação aos próximos passos não só testa o engajamento, como também mantém os negócios em movimentação constante no *pipeline*.

## A regra fundamental das conversas de vendas

Poucos meses atrás, eu estava no carro com Ken, um dos representantes de vendas de meu cliente. Depois de nossa primeira visita do dia, fiz duas perguntas:

❶ "Como você acha que foi a visita?"
❷ "Você alcançou o objetivo da visita?"

"Acho que foi bem. O *prospect* estava feliz de nos ver e parecia interessado em fazer negócios conosco [ilusão]. Acho que foi um ótimo resultado, considerando que demorei quase dois meses para conseguir que ele me recebesse."

"Qual é o próximo passo?", retruquei [sabendo a verdade].

Ken consultou suas anotações sobre a reunião. "Bem, ao chegar ao escritório, vou montar uma proposta e, então, ligar-lhe, como ele pediu, nas próximas duas semanas, para marcarmos outra reunião, onde discutiríamos a nossa proposta."

"Ken, por que você não marcou logo a próxima reunião, enquanto estava lá, sentado diante dele?"

"Eu não quis parecer insistente demais [emoção negativa]."

"É fácil entrar em contato com ele?"

"Não. Ele nunca está no escritório, mas, como ele me disse para telefonar, não tenho dúvidas de que receberá a minha ligação."

Tudo o que pude fazer foi balançar a cabeça. Procurei Ken cerca de um mês depois, para perguntar pela conta. Ele me disse que não tinha conseguido programar a reunião para repassar a proposta com o *prospect*. "Simplesmente não entendi – ele parecia muito interessado. Deixei várias mensagens, mas ele não retornou as minhas ligações."

Os supervendedores seguem uma regra fundamental simples sobre reuniões de vendas:

> Nunca deixe uma reunião com um *stakeholder*, em pessoa ou por telefone, sem marcar e comprometê-lo com um próximo passo firme. Jamais!

Quero ser claro. Afirmações do tipo "Ligo para você na próxima semana" ou "Só me telefona quando estiver pronto" não são próximos passos firmes.

Um próximo passo firme e combinado exige o compromisso de fazer alguma coisa, de você e do *stakeholder* – e a data em que vocês se encontrarão de novo, por telefone ou em pessoa, para rever essas ações. Finalmente, essa data deve ser escrita em pedra, na sua agenda e na do *stakeholder*. Se você deixar os próximos passos por conta da esperança e de uma prece, seus negócios empacarão.

Os *prospects* são tão ocupados que, tão logo você vai embora ou desliga o telefone, eles rapidamente se esquecem de você e partem para o próximo assunto premente em sua lista de prioridades. Se você não tiver marcado data e hora certas em sua agenda para a próxima reunião, será difícil, se não impossível, manter o compromisso, assim que você não mais estiver no campo visual e mental do *prospect*.

Às vezes, o pessoal de vendas se deixa levar de tal forma pelo entusiasmo de uma visita/chamada de vendas bem-sucedida, que simplesmente se esquecem de pedir o compromisso. Acredite-me, já estive em situações semelhantes e cometi o mesmo erro. A chave para evitar essa armadilha é desenvolver uma rotina de visitas que o ajude a se lembrar de pedir o compromisso quanto ao passo seguinte ao fim de toda visita.

Entre o pessoal de vendas, há quem acredite, erroneamente, como Ken, que ser assertivo ao agendar o próximo passo parecerá rude ou insistente. Garanto-lhe que não é. Ao contrário, você parece profissional e organizado. Seu *prospect* respeitará a sua atenção para os detalhes e apreciará a sua demonstração de que valoriza o tempo deles, a ponto de programar os próximos passos e manter o processo em movimento constante.

Os vendedores medíocres têm medo de pedir uma demonstração, o tour pelas instalações, o acesso ao responsável pela decisão, dados para elaborar o caso de negócios, a próxima reunião, ou o fechamento da venda. O medo de pedir impregna todas as interações com os clientes e os deixa inventando desculpas para justificar o fato de os *prospects* nunca telefonarem de volta e nada nunca parecer fechar.

Acredite: a dor de um *pipeline* estagnado, os sucessivos telefonemas para *stakeholders* desengajados e as desculpas sem fim à administração de vendas são muito piores do que ouvir o *prospect* dizer não. É importante compreender que, como profissional de vendas, o seu trabalho é manter a bola rolando, e nunca espere que o *prospect* faça isso por você.

Para alcançar o alto desempenho, você precisa correr o risco da rejeição. Isso exige coragem. Coragem é como o músculo a ser exercitado com regularidade para desenvolver-se e fortalecer-se. Ao começar a assumir pequenos riscos, você constatará que o seu medo da rejeição muitas vezes não tem fundamento. Seus *prospects* concordarão com os próximos passos com muito mais frequência do que você supõe.

## Superando as rejeições ao próximo passo

Você deve ser firme e assertivo em relação a manter os seus negócios em avanço constante, um microcompromisso, uma reunião, um passo de cada vez. Isso significa sempre, sempre, sempre pedir e agendar o próximo passo.

Quando, porém, você pede próximos passos, recebe rejeições. Acredite-me, seus *prospects* têm melhores coisas a fazer do que ficar batendo papo com você. Francamente (isso talvez seja difícil de ouvir), eles preferem passar a tarde na cadeira de um dentista, tratando de um canal, a passar 15 minutos ouvindo a sua ladainha.

Judô, palavra japonesa que significa "gentil ou com jeito", é uma arte marcial que se empenha em vencer sem lesionar. Do mesmo modo, com os pedidos ou as propostas de próximos passos, você quer conquistar seu objetivo – um compromisso de tempo ou informação – sem brigar ou machucar.

O segredo é ser ágil, adaptável e rápido. Para tanto, você precisa mobilizar um modelo de reversão simples, tanto para gerenciar suas emoções quanto para atrair os *stakeholders*, facilitando para eles dizer sim.

Figura 14.1: Elementos do Modelo de Turnaround

Os três elementos desse Modelo de Turnaround são (Figura 14.1):

❶ Recomponha-se.
❷ Surpreenda.
❸ Peça.

## Recomponha-se

Como você já sabe, a resposta de luta ou fuga à rejeição é involuntária. O propósito da resposta de recomposição é dar ao cérebro lógico o milissegundo de que ele precisa para reagir e controlar as emoções negativas resultantes da rejeição ao seu pedido de próximo passo, criando condições para que você restabeleça o seu equilíbrio.

As afirmações de recuperação são algo do tipo:

- Exatamente por isso é que eu perguntei.
- Isso faz sentido.
- Muitos de meus clientes já se sentiram da mesma maneira antes...
- Isso é sensacional.
- Como assim?
- Muitos de meus concorrentes agem assim sem conhecer a sua situação específica.

Como a tendência é receber várias vezes as mesmas objeções aos seus pedidos de próximo passo, as respostas de recuperação devem ser memorizadas, praticadas e repetidas, de modo a parecerem naturais e refletirem o seu estilo. Quando você aperfeiçoa as respostas de recuperação, você nunca precisará se preocupar com o que dizer, permitindo-lhe reassumir o controle total das suas emoções.

As recuperações planejadas fazem com que sua entonação, seu estilo e seu fluxo verbal pareçam relaxados, autênticos e profissionais. Elas liberam sua mente para focar na estratégia e no próximo movimento, em vez de reagir de maneira inadequada às emoções negativas, disparadas pela resposta de luta ou fuga.

## Surpreenda

Os seus *prospects* estão condicionados. Eles esperam que você aja exatamente como todos os outros vendedores. Ao dizerem não, esperam que você desista e vá embora, e querem confirmar essa expectativa.

O segredo para reverter a resposta reflexa, ou rejeição, do *stakeholder* é fazer uma afirmação que rompa essa expectativa, acabe com a luta e os atraia para você. Por exemplo:

Quando eles dizem que estão ocupados, em vez de argumentar que você precisará de apenas alguns minutos do tempo deles, diga:

"Eu imaginei que você fosse. Por isso é que quero combinar uma hora conveniente em sua agenda para nos reunirmos na próxima semana."

Concordar com eles rompe e altera o padrão esperado por eles.

Quando eles pedem que você lhes envie uma proposta por e-mail, diga:

"A maioria de meus concorrentes age dessa maneira, sem compreender bem suas circunstâncias únicas. Eles têm uma caixa e pedem aos clientes que se apertem nessa caixa. Minha empresa, por outro lado, constrói a caixa ao seu redor. Por isso é que preciso aprender mais sobre as suas características e peculiaridades."

Quando eles disserem "Me liga na próxima semana", responda:

"Eu bem que gostaria de combinar assim, só que estou com tantos clientes novos que não sei se terei tempo na minha agenda. Por que não marcamos logo a reunião, para que eu lhe dê a atenção que você merece?"

## Ruptura com a ameaça de retirada

Keith estava na primeira visita a um cliente potencial de seus serviços de consultoria. Ele tinha entrado em modo de descoberta, mas a intuição lhe dizia que o *stakeholder*, o vice-presidente de recursos humanos, estava retraído. Com base em conversas com outros *stakeholders* e em suas próprias pesquisas, Keith sabia que o *stakeholder* enfrentava muitos problemas e aflições com o processo de gestão do plano de benefícios da empresa.

Ao responder às perguntas de Keith, porém, o *stakeholder* falava como se tudo estivesse bem – referindo-se superficialmente a questões que Keith sabia serem sérias. Com a conversa tornando-se cada vez mais evasiva, Keith recorreu à ameaça de retirada para testar o engajamento e trazer de volta o *stakeholder*.

"Bem, Roy, por tudo o que você está dizendo, parece que você e sua equipe estão fazendo um trabalho maravilhoso no gerenciamento do plano de benefícios e de adesão dos empregados. Acho que não temos muito o que fazer para ajudá-lo."

Ele, então, ficou em silêncio, à espera do que sabia que aconteceria. (O posicionamento e, em seguida, o silêncio espontâneos e relaxados são fundamentais na aplicação dessa técnica de retirada.)

Depois de alguns segundos de silêncio, Roy respondeu:

"Ah, não... hum, queremos encontrar uma maneira de vocês trabalharem conosco. Estamos fazendo muita coisa certa, mas sabemos que outros olhos às vezes veem melhor."

Como um imã, a ameaça de retirada reverteu as expectativas de Roy em relação ao comportamento de Keith e o trouxe de volta.

**Pergunta:** O que queremos mais do que qualquer outra coisa?
**Resposta:** O que não temos.

Diante do risco de perder alguma coisa, sua atenção é reativada e você, de repente, valoriza o que receia perder como nunca antes. Por essa razão, as ameaças de retirada – mesmo de maneira muito sutil – atraem os *stakeholders* para você, invertem o *script* e lhe dão o controle da situação.

Em essência, a ameaça de retirada é um comportamento inesperado. Em vez de responder de forma semelhante à rejeição, você recua, forçando-os a sair do padrão.

## Explorando o efeito da escassez percebida

O que é percebido como escasso ou exclusivo é visto como mais valioso. Se algo é escasso e outra pessoa o deseja, você também o quer com mais intensidade. Esse é o chamado *efeito da escassez percebida*, e pode ser explorado para levar os *stakeholders* a concordar com os próximos passos.

Por exemplo, se você diz: "Estou aberto para o que for melhor para você", ao tentar agendar um compromisso de próximo passo, você aumenta a probabilidade de que o *stakeholder* responda: "Por que você não me dá um telefonema? Eu estou por aqui".

Se, porém, em vez disso, você disser: "Estou com a agenda cheia para a próxima semana. Por que não marcamos logo a reunião, antes que alguém pegue a vaga? Que tal quarta, às 14h30?" A probabilidade de que o *stakeholder* aceite a proposta ou sugira uma alternativa é muito alta.

A maneira mais fácil de conseguir que alguém queira alguma coisa é torná-la escassa. As pessoas querem o que não podem ter.

## Peça

Você até pode conseguir a reversão perfeita, mas, se não pedir outra vez o compromisso, você não conseguirá o que quer. Não espere que os *stakeholders* façam o trabalho que é seu. Você deve pedir o próximo passo logo em seguida à reversão, cheio de confiança, sem qualquer hesitação ou pausa, com a presunção de que será atendido. Se não pedir, você perderá a oportunidade.

O benefício de conseguir que o *stakeholder* se comprometa com o próximo passo é enorme. Propor o próximo passo revela os compradores que não estão engajados. Quando eles postergam o compromisso proposto ou desprezam as suas tentativas de agendar um compromisso com um vago "me liga depois", você obtém uma imagem clara de que o negócio não vai avançar. Essa constatação o libera para investir seu tempo em *prospects* engajados.

Sempre fechar compromissos em relação ao próximo passo transmite-lhe impulso para movimentar o *pipeline*, e cada microcompromisso assumido pelos *stakeholders* compromete-os cada vez mais com você. Ao empurrar os negócios para frente no *pipeline*, você passará a fechá-los em ritmo muito mais acelerado. Ao investir tempo em negócios viáveis com *prospects* engajados, você acelera o fluxo no *pipeline* e encurta o ciclo de vendas.

### Três palavras que você nunca deve usar em vendas

Em certas circunstâncias, você não tem condições de conseguir o próximo passo. Não é a situação ótima, mas é o mundo real. Você será forçado a deixar uma proposta ou a fornecer as especificações do produto, listas de preços e outras informações, sem o benefício da garantia de um próximo passo. Você, então, precisará fazer o *follow-up* do negócio. Infelizmente, a maioria das visitas de *follow-up* falha, porque elas são mais ou menos assim:

"Oi, Justin, é Ken. Só estou checando para ver se você teve a chance de examinar aquela informação que lhe enviei."

*Só estou checando* — as três palavras que você não deve nunca usar em vendas — tornou-se uma frase usada em todos os lugares, a toda hora, pelo pessoal de vendas.

Usei "só estou checando" e aposto o cheque de *royalties* de meu próximo livro que "só estou checando" também já saiu da sua boca. Mas há um problema, "só estou checando" é uma frase inútil.

Ela não acrescenta valor, não engaja os *stakeholders* num diálogo real, provoca respostas reflexas dos *stakeholders*, que o deixam sem palavras, mas não o aproximam do fechamento do negócio. É um mau hábito e uma maneira passiva de acompanhar o andamento do negócio.

Seu imperativo como profissional de vendas é manter os negócios em avanço constante no *pipeline*. Essa é a principal razão pela qual "só estou checando" (muito como a esperança) não é uma estratégia de vendas.

Você deve perguntar especificamente o que quer saber. É preciso ser direto e objetivo. É necessário ser presuntivo, em vez de cerimonioso. Esse, a propósito, é um traço central dos supervendedores – que perguntam o que querem saber e presumem que conseguirão o que estão pedindo.

Quando você só está checando, você assume, passivamente, que vai perder.

Preste atenção! Só checar não vende o seu produto ou serviço. Não empurra os negócios para a frente. É uma frase inútil.

Só checar está emperrando os seus negócios, deixando-o para trás, e é hora de descartar esse hábito.

Capítulo 15 | **PROCESSO DE VENDAS**

*Você nunca deve permitir que alguém imponha o seu processo de vendas.*
Mike Weinberg

**Jeffrey Gitomer, autor de** O *pequeno mas muito poderoso livro de como fechar negócios* (M. Books, 2016) e de *A bíblia de vendas* (M. Books, 2010), é um dos autores mais fecundos no espaço de vendas. Ele vendeu mais de um milhão de livros e alcançou o *status* de celebridade na profissão de vendas. Certa vez, caminhei com Jeffrey pelo aeroporto de Charlotte, Carolina do Norte. As pessoas se dirigiam a ele de todas as direções, para apertar-lhe as mãos ou conseguir um autógrafo. Até apresentavam os filhos ao "Rei das Vendas".

Na casa dele, há uma biblioteca impressionante, inclusive o que provavelmente é a coleção mais abrangente de livro de vendas em todo o mundo. Sempre que estou lá, surpreendo-me de olhos fixos nas prateleiras, extasiado, tentando absorver tudo aquilo.

No centro da biblioteca, cercado por todos esses livros, encontra-se a cadeira de trabalho preferida de Gitomer. E foi nessa biblioteca que nos envolvemos numa conversa profunda sobre o processo de vendas.

"Veja todos esses livros." Gitomer apontou para as prateleiras – a aula estava em andamento. "Muita coisa já se escreveu sobre vendas, mas posso resumir tudo em poucas palavras. Vendas é um processo – um processo completamente previsível. Siga os passos certos e você fecha negócios. Ignore-os e você perde."

*Vendas é um processo*. Ouvi e repeti essas palavras mais vezes do que consigo me lembrar. *Vendas é um processo* é o mantra dos instrutores de vendas, tema heroico de incontáveis livros de vendas, e camaleão mimético que assume diversas formas, rótulos, acrônimos e camadas, à medida que aumenta a complexidade e a extensão do ciclo de vendas.

A questão ardente é por quê, depois de todos os investimentos das empresas para ensinar ao pessoal de vendas o processo de vendas, o pessoal de vendas o ignora e salta passos?

É um processo linear e lógico que, quando plenamente explorado, garante alta probabilidade de vitória. Simplesmente não faz sentido deixá-lo de lado, razão pela qual, ao percorrer os fundos dos edifícios de escritórios, você encontrará fileiras de gerentes de vendas batendo com a cabeça na parede.

Quatro são os motivos que levam o pessoal de vendas a efetivamente não seguir o processo de vendas:

❶ Emoções negativas.
❷ Improvisação.
❸ Complexidade.
❹ Falta de processo de vendas.

### Emoções negativas rompem o processo de vendas

Você não precisa de mim, nem de ninguém para ensinar-lhe os passos do processo de vendas e o significado deles. A maioria do pessoal de vendas está familiarizada com o processo de vendas, tem consciência de que o processo de vendas é importante e compreende as consequências de pular etapas.

A maioria das áreas de vendas definiu e aperfeiçoou um processo de vendas fácil de executar, com passos adequados ao seu ciclo de vendas e à complexidade do produto. Essas organizações também oferecem programas de treinamento em processo de vendas ao seu pessoal.

No entanto, muitos profissionais de vendas talentosos, educados e bem treinados reiteradamente fracassam no processo de vendas (lembre-se da imagem dos gerentes de vendas batendo com a cabeça na parede).

O problema não é lógico, nem é de treinamento – é emocional.

A razão mais frequente de o pessoal de vendas fracassar no processo de vendas é a incapacidade de controlar e gerenciar as emoções negativas. Essas emoções, como impaciência, medo desespero, ansiedade, dúvida, esperança, insegurança, ego, e outras impedem a conscientização situacional, levando os vendedores a ignorar, a pular ou a mutilar etapas no processo de vendas.

A falta de autocontrole é a razão mais fundamental de os vendedores fracassarem no processo de vendas e de reduzirem a probabilidade de vitória. Eles insistem demais, perdem o controle, superestimam a probabilidade de vitória, impõem-se aos *prospects* e, com muita frequência, pulam etapas.

O ponto em que os supervendedores se distinguem da massa de vendedores medíocres é na capacidade de conjugar compreensão intelectual do processo de vendas linear com inteligência emocional específica para vendas.

## Improvisação

Gitomer está certo. O resultados de vendas são previsíveis, dependendo de como o pessoal de vendas gerencia, melhora e impulsiona os negócios ao longo do processo de vendas. Siga um processo de vendas bem concebido, com *prospects* qualificados, que estão na janela de compra, e você fechará mais negócios. Essa é uma verdade e uma garantia.

Infelizmente, muitos profissionais de vendas subestimam essa verdade básica e improvisam o processo de vendas, pois, nas palavras de um mau profissional, "não gosto de ser constrangido por normas". Esse pessoal de vendas prefere traçar o próprio percurso, na crença ilusória de que a maneira deles é melhor. Confie em mim. Não é. Improvisar o processo de vendas é estupidez.

Os supervendedores se preparam com antecedência para as visitas de vendas. O planejamento pré-visita pode ser tão simples quanto fazer algumas pesquisas e rabiscar algumas anotações quando se trata de negócios de ciclo curto e de baixa complexidade; ou tão extenso quanto desenvolver perfis detalhados de *stakeholders* e integrar o planejamento numa estratégia de vendas abrangente quando se trata de negócios complexos.

Qualquer que seja a complexidade da conta, quatro são as perguntas básicas a serem respondidas, as quais orientam a preparação para a visita de vendas:

❶ O que você já sabe, inclusive as informações acessíveis, sem perguntar ao *prospect*.
❷ O que você quer conhecer ou aprender na reunião?
❸ Qual é o seu objetivo na reunião?
❹ Qual é o seu próximo passo almejado?

Essas perguntas devem ser feitas e respondidas antes de todas as reuniões com os *stakeholders*.

O que você já sabe

A empresa de Anthony ajuda os empregadores a contratar talentos de alto nível, com avaliações dos candidatos. Quando Anthony e equipe estavam cortejando uma grande empresa de móveis e decorações, eles resolveram, primeiro, comprar no *prospect*. "Fomos à loja e passamos por toda a experiência. Ao desempenharmos o papel de clientes, aprendemos sobre o processo de vendas, os tipos de pessoas contratadas e a cultura da organização."

Continua Anthony: "Quando aparecemos para a nossa reunião de descoberta inicial, explicamos ao grupo de *stakeholders* o que havíamos feito. Eles ficaram muito impressionados por termos investido tempo em conhecê-los. Era possível sentir a mudança emocional na sala. Entramos como vendedores e saímos como parceiros. Hoje, eles são um de nossos maiores clientes".

Aprenda antecipadamente tudo o que for possível sobre a organização e sobre as pessoas que participarão da reunião. Explore a tecnologia, as redes sociais e a internet para coletar informações sobre os *stakeholders* e as organizações. Daí decorrem quatro benefícios.

❶ Ajuda-o a não fazer perguntas estúpidas que demonstrem falta de preparo.

❷ Ajuda-o a formular perguntas fáceis que levem os *stakeholders* a falar.

❸ Você começa a aprender a linguagem do *prospect*.

❹ Faz o seu *stakeholder* se sentir importante, pois você fornece evidências tangíveis de que teve o cuidado de investir esforço para conhecê-los bem.

Por meio do planejamento e da estratégia, os supervendedores desenvolvem teorias e hipóteses que podem ser testadas com as perguntas certas.

O que você quer saber

Ao longo de todo o processo de vendas, sua tarefa é construir o caso de por que os *stakeholders* do *prospect* devem escolher você e o seu produto. Esse caso começa e termina com a descoberta. Cada vez que você se encontra com um *stakeholder*, o seu objetivo é reunir informações que o ajudem a montar o quebra-cabeça.

Antes da visita, é preciso compreender com clareza o que você quer aprender. É assim que você define o objetivo da visita. Depois de determinar o que você quer ou precisa aprender a fim de avançar para o passo seguinte, desenvolva e pratique as perguntas que você fará durante a reunião.

## Cumprindo os objetivos e os próximos passos

Todas as visitas de vendas devem ter objetivos simples e fáceis de explicar, para que você e o *stakeholder* saibam por que você está lá e o que você espera realizar. O seu objetivo deve alinhar-se com a sua situação no processo de vendas.

Da mesma maneira, a sua meta de próximo passo deve ser definida com clareza e estar alinhada com o processo de vendas. Antes de entrar numa reunião com um *stakeholder*, faça-se e responda a duas perguntas:

❶ Qual é o meu objetivo?
❷ Qual é a minha meta de próximo passo?

Se você não puder responder definitivamente a essas perguntas, você estará improvisando e perdendo tempo, e a probabilidade de que você saia da reunião sem um próximo passo será alta.

## A complexidade é inimiga da execução

Às vezes, as áreas de vendas criam complexidade no processo de vendas, onde deveria prevalecer simplicidade. Isso acontece por duas razões básicas:

❶ A equipe de liderança (ou, pior, um comitê) desdobra o processo em quantidade excessiva de passos – geralmente no esforço de gerenciar e medir o *pipeline* até o enésimo grau, por meio do sistema de gestão do relacionamento com o cliente (CRM). Na busca por dados e visibilidade, eles, sem saber, emperram a área de vendas, algemam os vendedores e roubam tempo de atividades de vendas de alto valor.

❷ A organização, na tentativa de ser realmente singular, cria rótulos complicados em "jargão de negócios" para identificar os passos do processo de vendas, que não fazem sentido intuitivo para seres humanos normais, exceto para MBAs de escolas de negócios de grife.

Recentemente, entrevistei um representante de vendas sobre o processo de vendas de sua empresa, quando me preparava para um discurso de abertura. Essa empresa investe muito em treinamento de vendas e tem grande orgulho da exclusividade do seu processo de vendas. O representante de vendas, porém, apesar de tudo, quando lhe pedi para descrever os passos do seu processo de vendas, respondeu: "Espera, acho que há um pôster na sala de reuniões com o fluxograma dos passos do processo de vendas".

Na sua opinião, qual seria a chance desse representante de vendas de realmente executar esse processo de vendas em atividades de campo? A complexidade só serve para confundir e frustrar o pessoal de vendas.

Algumas pessoas têm necessidade de criar complexidade quando deparam com simplicidade, na crença de que isso as faz parecer mais inteligentes. Elas não aceitam que o simples é eficaz.

É muito mais fácil complicar coisas simples do que simplificar coisas complicadas. É famosa a citação de Steve Jobs: "O simples pode ser mais difícil do que o complexo: você precisa trabalhar intensamente para limpar seu pensamento e torná-lo simples. Mas, no final das contas, o esforço se justifica, porque, uma vez lá, você pode mover montanhas".

A complexidade é inimiga da execução. Os verdadeiros gênios simplificam as coisas complexas.

## Falta de processo de vendas

Para ser justo, há outro grupo de vendedores que nunca foi treinado para seguir um processo de vendas definido ou não tem processo de vendas. Esse problema afeta basicamente profissionais de vendas independentes, empresários e microempreendedores individuais, e profissionais de vendas que trabalham em pequenas empresas ou em startups que carecem de infraestrutura para treinamento de vendas.

Há um Processo de Vendas de Sete Passos básico (Figura 15.1) que se aplica praticamente a todas as situações de vendas, produtos, serviços e setores de atividade. Sim, pode haver diferentes subpassos ou rótulos; no entanto, com base em meu trabalho com alguma das maiores e mais bem-sucedidas organizações de vendas, descobri que os seus processos de vendas foram todos construídos sobre esses pilares de sete passos.

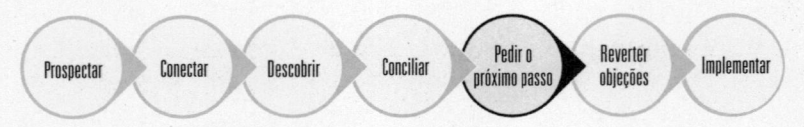

Prospectar → Conectar → Descobrir → Conciliar → Pedir o próximo passo → Reverter objeções → Implementar

Figura 15.1: Processo de Vendas de Sete Passos

## Prospecção e qualificação

Todo processo de vendas começa com atividades de desenvolvimento de vendas no topo do funil. Os profissionais de alto desempenho são prospectores fanáticos que, de maneira implacável e sistemática, engajam e empurram os *prospects* de alta probabilidade mais qualificados dentro do *pipeline*, quando se abre a janela de vendas.

A chave da prospecção eficaz é a abordagem equilibrada que explora múltiplos canais de prospecção, como telefone, e-mail, contatos sociais, contatos pessoais, networking e referências, para conectar-se com os *prospects* na hora certa e com a mensagem certa.

Para um mergulho mais profundo na prospecção e na geração de demanda, leia meu livro *Fanatical Prospecting*.

## Conexão

Na maioria dos programas de treinamento de vendas e dos diagramas de processo de vendas, esse passo é denominado "construção do relacionamento". Ele foca, basicamente, na criação de ligações emocionais com os vários *stakeholders* envolvidos no processo de compra.

No contexto do processo de vendas, o passo da conexão é geralmente a primeira reunião com o *stakeholder*. O seu esforço é para reduzir as barreiras emocionais, configurar a agenda, definir o processos de vendas e compra, exercer controle e qualificar.

O passo da conexão é aquele em que você e o *stakeholder* decidem se faz sentido passar para o passo seguinte e investir tempo nos processos de vendas e compra.

Os *stakeholders* estarão dispostos a avançar se você lhes tiver despertado interesse e credibilidade suficientes para convencê-los a investir mais tempo em você. Por seu turno, você estará disposto a avançar se sentir que a sua probabilidade de vitória é bastante alta para justificar o próximo passo e mais investimentos de tempo e recursos.

## Descoberta

Descoberta é o processo de construir o seu caso ou argumento. Consiste em perguntar e ouvir. Frequentemente denominada pesquisa de fatos ou análise de necessidades, a descoberta é o passo mais importante no processo de vendas e ao qual você deve dedicar 80% ou mais do seu tempo.

A descoberta é o âmago do processo de vendas. Dependendo da complexidade do negócio, a descoberta pode durar alguns minutos ou estender-se por muitos meses e sucessivas reuniões com ampla variedade de *stakeholders*.

Durante a descoberta, os profissionais de alto desempenho são pacientes e estratégicos, construindo metodicamente o seu caso ou argumento, com perguntas contundentes, que sacudam os *stakeholders* de suas zonas de conforto. Eles recorrem a perguntas estratégicas, instigantes, provocadoras e desafiadoras, para criar nos *stakeholders* a autoconsciência quanto à necessidade de mudança.

À exceção de incluir no *pipeline* os negócios certos, nada que se faça no processo de vendas exerce maior impacto sobre a probabilidade de vitória do que a descoberta eficaz.

## Conciliação

Para desenvolver um caso ou argumento forte, capaz de convencer os *stakeholders* a fazer negócios com você, é preciso conciliar as suas ofertas, recomendações e soluções, de um lado, e as dores, problemas e oportunidades únicas do *stakeholder*, de outro.

No contexto de uma conversa de vendas (inclusive demonstrações), as conciliações informais dão ao *prospect* razões convincentes para dar o próximo passo. No fechamento, a conciliação se efetiva por meio de uma exposição ou conversa formal. Na maioria dos diagramas de processos de vendas, esse estágio é denominado apresentação.

Os supervendedores se diferenciam pelas recomendações personalizadas e pela(s) conciliações individualizadas entre as suas soluções específicas, de um lado, e os problemas únicos dos *stakeholders*, de outro, na linguagem e no contexto dos *stakeholders*, não em seus termos.

## Pedido

O pedido é a disciplina central de vendas. Se você não pedir, você não consegue. Na maioria dos diagramas de processo de vendas, esse passo é denominado fechamento. Prefiro *pedido*, porque pedir o que você quer é a chave.

No curso do processo de vendas, você pedirá microcompromissos. Esses microcompromissos são os pequenos passos que impulsionam o negócio para a frente ao longo do processo de vendas. Depois de construir seu caso ou argumento final, você pedirá o fechamento da venda.

Não há truques, nem técnicas secretas. Os profissionais de vendas de alto desempenho não têm dificuldade em pedir, porque eles conquistaram o direito de pedir.

Como eles seguiram sistematicamente o processo de vendas, desenvolveram conexões emocionais com os *stakeholders*, perguntaram e ouviram, promoveram conciliações importantes, e, assim, aumentaram a probabilidade de vitória, a confiança deles em alcançar o fim almejado é alta.

A arte é a consciência situacional e o controle emocional – saber quando pedir, como pedir, o que pedir, e quando você conquistou o direito de pedir.

## Objeções e negociações

Os *stakeholders* o atingirão com objeções. Eles negociarão. É um fato da vida. Mesmo em situações perfeitas, com todos os patos enfileirados, você ainda será alvejado com questões desafiadoras, que o levarão a elaborar compromissos vitoriosos para ambas as partes.

Os vendedores medíocres sucumbem às emoções negativas, quase sempre ao depararem com o primeiro sinal de retrocesso. Em vez de negociar, eles dão descontos. Em vez de processar as objeções, eles cedem e deixam o campo de jogo.

Os supervendedores aceitam as objeções como oportunidades e iniciam negociações em busca de soluções. Eles reconhecem que, ao apresentar objeções e entrar em negociações, o *stakeholder* sinaliza que está engajado. Quanto mais engajado estiver o *stakeholder*, maior será a sua probabilidade de vitória.

## Implementação e gerenciamento da conta

Dependendo das atribuições da sua função de vendas, você pode participar da entrega ou da implementação do seu produto ou serviço e/ou do gerenciamento e crescimento da conta.

A implementação impecável é essencial para a obtenção de depoimentos que reforcem a sua credibilidade, assim como de referências que, em geral, são oriundas dos seus *prospects* mais qualificados.

O gerenciamento eficaz da conta é fundamental para reter negócios angariados a duras penas e para promover o crescimento de receitas altamente lucrativas.

Os vendedores medíocres assumem sozinhos todo o encargo e se atolam em minúcias da implementação e do gerenciamento da conta, o que os deixa com pouco tempo para vender. Os supervendedores recorrem às equipes de apoio para lhes dar assistência e para cuidar dos clientes. Assim, ganham mais tempo para focar em atividades de alto valor que aumentam sua renda.

## Alinhando os três processos de vendas

O domínio só do processo de vendas, não importa como você o defina e o execute, não é suficiente para o alto desempenho. O vendedor que domina o processo de vendas em termos emocionais e intelectuais ainda pode ficar aquém das expectativas. Isso porque eles se tornam míopes pela perspectiva exclusiva do processo de vendas e perdem de vista o panorama mais amplo – resultante do alinhamento dos três processos de vendas.

| Processo de Vendas | Processo de Compra | Processo Decisório |
|---|---|---|
| Seu processo específico para vender | Processo específico do seu *prospect* para comprar | Processo específico dos *stakeholders* para decidir |
| Linear | Formal ou informal | Emocional |
| Organizacional | Linear | Não linear |
| Medido | Organizacional | Individual |
| Inflexível | Único | Irracional |
| Impactado por emoções negativas | Medido e objetivo, formatado com estratégia | Influenciado por interações humanas |

Quando esses processos estão alinhados, ocorre o fenômeno denominado serendipidade, ou seja, acontecimentos inesperados e felizes, descobertos e explorados com sagacidade. No entanto, os três processos raramente estão alinhados, uma vez que o pessoal de vendas – condicionado pelos instrutores – foca quase exclusivamente em seus próprios processos egocêntricos, destinados a movimentar (e, nos piores casos, manipular) os *prospects* entre sucessivos pontos ou passos.

Os supervendedores veem o panorama mais amplo, além do processo de vendas, no sentido estrito, e focam no alinhamento dos três processos de vendas, no sentido amplo. Esse é o verdadeiro segredo para aumentar a probabilidade de vitória e tornar previsíveis os resultados de vendas.

Capítulo 16 | **PROCESSO DE COMPRAS**

*Vim a aprender que meu investimento inicial tem a ver mais com a pessoa do que com o produto com que estou me engajando.*
Daymond John

A maioria das grandes empresas tem processo de compras formal e específico. As organizações menores têm processo de compras informal e genérico. O processo de compras, geralmente, envolve freios e contrapesos para garantir que os *stakeholders* da empresa estejam tomando boas decisões com o dinheiro da empresa.

Em geral, quanto mais complexa é a venda, mais formal e específico é o processo de compras. Em situações de baixa complexidade, baixo risco e ciclo curto, o processo de compras frequentemente se limitará a uma pessoa (talvez o dono do negócio) tomando uma decisão de um simples sim ou não, ou fazendo um comentário informal: "Antes de fazermos qualquer coisa temos de conversar com Maria".

### Mapeando o processo de compras

Ao trabalhar com negócios complexos, de ciclo médio a longo, é imprescindível compreender o processo de compras do *prospect*. Você precisará conhecer os sucessivos passos do processo, as expectativas dos *stakeholders* e os momentos oportunos de cada passo. Você também deverá mapear os *stakeholders* envolvidos, o papel de cada um na organização e a influência deles em cada passo do processo de compras.

Dissecar e mapear o processo de compras não é fácil, nem são favas contadas.

- Os *stakeholders* podem obscurecer o processo, porque sentem que agir assim lhes dá vantagem na negociação.
- Às vezes, os *stakeholders* não têm acesso ao panorama mais amplo e você só consegue descobrir fatias isoladas do processo, que não incluem passos vitais.
- Em outros casos, os *stakeholders* têm dificuldade em mostrar-lhe todo o processo de compras, pois não o consideram um processo.

É indispensável que você pergunte e continue perguntando sobre o processo. Isso é parte fundamental da qualificação. Depois de compreender como os seus clientes potenciais compram, você começará o trabalho árduo de *ajustar* o processo de compras deles para alinhá-lo com o seu processo de vendas.

## O perigo de perder a sincronia

Quando assumi como vice-presidente de contas empresariais da empresa La Petite Academy, especializada em educação de crianças na primeira infância, além do livro existente de contas gerenciadas, a equipe de vendas não tinha vendido a nenhum novo cliente em mais de cinco anos. Como se isso já não fosse bastante chocante, havia toda uma equipe de elaboração de propostas, devidamente provida e equipada, para atender aos vários pedidos de proposta (RFPs – Request for Proposal) que chegavam a cada mês.

Cuidar de crianças no domicílio do cliente é uma venda complexa. Instalar recursos para cuidar de crianças no domicílio do cliente, como na creche de uma empresa, envolve grandes riscos para o *prospect* e para o fornecedor. Os ciclos de vendas são longos e os custos estão na casa de milhões de dólares. O processo de compras inclui pesquisas e estudos, comitês de empregados, pedidos de proposta (RFPs), triagem de fornecedores, avaliação de riscos, e aprovação no nível de diretoria, e, às vezes, no de Conselho de Administração.

La Petite dirigia instalações no domicílio do cliente para ampla variedade de empregadores privados e públicos. A empresa desfrutava de ótima reputação e dispunha dos recursos necessários para projetar, construir e gerenciar programas de educação para a primeira infância nas dependências do cliente. Também tinha credibilidade e especialistas para oferecer qualquer variedade de currículo. A equipe de vendas, porém, perdia dos concorrentes em todos os negócios.

Nosso CEO estava frustrado, o Conselho fazia perguntas difíceis, e eu estava na cadeira elétrica para resolver o problema com rapidez.

Passei quase um mês inteiro analisando as propostas apresentadas e derrotadas nos dois anos anteriores. Tudo parecia nos conformes, mas alguma coisa não me deixava em paz – não fazia sentido que tivéssemos perdido todos os negócios durante cinco anos seguidos. Até que um novo pedido bateu na equipe de elaboração de propostas. Depois que observei o processo do começo ao fim, a resposta de por que estávamos perdendo todos os negócios tornou-se óbvia.

As instalações para cuidar de crianças no domicílio do cliente são volumosas, com espessura de 10 a 15 cm. São minuciosas e complexas e sua elaboração envolve toda uma equipe. O processo demora várias semanas e absorve recursos significativos. Em nosso caso, envolve desperdício de recursos significativos.

**Minha primeira pergunta à equipe de vendas:** Vocês sabiam antecipadamente que esse pedido de proposta (RFP) seria emitido?

**Resposta:** Não, a maioria das RFPs é enviada para nós sem contato prévio. Às vezes, recebemos um telefonema pedindo informações sobre como apresentar a RFP, e fornecemos nosso endereço.

**Minha pergunta seguinte:** Alguém da empresa tem algum relacionamento com esse *prospect*?

**Resposta:** [Silêncio]

**Pergunta seguinte:** Quem está falando com o *prospect* agora e estabelecendo um relacionamento?

**Resposta:** [Silêncio]

**Pergunta seguinte:** Por que vocês não estão falando com o *prospect*?

**Resposta:** A RFP quase sempre contém instruções explícitas de que não devemos procurar ninguém do *prospect*. Em geral, eles indicam na RFP o nome de uma pessoa a quem podemos enviar perguntas por e-mail.

**Eu, incrédulo:** Então, vocês, na verdade, nunca falam com nenhum representante do *prospect*? Temos todo esse trabalho, apresentamos a proposta, e esperamos para ver o que acontece?

**Resposta:** Não falamos com o *prospect* se não nos chamarem depois de apresentarmos a proposta.

**Eu:** Com que frequência isso acontece?
**Resposta:** Uma ou duas vezes por ano.

**Para mim mesmo:** *Meu Deus! Preciso encontrar uma parede.*

Os clientes potenciais estavam definindo o processo de compras por meio da RFP – um documento formal – e nós nos submetíamos como marionetes? Ao apresentarmos nossas propostas, ajudávamos o comitê de compras (quase sempre composto de *stakeholders* que eram pais de crianças pequenas ou profissionais de recursos humanos) a fazer a *due diligence* (tomada de preços) e construir seu caso.

Nossas respostas consistiam apenas em preencher colunas nas planilhas eletrônicas dos *prospects*, para que eles pudessem apresentar sua recomendação à equipe executiva de um fornecedor que, na maioria das vezes, já tinha sido escolhido. Em outras palavras, estávamos oferecendo consultoria gratuita e gastando recursos preciosos, embora nossa probabilidade de vitória fosse de nada mais que zero. Seria melhor para nós ir à loja de conveniências da esquina e comprar bilhetes de loteria, que nos ofereceriam melhores chances de ganhar alguma coisa.

As RFPs chegavam à empresa aleatoriamente, sem qualquer influência nossa, antes de serem emitidas. Na verdade, cedíamos o poder de influência aos nossos concorrentes, que geralmente ajudavam os *prospects* a desenvolver as suas RFPs, dando aos concorrentes uma vantagem competitiva decisiva.

Como os concorrentes começavam o processo de vendas bem antes da emissão da RFP, eles tinham a chance de desenvolver relacionamentos e de alinhar o seu processo de vendas com o processo de compras.

Nós, por outro lado, começávamos nosso processo de vendas em total conformidade com o processo de compras do *prospect*. Basicamente, isso significava que éramos forçados a pular as etapas de conexão e de descoberta, o que nos deixava em acentuada desvantagem.

Não tínhamos relacionamentos, nem *insights*, e contávamos com muito poucas informações de qualificação (nem mesmo sabíamos se valia a pena apresentar a proposta). Exercíamos influência zero em um negócio complexo e de alto risco, com um vasto conjunto de *stakeholders*. No entanto, como robôs, consumíamos recursos preciosos respondendo a sucessivas RFPs.

## Os vendedores medíocres dançam

Sei que grande parte do pessoal de vendas não está recebendo RFPs. Muitos, porém, estão entrando no processo de compras do *prospect* tarde demais e recebendo instruções para dançar. E os vendedores medíocres dançam.

Entram de cabeça nesses negócios, produzem propostas, discutem soluções sem informações, concorrem sem conhecer as condições, cegos às influências de outros *stakeholders*, e perguntam sem ter direito. Como os processos de compras e os processos de vendas estão dessincronizados, eles pulam etapas, permitem que emoções negativas impulsionem seus comportamentos e deixam de lado a consciência situacional. No processo, a probabilidade de vitória despenca.

Os resultados desse paradigma são quase sempre péssimos. Os negócios estagnam, apesar dos investimentos vultosos de tempo e dinheiro. O pessoal de vendas fica frustrado com o esforço inútil em negócios inviáveis, os líderes ficam desanimados com a imprevisibilidade do *pipeline*, e os *stakeholders* ficam exasperados por causa da perda de tempo em conversas vazias e inúteis com vendedores medíocres.

O único grupo vencedor é o de supervendedores que formatam o processo de compras dos *prospects* para alinhá-lo com o seu processo de vendas e romper o processo de vendas de seus concorrentes.

## Formatando o processo de compras

Na La Petite, determinei uma mudança imediata. Não mais atenderíamos a pedidos de proposta sem antes conversar com o CEO da empresa. Deixei claro que gastar três semanas e grande quantidade de recursos para a elaboração de uma proposta com zero probabilidade de vitória era uma situação inaceitável que não voltaria a ocorrer.

Preencher uma planilha como se fosse uma proposta não era realização, não passava de ilusão. Precisávamos fechar negócios. Para tanto, tínhamos de aumentar a probabilidade de vitória. Como essa manobra mudou o jogo? Primeiro, a única pessoa numa empresa capaz de aprovar investimento superior a US$ 20 milhões em instalações para cuidar de crianças é o CEO. Se a empresa nos concedesse uma reunião com o CEO, conseguiríamos:

❶ Verificar a seriedade do pedido e estimar a probabilidade de vitória antes de apresentar a proposta (teste de engajamento).

❷ Obter *insights* para construir um mapa de *stakeholders*.

❸ Desacelerar o processo de compras dos *prospects* e alinhá-lo com o nosso processo de vendas, provocando rupturas em nossos concorrentes.

Tudo era muito simples, mas minha equipe resistiu. Eu os deixei na condição emocionalmente desconfortável de explorar a nossa situação para conseguir o que queríamos. No nosso caso, isso significava reformular o processo de compras dos clientes potenciais.

"E se eles disserem não?" "Isso é muito agressivo." "Eles nunca concordarão com isso." "Perderemos todas as nossas oportunidades." Medo, incerteza e dúvida – emoções negativas que levam os vendedores medíocres a aceitarem negócios com baixa probabilidade de vitória.

Os supervendedores controlam essas emoções em busca de probabilidades de vitória mais altas. Nunca perdem tempo preenchendo planilhas dos *prospects*, criadas, talvez, pelos concorrentes, nem apresentando propostas na bacia das almas, com medo de perder. Esperança não é estratégia, nem bom investimento de tempo.

Os supervendedores não apostam em loterias. Em vez disso, preparam-se para vencer, formatando o processo de compras do *prospect* para alinhá-lo com seu processo de vendas. Duas são as maneiras básicas de os supervendedores formatarem o processo de compras:

- **Eles chegam primeiro.** Os supervendedores são prospectores fanáticos. Começam trabalhando com *prospects* muito antes de abrir-se uma janela de compra. Isso lhes permite influenciar antecipadamente o processo de compras do *prospect*.

  Nessa função de consultor, eles ensinam os compradores a comprar, a formatar e até a redigir pedidos de proposta (RFPs) e especificações para plantar minas terrestres para os concorrentes, e adicionam, eliminam e alteram etapas no processo de compras. Ao agir assim, aumentam sua probabilidade de vitória e reduzem as chances dos concorrentes.

- **Eles exploram uma vantagem.** Quando os supervendedores não conseguem entrar no negócio antes dos concorrentes, eles exploram uma vantagem para formatar o processo. Essas vantagens resultam de alguma coisa que os *stakeholders* queiram ou precisem: informações, preços comparativos, paz de espírito, propostas em concorrências. Quando eles não têm vantagens, os supervendedores partem para outra. Quando têm, nunca deixam de graça.

## Chegue primeiro

Ainda era cedo, numa manhã de primavera. Tony estava em seu pequeno escritório. Talvez "escritório" seja uma descrição muito generosa. Era, na verdade, um antigo cubículo de vassouras. As paredes eram revestidas de painéis de madeira escura barata. O recinto tinha não mais que 1,5 m por 1,8 m. Dentro, mal cabia uma mesa pequena e um tamborete, onde ele se sentava todas as manhãs, dando telefonemas de prospecção e marcando visitas.

Na parede diante da mesa, ele afixara com fita adesiva citações motivacionais e suas metas de vendas para o trimestre. Na parede atrás da mesa estavam os relatórios de classificação de vendas para a região e suas projeções de vendas trimestrais. O lugar era apertado e abafado, sem janela, mas Tony o adorava, pois era o seu espaço.

Nick, seu gerente de vendas, sentava-se no outro lado da parede, fina como papel, arranjo que tinha vantagens e desvantagens. Nick ouvia com facilidade e podia criticar em tempo real os telefonemas de prospecção de Tony sem se levantar da mesa. Tony, por seu turno, podia entreouvir as conversas de Nick, o que o mantinha informado sobre o que estava acontecendo na região e na empresa.

Naquela manhã, Nick estava ao telefone, numa conversa com o chefe sobre novas normas que impactariam os setores de geração e distribuição de energia elétrica. Eles estavam discutindo estratégias para conquistar clientes potenciais, antes que os concorrentes tomassem a iniciativa.

Uma das concessionárias de energia elétrica estava sediada num território aberto. Territórios abertos eram terra de ninguém, e a primeira pessoa a pôr o seu nome num negócio levava tudo.

Tony não perdeu um minuto para pegar o telefone. Com nenhuma outra informação além do que tinha conseguido ouvir de Nick, telefonou para o departamento de segurança e medicina do trabalho do *prospect*.

Por algum milagre, ele conseguiu passar pela recepcionista. Quando o chefe do departamento, um cara chamado Casey, atendeu o telefone, o único objetivo de Tony era marcar um encontro. E rezou para que Casey não fizesse nenhuma pergunta.

Tony apresentou-se e perguntou: "Casey, estou curioso – como você pretende cumprir as novas normas de segurança que passarão a vigorar no próximo mês e afetarão as suas equipes de linha?"

Casey respondeu com o sotaque relaxado e arrastado do Sul: "Boa pergunta! Estávamos começando a falar sobre isso agora. Não estamos absolutamente certos do que faremos, mas sabemos que precisamos fazer alguma coisa com urgência".

Não querendo parecer muito ansioso, Tony se esforçou para desacelerar e se acalmar. "Casey, exatamente por isso é que eu telefonei. Estamos observando há algum tempo essa situação se desenrolar e temos várias opções disponíveis que gostaríamos de apresentar a você e à sua equipe, enquanto vocês programam os próximos passos. Que tal nos reunirmos na sexta, para eu lhe mostrar em que estamos trabalhando?"

"A princípio, qual seria a hora?", perguntou Casey.

"O que você acha de 10 horas da manhã?", disse Tony.

"Ótimo, vejo você na sexta."

Exultante, mas contido, Tony caminhou em passos lentos, como quem não quer nada, até a sala de Nick, que estava desligando o telefone, depois de falar com o chefe. Esforçando-se para disfarçar a empolgação, deu a Nick a boa notícia. "Acabei de marcar uma reunião com o chefe de segurança e medicina do trabalho da maior concessionária de energia elétrica do estado sexta, às 10 horas. Preciso que você vá comigo, porque não sei absolutamente nada sobre esse novo regulamento."

Tony nunca se esquecerá da "cara de espanto de Nick, impagável, como que dizendo 'De que maneira você conseguiu isso'". Tony vibra ao contar a história. "Então, nós dois entramos em pânico. Tínhamos três dias para nos tornarmos *experts* na nova regulação, compreender o impacto para as concessionárias de energia elétrica e desenvolver uma estratégia para a reunião."

Depois da reunião com Casey e a equipe, Nick e Tony se deram conta de que tinham um negócio gigantesco nas mãos. Nos 60 dias subsequentes, eles se encontraram com Casey sete vezes e o ajudaram com as informações de que ele precisava para formular a estratégia da sua empresa.

Por chegarem à mesa primeiro, Tony e Nick influenciaram, orientaram e formataram o processo de compra, para garantirem a mais alta probabilidade de vitória possível. No final das contas, Tony e Nick ficaram com a conta, porque assumiram o controle, construíram um relacionamento profundo e de confiança com os *stakeholders*, e empurraram os concorrentes para o modo reativo.

Chegar primeiro é a melhor posição na hora de formatar o processo de compras. Enquanto outros vendedores estão entrando no negócio percorrendo 50% a 80% do caminho pelo processo de compras do *prospect* (e obrigados a dançar conforme a música do *prospect*), você já está no negócio desde o começo, alinhando o processo de compras ao seu processo de vendas, orientando o *prospect*, construindo ligações e tornando-se recurso valioso.

## Explore uma vantagem

No caso da La Petite, nossa vantagem foi a informação solicitada no pedido de proposta (RFP). Poucas eram as empresas capazes de projetar, construir e gerenciar programas de educação para a primeira infância nas dependências do cliente. Ainda menos empresas estavam dispostas a prosseguir com projeto tão complexo sem pesquisar todas as opções.

A empresa que emitia a RFP precisava de nossas informações e dados de custos para as negociações com o seu parceiro preferido (que já tinha sido escolhido pelo comitê). Nossa exigência era expressa: forneceremos a informação depois que tivermos a oportunidade de nos reunir com o CEO e o comitê de compras.

Algumas empresas se recusaram expressamente a atender ao nosso pedido. Essa recusa deixava claro que estavam em busca de informações e não tinham patrocínio executivo. Ignoramos esses pedidos, economizando tempo e dinheiro.

A maioria das empresas, de início, empacou diante da nossa exigência e respondeu que primeiro teríamos de apresentar a proposta. Depois que recusávamos delicadamente, quase todas reconsideravam a recusa e marcavam a reunião. Elas precisavam das nossas informações.

Essas reuniões nos permitiam reformular e reconfigurar o processo de compras. Depois que o processo de compras do *prospect* se alinhava com o nosso processo de vendas, nossa probabilidade de vitória disparava. Quatro meses depois da implementação da nova estratégia, fechamos um negócio de US$ 16 milhões; nos 18 meses subsequentes, conquistamos mais 12 novos clientes.

## Os vendedores medíocres tornam-se marionetes no processo de compras

Se você trabalha em vendas há mais de um mês, um *prospect* certamente já lhe disse estas palavras (ou algo parecido) pessoalmente, pelo telefone, ou via e-mail:

- Estou muito ocupado para uma reunião, mas estamos interessados. Envie sua proposta. Vou dar uma olhada e depois telefono para marcar uma reunião.
- Mande seus preços; sempre estamos procurando melhores negócios. Capriche nos preços.
- Estou reunindo todas as informações de fornecedores. Depois de termos tudo em mãos, começaremos a programar as reuniões.
- Tomaremos uma decisão nesta semana, e precisamos das suas informações o mais rápido possível. Quando você pode enviar sua proposta, o mais cedo possível?

Os profissionais de alto desempenho exploram suas vantagens para assumir o controle nessas situações. Os vendedores medíocres, com baixa Inteligência Emocional em Vendas, tornam-se marionetes no processo de compras.

Veja o último exemplo. É o velho truque "Acelerar para retardar". O *prospect* deixa claro que está interessado e na iminência de tomar uma decisão. "Se você quiser entrar, precisa agir rápido."

O vendedor medíocre interrompe o que está fazendo, passa uma tarde ou todo o dia montando uma proposta perfeita, pressiona os líderes para aprovar preços mais baixos, entrega a proposta, inclui o negócio no *pipeline*, considera-o nas previsões, e torce.

Por que é assim? Incapacidade de gerenciar as emoções negativas – desespero, falta de confiança, medo de perder a oportunidade, efeito de excesso de confiança, e falsa esperança, disparada pelo viés de otimismo.

- Tornar-se marionete no processo de compras começa com o *pipeline* vazio.
- O *pipeline* vazio o deixa desesperado.
- O desespero o cega para pistas óbvias de que você está sendo usado.
- Essa situação o deixa vulnerável a falsas esperanças, porque a esperança é melhor que o desespero.

- No fundo, você sabe que é um negócio de baixo potencial, mas você receia que explorar vantagens para testar o engajamento levará o *prospect* a ir embora.
- Ao superestimar a probabilidade de vitória e ao adotar a esperança como estratégia, você exagera nas previsões.
- Por fim, você entrega a vantagem e o *prospect* desaparece.
- Assim, você não cumpre o *pipeline* e erra na previsão, sente-se um fracasso e sua confiança despenca.

Os profissionais de alto desempenho, com alta Inteligência Emocional em Vendas, respondem a esses pedidos com confiança, exploram as vantagens, e testam o engajamento, pedindo microcompromissos:

> "John, meus concorrentes não hesitarão em lhe enviar uma proposta. É fácil para eles. Eles têm uma caixa genérica e esperam que todos os clientes se apertem nessa caixa."
>
> "É nisso que somos diferentes. Na nossa empresa, construímos a caixa ao seu redor."
>
> "Tudo de que preciso é um pouco do seu tempo para fazer algumas perguntas e compreender você melhor. Em seguida, prepararei uma proposta sob medida, considerando a sua situação específica. Assim, você terá a oportunidade de comparar maçã com maçã e escolher a solução que você considerar melhor para a sua empresa."
>
> "Que tal nos reunirmos amanhã de tarde, às 14 horas?"

Os supervendedores sabem que receberão uma de três possíveis respostas:

❶ **"Faz sentido – até amanhã, às 14 horas."** A essa altura, o supervendedor assumiu o controle, reformulou o processo de compras e conquistou o poder de alinhá-lo ao seu processo de vendas – provavelmente derrubando um representante do concorrente, que supunha já ter fechado o negócio.

❷ **"Quanto tempo demorará essa reunião?"** ou **"Há alguma outra maneira de você obter essas informações?"** Neste caso, o comprador está negociando (leia, engajado). O supervendedor sabe que há urgência e só precisa negociar como e quando a descoberta ocorrerá.

❸ **"Olha, realmente não temos tempo para uma reunião. Se você quiser disparar o processo, envie-nos a sua proposta."** O supervendedor sabe que não há negócio, nem chance de negócio, e vai embora, preservando seu tempo precioso para um jogo com maior probabilidade de vitória.

Capítulo 17 | **OS CINCO *STAKEHOLDERS* COM QUE VOCÊ LIDA EM UM NEGÓCIO**

> *Você é a média das cinco pessoas com quem você passa mais tempo.*
> Jim Rohn

No verão passado, decidimos lançar uma campanha para gerar mais negócios com agências de propaganda no mecanismo de busca de empregos (*job search engine*) em vendas da Sales Gravy Jobs. Queríamos alcançar 50 contatos importantes. A campanha focaria na conscientização dos avanços que tínhamos feito com o nosso *job board* (oferta de empregos) e com os nossos aplicativos para dispositivos móveis.

Tive a ideia de promover essa campanha durante uma sessão de *brainstorming* de marketing. A gerente de conta da nossa agência, Brooke, gostou da ideia, e pedi a ela para pesquisar opções de um item promocional que pudéssemos enviar por e-mail, junto com um folheto, enfatizando a melhoria da experiência de oferta de *job board* que oferecíamos aos clientes via dispositivos móveis.

Brooke pesquisou on-line algumas opções. Ela encontrou alguns itens de que gostou e procurou as empresas para obter os preços e outros detalhes. Ela, então, levou essas ideias ao nosso gerente de marketing, Dawn, que procurou Christy, gerente de conta de uma empresa de promoções em que Dawn havia trabalhado no passado.

Christy trabalhou com as ideias de Brooke e nos remeteu maquetes. Dawn as levou para a nossa CFO, Carrie, que verificou se as ideias se encaixavam em nosso orçamento e se estávamos conseguindo bons preços. Dawn defendeu que usássemos Christy (embora os preços dela fossem mais altos que os de outros fornecedores). Carrie analisou as propostas e as reduziu a três.

Finalmente, Brooke, Dawn e Carrie me procuraram com as suas recomendações. Dawn continuava a defender Christy. Carrie concordava com Dawn, uma vez que Christy parecia mais receptivo e reativo que os outros fornecedores, e Dawn confiava nela. Aceitei as recomendações e aprovei a compra. Valor total da compra? Nada mais que US$ 500.

Vamos deixar cair a ficha por um minuto. Quatro pessoas do meu escritório participaram do processo. Quatro *stakeholders* para uma compra de US$ 500.

## Quanto mais altos os riscos, maior a quantidade de *stakeholders*

Nem todas as vendas transacionais ou de ciclo curto envolvem tantas pessoas e tanto trabalho. Quando contratamos a empresa que limpa nosso escritório, uma única pessoa aprovou a contratação, sem o envolvimento de mais ninguém. O risco para a nossa empresa de tomar uma decisão errada era desprezível. O valor total dos serviços de limpeza correspondia a dez vezes o valor da compra dos itens promocionais, mas o impacto era baixo. Quanto mais alto o risco, mais *stakeholders* participarão do processo de vendas. O mapa de *stakeholders* crescerá com:

- O aumento do risco para a organização.
- O aumento do risco para cada *stakeholder*.
- A complexidade do produto ou serviço.
- A extensão do ciclo de vendas.

Dois anos atrás, eu estava trabalhando com uma empresa que queria usar a nossa plataforma de aprendizado on-line, Sales Gravy University, para treinar os seus profissionais de vendas e líderes de vendas. Tínhamos completado a descoberta, avançávamos na trilha certa com o executivo patrocinador (nosso coach), e estávamos prontos para fazer a apresentação final e entregar a proposta ao CEO.

A reunião estava marcada para as 10 horas da manhã, na sede social do meu *prospect*, uma bela e ampla área ajardinada. Chegamos cedo e nos ambientamos na sala de reuniões. Ao deparar com as 22 cadeiras preparadas para receber os participantes, confirmei minha suspeita de que aquilo seria um desafio.

Nosso coach nos havia prevenido de que haveria uma multidão. Passamos a semana anterior pesquisando os participantes e tentando compreender suas motivações. Sabíamos que o CEO gostava da gente, assim como o seu vice-presidente executivo. Estávamos cientes de que o vice-presidente de vendas não era nosso aliado, porque não achava que sua equipe precisava de treinamento.

Havia duas pessoas de recursos humanos (RH), que queriam se certificar de que cumpriríamos os seus requisitos de diversidade; o CIO, que estava preocupado com uma plataforma de treinamento on-line, que demandaria recursos e envolveria questões de segurança; três diretores regionais de vendas, que vinham pressionando por treinamento de vendas; o gerente da zona, que tinha sido o primeiro a nos procurar; os vice-presidentes seniores de duas possíveis regiões-piloto, para a hipótese de os *stakeholders* optarem por levar adiante o projeto; e uma equipe de gerentes de marketing, que atuariam como policiais da marca.

Sabíamos quem estava do nosso lado. Sabíamos quem precisávamos trazer para o nosso lado. Sabíamos quem eram os negativistas que teríamos de neutralizar – o vice-presidente de vendas e o CIO. Era importante tranquilizar a equipe de RH e a equipe de marketing, mostrando que estávamos do lado deles. Finalmente, deveríamos deixar os líderes de vendas e de operações, também presentes, com água na boca, para garantir ao CEO que ele estava tomando a decisão certa. E tínhamos de fazer tudo isso em 45 minutos.

Se tudo isso o deixou tonto, então, acredite-me, sei o que você está sentindo, pois tive a mesma sensação. Essa é a realidade que você encara nas vendas do século 21. Muitos *stakeholders* participam dos negócios. Antagonizar-se com uma dessas pessoas ou ignorar um *stakeholder* influente pode torpedear as suas chances de fechamento.

## Conheça seu público

Conquistamos aquele negócio e ele continua a evoluir como um de nossos relacionamentos mais lucrativos. A chave para vencer foi o trabalho que fizemos antes da reunião, de nos prepararmos para o sucesso.

O ponto de partida foi desenvolver dois coaches: nosso patrocinador executivo, um vice-presidente sênior com responsabilidade por lucros e perdas, e um diretor de vendas bem relacionado, que torcia para fecharmos o negócio. Esses dois *stakeholders* nos ajudaram a aprimorar a nossa mensagem, nos ensinaram a linguagem da empresa, e nos preveniram das armadilhas. Também nos ofereceram *insights* profundos sobre os outros *stakeholders* com quem teríamos de interagir.

Usando essas informações, nós nos pusemos no lugar de cada *stakeholder* e vimos as situações sob a perspectiva de cada um deles.

- Quais são as motivações dessa pessoa?
- Qual é o risco para eles, pessoalmente, de nos escolherem?
- Qual é o risco de não nos escolherem?
- Por que eles nos defenderiam?
- Por que eles seriam negativistas?
- Quais são os seus gatilhos emocionais?
- Qual é a linguagem deles, e como nós podemos falá-la para fazê-los sentir que os compreendemos e somos sensíveis aos seus problemas?
- O que os faz sentir-se importantes? Como explorar esse aspecto?
- O que ele receiam?

Conhecíamos seus nomes e fisionomias (extraímos imagens de cada um deles do LinkedIn ou do site da empresa), seus antecedentes e história, como eles se posicionavam em relação a uma decisão a nosso favor, nível de influência e poder informal, e principais detalhes pessoais, como faculdade, cônjuge e filhos, prêmios recentes, esportes e times favoritos, passatempos, e assim por diante.

Com essas informações em mãos, nós nos conectamos de maneira como ninguém poderia imaginar. Quando eles entraram na sala, apertamos as mãos de cada um e os cumprimentamos pelo nome. Durante nossa apresentação, demonstramos que os compreendíamos e seus problemas, entrelaçando as questões importantes para eles em nossa mensagem.

Quando o vice-presidente de vendas entrou na sala, logo percebi que ele era ostensivamente hostil. O cumprimento dele foi lacônico e ele evitou o contato visual. Infelizmente, essa reação é comum entre vice-presidente de vendas, que veem a minha equipe como ameaça, e não como ajuda. Compreendo essa atitude, pois quando eu era vice-presidente de vendas, eu me sentia da mesma maneira. Eu deveria ser o especialista em vendas da minha empresa. Se fosse preciso trazer um especialista externo, o que isso diria a meu respeito?

Enfrentei, então, essa emoção logo de cara, falando sobre minha própria experiência como executivo e de como eu detestava quando consultores externos entravam na empresa e não nos compreendiam.

"Por isso é que eu jurei que nunca seria esse tipo de consultor. Se não podemos agregar valor, se não estamos dispostos a entrar nas trincheiras com vocês, se não podemos agir como um conjunto extra de mãos para ajudá-los a atingir os seus objetivos, temos, então, a integridade de ir embora."

Quando o vice-presidente de vendas se inclinou em nossa direção e acenou com a cabeça, logo percebi que tinha conseguido sintonizar-me com ele. Eu estava falando a linguagem dele.

## Corações antes das mentes

Quando eu era criança, passava horas sentado nos tribunais, observando meu pai, advogado, atuando nos julgamentos. No verão, minha mãe me deixava no tribunal federal, que de fato se tornou minha creche. Ainda me lembro dos odores e dos sons, e de como tudo parecia tão grandioso e imponente. Eu me acomodava num banco tão próximo quanto possível dos atores e assistia a toda a encenação.

Meu pai conquistou a reputação de ser um dos melhores juristas e advogados de contencioso da sua geração. Quando ele participava de um julgamento, os advogados adversários não raro desistiam antes do começo da sessão.

Meu pai é mestre em formatar os julgamentos e em inverter o *script* a seu favor. Ao se dirigir ao júri, ele fazia ajustes sutis em seu ritmo, palavras, inflexão de voz, pronúncia e linguagem corporal, para que cada jurado tivesse a percepção de que ele se dirigia diretamente a cada um.

Os jurados e o público gostavam do meu pai, porque ele os fazia sentir-se compreendidos e importantes. Ele respondia às perguntas sobre seu cliente com base nas circunstâncias exclusivas do interlocutor. Em consequência, meu pai inspirava confiança e lealdade. Mesmo nas situações mais improváveis, ele induzia os jurados a pronunciar veredictos favoráveis ao cliente dele.

Enquanto o advogado adversário argumentava com base em fatos e lógica, em estilo pomposo e empolado, meu pai arrebatava o coração dos membros do júri. E vencia, vencia e vencia, porque não jogava como todos os outros jogadores.

Só quando eu estava na faculdade e era estagiário no escritório do meu pai é que percebi em primeira mão como ele arquitetava essas vitórias. Uma das minhas tarefas era pesquisar os membros do júri antes do julgamento. Na "sala de guerra" do escritório dele, montávamos um Mapa do Júri.

No painel, afixávamos uma imagem de cada possível jurado, informações sobre quem eram, história da família e da carreira, por que poderiam decidir a favor ou contra nós, gatilhos emocionais, antecedentes culturais, educação, preferências e rejeições, medos, crenças políticas, currículo profissional, e muitos fatos aparentemente mundanos, que, às vezes, se revelam muito importantes.

Meu pai e sua equipe estudavam os jurados e se esforçavam para se colocar no lugar deles. Por essa razão, meu pai derrotava a maioria dos adversários antes de entrarem no tribunal.

## BASIC

Cinco são os tipos de *stakeholders* com que você depara na maioria dos negócios: **B**uyers (compradores), **A**mplifiers (amplificadores), **S**eekers (investigadores), **I**nfluencers (influenciadores) e **C**oaches (coaches) – **BASIC**. Às vezes, os *stakeholders* desempenham vários papéis, outras vezes, o elenco de *stakeholders* é mais amplo e cada ator só encena um papel.

Começando com a primeira fase da prospecção e da coleta de informações, e depois passando pelos estágios de qualificação e descoberta, os profissionais de alto desempenho identificam e mapeiam os BASIC. Não deixam nada ao acaso. Os supervendedores constroem relacionamentos e se empenham em conhecer o seu público.

Os **Buyers** (compradores) são basicamente tomadores de decisão, pessoas com autoridade final para dizer sim ou não. Há dois tipos de compradores:

❶ Compradores que podem autorizar o negócio, assinar o contrato ou pedido de compra, e aprovar o compromisso.

❷ Compradores que podem financiar o negócio e assinar o cheque.

Às vezes, esses *stakeholders* são a mesma pessoa e outras vezes são pessoas diferentes. O CIO (Chief Information Officer) pode dizer sim à compra de um novo software, mas até o CFO (Chief Finance Officer) concordar em liberar os fundos, nada acontece. O comprador da empresa pode aprovar as suas condições e os gerentes gerais de unidades locais podem aprovar a verba.

Compreender essa diferença pode poupá-lo do dissabor e da angústia de fechar um negócio e não ver a transação converter-se em realidade.

Os **Amplifiers** (amplificadores) são tipicamente *stakeholders* que identificam o problema a ser resolvido ou a lacuna a ser preenchida com o seu produto ou serviço. São advogados da mudança e megafones da mensagem, do problema, da dor, da necessidade ou da carência, em toda a organização. Esses indivíduos podem situar-se no topo ou na base da pirâmide de poder e exercem diferentes graus de influência sobre o resultado do negócio. Na maioria dos casos a influência é indireta. Eles usam o produto, são impactados pelos problemas ou lacunas, ou percebem uma oportunidade. Os profissionais de alto desempenho são mestres em explorar os amplificadores em estratégias de baixo para cima, para pressionar tomadores de decisão distantes, que talvez estejam desligados da realidade para sentirem os efeitos do problema ou da lacuna, e da dor daí decorrente.

Os **Seekers** (investigadores) são *stakeholders* enviados em busca de informações ou que saem a campo por conta própria. Os investigadores são fontes internas de informação para marketing. Eles fazem o download de e-books, participam de seminários, vasculham sites de internet e preenchem formulários na internet. Em geral, os investigadores têm pouca ou nenhuma autoridade ou influência sobre o processo de compras; cultivam, porém, a aparência de autoridade e bloqueiam o acesso a outros *stakeholders*. O vendedor medíocre fisga o anzol, a linha e a chumbada. Muitos negócios são perdidos porque o pessoal de vendas negligencia suas vantagens cedo demais, atolam-se com os investigadores e permitem que as emoções negativas os impeçam de escalar a hierarquia para acessar *stakeholders* de nível mais elevado.

Os **Influencers** (influenciadores) são *stakeholders* que desempenham papel ativo no processo de compra. Podem ser advogados que o defendem ou negativistas que o atacam, ou agnósticos céticos. Desenvolver relações com os influenciadores é fundamental em vendas complexas. Seu objetivo é desenvolver e cultivar os advogados, deslocar os agnósticos para o seu canto e neutralizar os negativistas.

Os **Coaches** (coaches) ou patrocinadores são *insiders* que estão dispostos não só a defendê-lo, mas também a ajudá-lo com informações privilegiadas. Em qualquer negócio complexo, desenvolver um coach é uma enorme vantagem competitiva. Em vendas de ciclo longo, em que os fornecedores titulares contam com pontos de apoio poderosos, a falta de um coach ou patrocinador pode deixá-lo em situação tão desvantajosa a ponto de tornar-se obstáculo a novos investimentos na oportunidade.

## A pergunta que os supervendedores nunca fazem

Em uma sessão de treinamento recente, um representante de vendas chamado Ryan procurou-me num intervalo e fez a seguinte pergunta: "Jeb, no último mês, vários dos meus clientes potenciais bateram na parede, porque a pessoa com quem eu estava trabalhando mostrou não ser quem tomava a decisão. O mais frustrante para mim é que essas pessoas me disseram, na primeira reunião, que elas eram quem decidia. Não sei por que as pessoas mentem dessa maneira, e gostaria de saber como eu posso identificar quem está dizendo a verdade e quem está mentindo."

Ryan não está sozinho nessa frustração. O vendedor medíocre não raro atola em negócios empacados, porque estava lidando com a pessoa errada.

Isso geralmente acontece porque o *stakeholder* afirma com todas as letras ou insinua nas entrelinhas que é a pessoa responsável pela decisão final. Acreditando nessa afirmação ou insinuação, o profissional de vendas avança no processo de vendas com o *stakeholder*: conexão, descoberta, apresentação de soluções e pedido de negócio.

Até que, de repente, dá-se o choque! Como que do nada, o *stakeholder* diz: "Obrigado pelas informações, mas preciso analisar tudo isso com o meu chefe (comitê, cônjuge, amigo, pares, etc.) antes de decidir."

Se você já esteve nessa situação, e aposto que você já esteve, sei que seu ímpeto foi gritar. Você tenta contornar a situação, pedindo uma reunião com o chefe, ou com quem quer que seja, mas, quase sempre, e tarde demais ou não querem lhe dar acesso. Seu medo é que, se forçar o acesso, você envenenará o relacionamento e perderá qualquer esperança de fechar o negócio.

É um dilema terrível, e o resultado final é que o seu negócio empaca. Você tenta explicar a situação ao seu gerente de vendas e apresentá-la da melhor maneira possível, como lhe for mais favorável.

Mas você ainda está com a cara roxa, por ter sido enrolado pelo *stakeholder*. Eu sei. Já estive em situações parecidas, já passei por isso.

Como isso acontece? Como o pessoal de vendas se deixa envolver nessas situações?

Comecemos com a realidade. Às vezes, não tem saída, você não consegue mesmo chegar ao decisor e fica sendo enrolado pelo influenciador. O essencial é reconhecer essa situação o mais cedo possível e ajustar sua estratégia para alinhar os processos de vendas e de compras para encarar a realidade.

Outras vezes, você está lidando com um espertalhão, que conhece todas as catimbas do jogo. Essas pessoas não têm a intenção de fazer negócio com você. Só o estão usando para receber consultoria gratuita ou para conseguir informações sobre preços, a serem usadas como trunfo com o concorrente.

Esses *stakeholders* são fáceis de identificar, porque relutam em engajar-se, resistem a conexões emocionais, rejeitam compromissos e o empurram ao longo do processo de vendas apenas para conseguir seu intento. O pessoal de vendas em situação de desespero é o mais propenso a ser usado por esse tipo de *prospect*.

A razão mais comum para que isso aconteça, porém, é o vendedor fazer uma pergunta simples, mas mortal:

"Você é quem decide?"

Essa é a pergunta que os profissionais de alto desempenho nunca fazem ao qualificar um *prospect*. Quando você faz essa pergunta a qualquer *stakeholder*, em 90% das vezes ele diz sim.

Por que um *stakeholder* mentiria para você tão desbragadamente? A maioria dos *stakeholders* não diz que é o decisor, quando não é, por má intenção. Eles não são pessoas ruins, tentando prejudicá-lo.

Ao perguntar a um *stakeholder* "Você é quem decide?", você os deixa em situação delicada, provocando um estresse mental doloroso de dissonância cognitiva. Se o *stakeholder* disser não, ele estará admitindo abertamente que não é importante, o que conflita com a autoimagem dele de que é importante.

Dessa maneira, eles dizem sim porque isso os faz sentir-se relevantes. Eles respondem sem pensar.

Você, então, como vendedor, reforça a mentira, com atenção, cumprimentos e foco. A situação é ótima para as duas partes, até o momento da verdade, quando você pede um compromisso e o pequeno castelo de cartas do *stakeholder* cai por terra.

A propósito, por isso é que o seu suposto decisor desaparece e o negócio empaca. Ele se sente sem jeito para admitir que tem pouco poder, que desperdiçou o seu tempo, e que não é importante.

## Mapeamento BASIC

Você precisa ser inteligente na hora de identificar os *stakeholders*, intencional na construção e preservação de relacionamentos com os *stakeholders*, e estratégico na abordagem. Nas vendas complexas, de ciclo médio ou longo, aninhar-se com um único *stakeholder* gera riscos e reduz a probabilidade de vitória. Você não deve deixar nada ao acaso.

Comece com pesquisas e com o mapeamento BASIC. Essa tarefa se tornou infinitamente mais fácil de executar com redes sociais do tipo LinkedIn e com ferramentas de inteligência de vendas como DiscoverOrg.

Mapeie quem é quem na conta. Você nem sempre conseguirá um mapa completo. Mesmo com informações incompletas, porém, você pode subir mais alto na organização ou desenvolver perguntas para obter informações do *stakeholder* sem ferir-lhe o ego.

O passo mais importante a ser dado, porém, é mudar a sua pergunta. Em vez de perguntar: "Você é o decisor?" recorra a modos indiretos como:

- Me fale sobre as suas políticas de compras.
- Será que você poderia percorrer comigo o processo de compras?
- Como a sua organização, normalmente, toma decisões sobre contratar novos fornecedores, como a minha empresa?
- Como você decidiu sobre esse serviço na última vez em que assinou um contrato?

As perguntas indiretas funcionam porque levam o seu *stakeholder* a contar uma história e porque reduzem a tentação do seu *stakeholder* de assumir o protagonismo. Mais importante, você não os deixa em situação delicada, nem lhes fere o ego, aumentando a probabilidade de conseguir uma resposta direta, para saber exatamente qual é a sua situação, antes de avançar demais no processo de vendas.

Capítulo 18 | **PROCESSO DECISÓRIO**

*É em seus momentos de decisão que o
seu destino se molda.*
Tony Robbins

"Vocês, caras, são sempre os mesmos. Por que não me dão logo o seu melhor preço?"

Jessica já tinha ouvido as mesmas palavras saírem dos lábios de *stakeholders* centenas de vezes ao longo de sua carreira de vendas de 15 anos e três empresas. Ela sabia que a afirmação era em parte estratégia de negociação e em parte verdade.

Para os compradores, ela e os concorrentes pareciam idênticos. E, francamente, ela sabia por quê. No setor dela, havia quatro concorrentes nacionais, várias dúzias de atores regionais, e negócios locais mamãe e papai, dispersos aqui e ali – todos lutando por uma fatia do mercado.

Os produtos e serviços eram basicamente os mesmos; cada concorrente, porém, alegava oferecer algum diferencial exclusivo. Essas alegações não passavam, em grande parte, de efeitos visuais e sonoros.

Tachar o setor de competitivo não convencia como eufemismo. Na verdade, era hipercompetitivo. Considerando apenas os quatro concorrentes nacionais, eram mais de 3.000 profissionais de vendas procurando *prospects*. Acrescente os regionais e os locais e não era incomum que os *stakeholders* recebessem cinco ou mais investidas de prospecção por semana.

"Só preciso de cinco minutos do seu tempo, senhor, para mostrar-lhe como podemos economizar o dinheiro da sua empresa." Essa ladainha de prospecção repetia-se exaustivamente. Os compradores calejados tornaram-se insensíveis às mesmas conversas monótonas e idênticas, e logo interrompiam com a mesma interpelação exasperada: "Qual é o seu melhor preço?"

A pressão sobre os representantes era intensa e a rotatividade era alta, superior a 100%, em alguns casos. Para vencer, o pessoal de vendas tinha de ser implacável. Precisavam fazer de 50 a 100 contatos de prospecção por dia. Entre em contato com tantos *prospects* quanto possível, lance propostas para todos os lados, e quem sabe você consegue.

Como profissional de alto desempenho, Jessica se recusava a participar desse jogo. Ela havia recebido o prêmio de vendas President's Club de sua empresa durante 11 anos seguidos. Na empresa anterior, alcançou o mesmo sucesso. Enquanto outros representantes de vendas chegavam e saíam, Jessica se destacava como um dos poucos membros de uma elite que conheciam a chave da diferenciação.

Ela se inclinou sobre a mesa do *stakeholder* e ligou o tablet que havia recebido para fazer apresentações. "Sean, tudo o que quero é a oportunidade de conhecer você e sua empresa. Quero aprender como você faz as coisas aqui, seus desafios, e o que torna a sua empresa diferente. Com base nessas informações, vou apresentar-lhe um projeto de como podemos ajudá-lo a alcançar seus objetivos de negócios."

Jessica prosseguiu: "Podemos concluir que nossa parceria não faz sentido, porque não posso oferecer-lhe o valor adicional que justifique o preço. Se for esse o caso, prometo dizer-lhe de imediato. Por outro lado, podemos encontrar maneiras de ajudá-lo a ser mais produtivo. Contribuir com algumas economias significativas para o resultado final, e, por fim, tornar a vida mais fácil para você".

Os concorrentes de Jessica saíam da sala de Sean em ordem, com instruções expressas para voltar com o melhor preço. Retornavam às bases, reuniam-se com os gerentes de vendas, montavam platitudes genéricas em PowerPoint, entregavam a Sean sua melhor oferta e partiam em busca do *prospect* seguinte. Todos eram iguais.

Jessica desacelerou o processo e se recusou a atirar o preço sobre a mesa. Ela havia preservado a vantagem, gerenciado suas emoções e exercitado a paciência e a compostura. Assim agindo, rompeu e inverteu o *script* de compras de Sean. Ele engajou-se e concordou em avançar para o passo seguinte (microcompromisso).

Nas quatro visitas seguintes, Jessica observou os processos de Sean, entrevistou gestores importantes, inspirou confiança e construiu relacionamentos. Descobriu, então, várias oportunidades para ajudar a organização de Sean a tornar-se mais eficiente. Depois de angariar a confiança dos gerentes de Sean, aproveitou a influência deles sobre Sean para ampliar as oportunidades de mudança. Assim, por meio de descobertas eficazes, desenvolveu argumentos a favor da mudança. Em síntese, conquistou o direito de desafiar o *status quo* e de oferecer soluções para problemas de cuja existência a equipe de Sean nem desconfiava.

Ao fazer a apresentação a Sean e equipe, as recomendações dela eram ponderadas e embasadas. Ela expressou a opinião dela na linguagem dele, atendo-se somente ao que era relevante para ele. Embora importante, o preço não era o fator mais relevante para a decisão de Sean. Ao assinar o contrato, ele o fez porque Jessica era diferente.

## Influenciando o processo decisório

Jessica tinha acesso às mesmas ferramentas, informações, produtos e estruturas de taxas que seus concorrentes. Cada um dos vendedores que se reuniu com Sean poderia tê-lo abordado da mesma maneira. Só ela, porém, criou um diferencial tangível.

O vendedor medíocre que trabalhava para os concorrentes ignorou os motivos, objetivos e problemas de Sean. Não fez qualquer tentativa real de desenvolver conexões emocionais, nem se empenhou em oferecer soluções que exercessem efeitos positivos sobre o negócio de Sean. Jessica ofereceu não só valor, mas também melhor experiência emocional na compra.

O que não pode ser desconsiderado, nem menosprezado é o fato inegável[52] de que a experiência emocional do *stakeholder*[53] ao interagir com os profissionais de vendas à medida que eles avançam nos processos de vendas e de compras desempenha o papel mais significativo na propensão de comprar e de continuar comprando.[54]

Em outras palavras, os atributos tangíveis de um produto ou solução são menos importantes que as emoções resultantes de interagir com você durante a jornada de compra.

---

[52] www.mckinsey.com/business-functions/organization/our-insights/the-moment-of-truth-in-customer-service

[53] http://returnonbehavior.com/2010/10/50-facts-about-customer-experience--for-2011

[54] www.oracle.com/us/solutions/customer-experience/cx-sales-executive-strategy-brief-1836487.pdf

## Alinhando os três processos de vendas

Os profissionais de alto desempenho compreendem que o processo decisório é o ponto de apoio sobre o qual se alavanca o processo de compra.

Os processos de vendas e de compras são passos lineares e racionais, desenvolvidos no nível organizacional. O processo decisório, por outro lado, é individual, emocional, não linear, e, em geral, irracional – em essência, a jornada de compra pessoal de cada *stakeholder*. O processo decisório é a maneira como cada *stakeholder* se compromete com fornecedores, produtos, serviços, próximos passos e, mais importante, com o profissional de vendas.

Os vendedores medíocres esquecem que, em vendas de empresas para empresas, estão trabalhando com seres humanos, que estão usando o dinheiro de alguém para resolver seus próprios problemas e aliviar suas dores. Em consequência, não vão além da superfície e não compreendem as motivações, os desejos, as necessidades, as carências, os receios, as aspirações e os problemas de cada *stakeholder* que participa do processo de compras, a cujas emoções se mantêm imunes e alheios.

Os supervendedores são mestres em alinhar o processo de vendas, o processo de compras e o processo decisório. Nunca se esquecem de que estão lidando com seres humanos emocionais, falíveis e irracionais. Os supervendedores sabem que, por meio de conexões emocionais, eles lançam as probabilidades de vitória na estratosfera e criam diferenciais competitivos intransponíveis.

## As cinco perguntas mais importantes em vendas

Em todas as conversas de vendas e ao longo de todo o processo de vendas, os *stakeholders* fazem cinco perguntas aos vendedores:

- Eu gosto de você?
- Você me ouve?
- Você faz com que eu me sinta importante?
- Você me conhece e compreende os meus problemas?
- Eu confio e acredito em você?

Essas são as cinco perguntas mais importantes em vendas. Os profissionais de alto desempenho sabem disso. Desde o primeiro momento em que engajam os *stakeholders* e até o fechamento do negócio, eles concentram foco intenso em responder a essas cinco perguntas com o *sim* mais afirmativo!

Essas cinco perguntas são formuladas e respondidas nos níveis consciente e subconsciente. Elas são emocionais. Elas resultam das emoções e são respondidas sob o efeito de emoções.

A maneira como você responde às perguntas de cada *stakeholder* determina o resultado de suas conversas de vendas – positivo ou negativo – e aumenta ou diminui a probabilidade de vitória. Quando você responde a essas cinco perguntas com o fim mais enfático e convincente possível, os *stakeholders* se tornam mais propensos a atender a seus pedidos de microcompromissos.

## Alinhando a tomada de decisões com a prova social

À medida que aumentam a complexidade da venda, a extensão do ciclo e, mais importante, o risco para a organização e para cada *stakeholder*, também aumenta o tamanho do conjunto de *stakeholders*. Com a maior quantidade e variedade de *stakeholders*, dilui-se o risco para cada *stakeholder*, e cresce o risco para o pessoal de vendas.

Quanto mais ampla for a variedade de *stakeholders* desempenhando diferentes papéis (BASIC), maior será a tendência de os *stakeholders* se deixarem influenciar pelo pensamento de grupo, em vez de sustentarem suas próprias opiniões, que talvez sejam as mais adequadas, mas que podem ser percebidas como impopulares. Também é mais fácil para um único *stakeholder* descarrilar um negócio, quando o grupo de *stakeholders* é indeciso e desalinhado. É menos arriscado para o grupo posicionar-se com cautela, mantendo o estado de coisas (*status quo*), do que assumir riscos e estar errado.

O que sabemos empiricamente sobre o comportamento humano é que os seres humanos seguem a multidão. Somos compelidos a fazer o que as outras pessoas estão fazendo. Quando alguma coisa se torna popular e é feita por muita gente, parece-nos mais seguro fazer a mesma coisa ou agir da mesma maneira.

Essa é a heurística da prova social. Quanto mais pessoas fazem alguma coisa, têm uma crença comum ou compartilham uma opinião, maior é a probabilidade de que sejamos atraídos e passemos a fazer ou a acreditar na mesma coisa. Na verdade, nessas circunstâncias, estamos recorrendo ao julgamento da multidão em vez de ao nosso próprio julgamento, o que reduz a carga cognitiva, facilitando tomar decisões em ambientes complexos.

Em negócios complexos, com ampla variedade de *stakeholders*, os profissionais de alto desempenho exploram a prova social para aumentar a probabilidade de vencer e reduzir o risco de falta de decisão e de negócio empacado. A chave é alinhar o processo decisório dos *stakeholders* e neutralizar os negativistas.

O alinhamento dos *stakeholders* é difícil e desafiador, demandando muito trabalho. Para tanto, é necessário:

- Esforço disciplinado para identificar e contatar todos os *stakeholders*.
- Angariar respostas positivas e conquistar microcompromissos de todos os *stakeholders*.
- Empenho deliberado em construir relacionamentos até com os *stakeholders* mais hostis (é mais difícil para eles empurrá-lo para debaixo do ônibus, quando eles gostam de você).
- Divulgar o acordo e o consenso entre os *stakeholders*, para cima, para baixo e para os lados, ao longo de toda a variedade de *stakeholders*.

Não se pode deixar nada por conta do acaso. Você precisa manter um nível de paranoia que o convença de que sempre há um *stakeholder* que você ainda não identificou, na moita, para torpedear o seu negócio. Você não deve assumir que os *stakeholders* estão conversando uns com os outros.

Em negócios complexos, com ampla variedade de *stakeholders*, os supervendedores se tornam eixos de comunicação que conectam os *stakeholders*. Essa conexão fornece a prova social que ajuda os *stakeholders* a se sentirem seguros com a decisão a favor da proposta.

Tudo o que os supervendedores fazem, desde o desenvolvimento da estratégia de vendas até o gerenciamento do processo de vendas e a formatação do processo de compras, tem o objetivo de influenciar o processo decisório. Tudo.

E é aqui que você ganha o dia. Quem tomar atalhos a esta altura será esmagado. No entanto, quando os processos de vendas e de compras estão alinhados com o processo decisório dos *stakeholders* dos clientes, as probabilidades de vitória chegam a aproximar-se de 100%. Torna-se quase impossível não comprar de você.

Capítulo 19 | **EU GOSTO DE VOCÊ?**

> *No final das contas, qualquer que seja o seu negócio, você está no negócio de pessoas. Afinal, as pessoas preferem fazer negócios com pessoas e com empresas que acham simpáticas.*
> Karen Salmansohn

Durante um jantar na semana passada, nossa boa amiga Michelle contou a história de uma experiência que ela teve ao comprar um colchão. Só que não era bem um colchão como qualquer outro; era um colchão de alta qualidade, que custava nada menos que dois mil dólares. Antes de ir às lojas, ela fez ampla pesquisa on-line e estreitou o foco em algumas marcas e estilos. Ela encontrou exatamente o que estava procurando na primeira loja de móveis que visitou, e o preço estava certo. Mas ela não fez a compra.

Em vez disso, ela dirigiu até o outro lado da cidade, para visitar outra loja de móveis, onde conheceu a representante de vendas Gwen. Lá ela comprou o mesmo colchão que tinha visto na primeira loja. Quando a pressionei, ela admitiu (enquanto evitava contato visual com o marido) que pagou mais na segunda loja do que pagaria na primeira.

"Por que você fez isso?", perguntei.

"Porque o cara na primeira loja", respondeu, "acho que o nome dele era Ray, simplesmente não me impressionou. Desde o primeiro momento em que o vi, não gostei de alguma coisa nele. Então, embora ele tivesse o colchão que eu queria, decidi procurar um pouco mais em outras lojas. Gwen, a vendedora da segunda loja, era diferente.

Embora nunca nos tivéssemos visto antes, tive a impressão de que ela se importava comigo. Eu me senti bem com ela."

## A primeira impressão não dá segunda chance

Como Michelle, todos fazemos julgamentos instantâneos quando conhecemos as pessoas pela primeira vez. Esses julgamentos, embora emocionais e superficiais, exercem um impacto duradouro sobre como consideramos e interagimos com os outros. No caso de Michelle, as primeiras impressões a levaram a acabar pagando mais pelo mesmo produto, porque ela gostou de Gwen mais do que de Ray.

Os seus *prospects* fazem esses mesmos julgamentos imperfeitos a seu respeito.

As primeiras impressões têm a ver com simpatia, e simpatia é o portal para a construção de conexões emocionais com os *stakeholders*. Quando os *stakeholders* gostam de você, é maior a probabilidade de que eles estejam abertos para responder às suas perguntas e para envolver-se em conversas.

Ao contrário da confiança, ser percebido como simpático ou antipático ocorre em questão de segundos e começa no subconsciente dos *stakeholders* – muito antes de terem consciência de como se sentem a seu respeito no nível consciente. Ray, o representante que provocou repulsão em Michelle, é o exemplo perfeito para o ditado "Você nunca tem outra chance para causar boa impressão".

Todos, até certo ponto, temos qualidades e características que nos tornam simpáticos para certos tipos de pessoas e personalidades, embora, ao mesmo tempo, também tenhamos qualidades que nos tornam naturalmente antipáticos para outras (veja o próximo capítulo, sobre flexibilizar o seu estilo).

O problema que enfrentamos em vendas é que nem sempre escolhemos as pessoas com quem interagimos. Muitas das pessoas que encontramos não se sentirão naturalmente atraídas por nós. Complicando ainda mais as coisas, ainda há as percepções preconceituosas que todas as pessoas levam para os relacionamentos. Essas percepções, que incluem mas não se limitam a vieses culturais, raciais e socioeconômicos, não são controláveis.

Havia simplesmente "alguma coisa" em Ray de que Michelle não gostou. Essa "alguma coisa" talvez tenha sido alguma associação com casos de "bullying" no ensino fundamental, com um namoro que não deu certo na faculdade, ou até com um representante de vendas que não cumpriu uma promessa no passado. Também é possível que ela não tenha gostado de suas expressões faciais, atitudes, sotaque, tom de voz, contato visual ou postura.

O ponto é que inúmeras são as razões para que um *prospect* não se simpatize com você, e muitos desses motivos estão totalmente fora do seu controle. Portanto, ao se encontrar com novos *prospects*, é fundamental que você controle os aspectos de simpatia ou antipatia controláveis.

## Simpatia: o portal para conexões emocionais

O sargento Lentz inclinou-se sobre a janela do caminhão. Os olhos dele dardejavam ao admitir a verdade. Ele estava sob forte pressão, porque não tinha cumprido a missão de recrutamento durante dois meses seguidos e, ao se aproximar o fim do trimestre, tudo indicava que aquele seria mais um mês sem nenhum resultado.

Precisando desesperadamente de ajuda, ele me procurou depois do treinamento. Ele explicou que havia concluído a última de 11 sessões de recrutamento sem conseguir nenhum compromisso para o próximo passo. "Simplesmente não compreendo", disse, quase suplicante. "Digo a eles tudo sobre a Guarda Nacional, e por que eles devem alistar-se, e nada. Até que eles dizem 'Obrigado pelas informações', e a conversa acabou."

"Sargento Lentz", perguntei, "quando se lembra dessas reuniões, quem fala mais – você, os pais, ou as crianças?"

Ele deu um passo atrás, afastando-se do caminhão, e ficou cabisbaixo, como que olhando as botas. "Acho que eu", respondeu, em voz baixa.

## Conecte-se

O sargento Lentz, como tantos vendedores, tem um problema – um problema que se conserta com facilidade, mas que é um problema. Quando os pais e as crianças a quem ele vende a Guarda Nacional se perguntam "Eu gosto de você?", em relação ao sargento Lentz, a resposta é "Não".

Mas não me interprete mal. O sargento Lentz é um homem muito simpático. É educado, agradável, engraçado, e se importa profundamente com sua missão de recrutar jovens, homens e mulheres, para a Guarda Nacional. O que o torna antipático é a abordagem.

O estágio de conexão no processo de vendas tem o objetivo de conquistar outras pessoas, fazendo-as perceber que são o centro da sua atenção – levando-as a sentir-se relevantes e importantes. Seu objetivo é iniciar e, com o tempo, desenvolver uma profunda conexão emocional. O portal para a conexão emocional é a simpatia.

As conexões emocionais são cruciais para influenciar as decisões e os comportamentos dos *stakeholders*. À medida que essas conexões se fortalecem, elas ancoram o *stakeholder* em você e tornam a sua mensagem mais confiável para eles, porque, ao gostarem mais de você e se familiarizarem, eles naturalmente o transferem para os seus grupos internos.

A preferência pelo grupo interno, às vezes denominada viés de afinidade, leva os *stakeholders* a acreditar que as pessoas que lhes são mais familiares ou mais semelhantes também são mais confiáveis, merecem mais crédito, e são melhores que as pessoas que não lhes são familiares, nem semelhantes. Você sabe que isso é verdade com tanta certeza quanto sabe que o sol despontará no horizonte de manhã, uma vez que você enfrenta e combate esse viés todos os dias de sua vida.

Cada um de nós vive e opera numa bolha de familiaridade. Sentimo-nos mais à vontade com pessoas, lugares e coisas dentro da nossa bolha de familiaridade e menos à vontade com coisas fora da nossa bolha de familiaridade. Seu objetivo final no processo de vendas é entrar na bolha de familiaridade e no grupo interno do *stakeholder*, por meio de uma conexão emocional.

Evidentemente, sabemos que a simpatia sozinha não é garantia de que o *stakeholder* o defenderá ou o preferirá na compra. É preciso mais. *As pessoas compram de pessoas de quem gostam, em quem confiam e que consideram capazes de resolver os seus problemas.* Assim, a execução do processo de vendas e o alinhamento dos três processos de vendas são fundamentais para a obtenção de resultados de vendas positivos.

A simpatia, no entanto, vem primeiro. A simpatia é o portal para a conexão, para a familiaridade e para a entrada no grupo interno do *stakeholder*. Se você não for simpático, não tem chance. Os *stakeholders* não compram de vendedores de quem não gostam.

Agora, pense por um momento sobre o que torna outra pessoa simpática. Pessoas simpáticas são agradáveis, educadas, respeitosas, corteses, atenciosas e confiáveis; também são bem-dispostas, atraentes e sorridentes; têm tom de voz positivo e animado, cultivam estilo flexível e ouvem com atenção.

Demonstram que gostam da gente, dispensando-nos atenção sincera e ouvidos interessados. Tendemos a gostar de quem gosta de nós.

Agora, pense sobre a maioria dos profissionais de vendas. Os vendedores, em geral, são agradáveis, educados, respeitosos, e relativamente confiantes; são positivos, têm boa aparência, sorriem, e são ótimos ao telefone. Em geral, grande parte do pessoal de vendas demonstra com facilidade e naturalidade esses comportamentos simpáticos, exceto um comportamento.

*Falam em vez de ouvir.*

## Disparando a ladainha

Ninguém gosta de uma ladainha. Nem você, nem eu, nem os seus *prospects*. Veja-o desta maneira. Se você pudesse escolher entre relaxar com pessoas que falam o tempo todo de si próprias ou de pessoas que sabem ouvir com atenção e interesse os interlocutores, quais você escolheria? Para a maioria das pessoas essa escolha é fácil e óbvia.

A dificuldade que o sargento Lentz estava enfrentando é exatamente o mesmo problema com que se defrontam milhares de profissionais de vendas. Aparecem, despejam o falatório, e se admiram de que os *prospects* não respondam de braços abertos. Em vez de construir conexões emocionais, eles jogam a ladainha na cara dos *stakeholders* e os desligam de qualquer conexão.

A maioria dos *stakeholders* resistirá em se encontrar com você. Eles são extremamente ocupados e não estão interessados em marcar reuniões com vendedores tagarelas, o que para eles é pura perda de tempo.

Durante as primeiras reuniões, os *stakeholders* não baixam a guarda e o mantêm a distância. Para inclinar a probabilidade de vitória a seu favor, você precisa reduzir as barreiras.

Quando, porém, os *stakeholders* hesitam em engajar-se, a situação é desconfortável e esquisita. Você faz perguntas e recebe respostas monossilábicas. É como os versos da velha canção de James Taylor, "México" – você envia uma longa carta e recebe como resposta um cartão postal. Os tempos são difíceis.

Nessas situações emocionalmente difíceis, os vendedores medíocres sucumbem às emoções negativas e, impacientes, descambam das perguntas para a ladainha, matando efetivamente o engajamento e a descoberta. Não é que esses profissionais de vendas não tenham noção das coisas. Eles sabem o que fazer. Só que estão de tal forma oprimidos pelas emoções, que se deixam levar, em vez de seguir em frente. Essas emoções incluem:

- **Medo do desconhecido:** Como o pessoal de vendas não sabe o que o *prospect* poderia dizer, dominam a conversa para se sentirem seguros.
- **Fixação no controle:** O pessoal de vendas acredita erroneamente que, para controlar, é preciso falar.
- **Desconforto com o silêncio:** Sempre que se faz silêncio, o pessoal de vendas preenche o vazio com palavras.
- **Impaciência:** O pessoal de vendas se frustra com as respostas lacônicas ou com o ritmo lento dos *stakeholders* e assume o controle da conversa.
- **Necessidade de significação:** O pessoal de vendas não se sente importante quando os *stakeholders* estão falando, e, assim, interrompem o interlocutor para demonstrar como são inteligentes.

Enquanto isso, nesse arco de emoções, o viés de negatividade dos *stakeholders* está entrando em cena. A mente subconsciente deles está mirando e exacerbando as suas peculiaridades de que eles não gostam ou que são diferentes das características deles. Eles não sabem por quê, mas há alguma coisa em você de que "eles simplesmente não gostam".

No nível consciente, um profissional de vendas que enalteça o tempo todo a empresa dele e os atributos de seus produtos é emocionalmente exasperador. O *stakeholder* começa, conscientemente, a procurar uma saída. As pessoas não compram de quem não gostam, e as pessoas não gostam de pessoal de vendas que lhes joga a ladainha na cara.

Os profissionais de alto desempenho sentem as mesmas emoções. Todos sentimos. A diferença é que eles têm consciência de como os comportamentos desencadeados por essas emoções são destrutivos para o relacionamento com os *stakeholders*. Mesmo quando os *stakeholders* os predispõem com um "Tudo bem, diga-me o que você tem", eles resistem ao convite aberto para falar demais e, em vez disso, fazem perguntas para estimular o interlocutor a falar.

## Dez chaves para ser mais simpático

Responder à pergunta do *stakeholder* "Eu gosto de você?" é muito mais profundo, complexo e importante do que supõe grande parte do pessoal de vendas. Ser simpático exige esforço, estratégia e foco intencional.

❶ **Sorria.** Um sorriso agradável e sincero é a melhor maneira de causar uma ótima primeira impressão. Os humanos são naturalmente atraídos por outros humanos que estão sorrindo. Portanto, mantenha-se consciente da sua expressão facial e ponha um sorriso no rosto.

❷ **Tom de voz.** Como o sorriso, seu tom de voz e sua inflexão podem levar um *stakeholder* a gostar ou a não gostar de você instantaneamente. Sua voz deve ser tão neutra e sem dialetos regionais quanto possível, amigável e animada. Ponha um sorriso no rosto e ele brilhará através da sua voz.

❸ **Seja educado.** Certa vez vi um adesivo que dizia: "Pessoas ruins fedem". As pessoas que são rudes, mal-educadas e grosseiras são antipáticas. A não ser que você tenha sido criado num estábulo por animais, alguém lhe ensinou pelo menos as noções de boas maneiras. Tenha boas maneiras em todas as interações com os *stakeholders*. Eles perceberão.

❹ **Vista-se bem.** Apesar do ditado "Não julgue um livro pela capa", as pessoas o avaliam e continuarão a avaliá-lo com base no que você veste, no seu carro e no seu trato e aparência. Esse impulso de gostar ou não gostar de você com base na aparência ocorre no subconsciente, antes de o *stakeholder* ter consciência expressa dos próprios sentimentos. Ao envolver-se em conversas de vendas face a face, inclusive videoconferências, vista-se bem. Use trajes elegantes e adequados para contextos profissionais. Assegure-se de que estejam limpas e bem passadas, e ponha-se sob as melhores luzes.

❺ **Asseio pessoal.** Apresente-se bem cuidado e asseado. Tenha a certeza de estar cheirando bem, discretamente, e de que sua colônia ou perfume não é muito forte. Assegure-se de que seus cabelos, seus faciais e suas unhas estão cortados, aparados, limpos e com bom aspecto. Caso você tenha tatuagens, cubra-as. Sim, as tatuagens são mais aceitas hoje do que nunca; no entanto, ainda é possível que predisponham *stakeholders* que não as considerem apropriadas. Nunca ninguém disse "Não comprei porque o meu representante não tinha uma tatuagem no pescoço".

❻ **Atenção concentrada.** Nos ambientes de trabalho de hoje, tão diversificados, é fácil distrair-se. Jim Rohn disse: "Onde quer que você esteja, mantenha-se presente". Esse conselho é essencial quando se trata de primeiras impressões. Você deve desenvolver a autodisciplina de fechar-se para as dispersões e concentrar todo o foco no seu *stakeholder*.

❼ **Estilo.** As pessoas tendem a se sentir atraídas e a confiar mais em relação às pessoas por quem têm mais afinidade (viés de afinidade). Portanto, quando você flexibiliza o seu estilo de comunicação preferido ou dominante para ajustar-se ao da outra pessoa, você fica mais parecido com ela e, em consequência, mais afim com ela e mais simpático para ela.

❽ **Linguagem.** Quando você adota a linguagem de outra pessoa, ela, de imediato, o inclui no grupo interno dela. Mudar as suas palavras, jargão e abordagem, mesmo que ligeiramente, para contabilizar-se com a linguagem do *stakeholder*, muito o ajuda a parecer-lhe mais simpático.

❾ **Entusiasmo.** Entusiasmo (paixão) por seu produto, serviço ou empresa é bom argumento de vendas. O entusiasmo é transferível e contagioso. Seu entusiasmo é impulsionado por suas atitudes e crenças; por conseguinte, é fundamental trabalhar com persistência e coerência para desenvolver e manter uma atitude vencedora. Uma advertência, porém: poucas coisas são mais irritantes que entusiasmo insincero; portanto, não exagere.

❿ **Confiança.** As pessoas fracas repelem. As pessoas arrogantes exasperam. As pessoas confiantes atraem.

## Conexões são o portal para derrubar barreiras emocionais e fazer novas descobertas

Quando as pessoas se sentem ligadas a você, elas ficam mais à vontade para revelar seus verdadeiros problemas. As conexões emocionais superam as diferenças demográficas e os vieses subconscientes que estão além do seu controle. O objetivo do passo *conexão* no processo de vendas é:

- Controlar a conversa de vendas.
- Formatar (ou iniciar o processo de formatação) do processo de compra.
- Construir a credibilidade e despertar interesse suficiente para avançar até o passo seguinte.

- Levar o comprador ou o *stakeholder* a se sentir importante.
- Reduzir as barreiras emocionais para que o *stakeholder* se sinta mais à vontade ao compartilhar informações.
- Abrir a porta para a descoberta.

Os relacionamentos de vendas comerciais não se iniciam sobre bases de confiança. Os *stakeholders*, naturalmente, suspeitam do pessoal e se acautelam contra eles, na defesa de seus interesses. Eles levam para qualquer novo relacionamento de vendas vieses cognitivos subconscientes, emoções de todos os tipos, e toda a bagagem, boa ou má, de interações anteriores com vendedores e fornecedores.

Seus *stakeholders* tendem a acreditar (viés de negatividade) que a sua intenção, como profissional de vendas, é extrair da transação tanto dinheiro quanto possível, e que qualquer coisa que digam será usada contra eles. Portanto, sempre seguram as cartas tão próximas de si quanto possível.

Conexão tem a ver com minimizar os bloqueios emocionais que interferem na transparência, na comunicação honesta e na compreensão. Em todos os relacionamentos, de negócios ou pessoais, quanto mais conectado você se sente em relação à outra pessoa, mais propenso você se torna a revelar seus verdadeiros sentimentos, desafios, questões, medos, carências, necessidades e problemas.

Com a maioria dos *stakeholders*, as camadas são profundas e quase inacessíveis sem conexões emocionais. Se eles não sentirem algum tipo de conexão com você, eles hesitarão em revelar-lhe seus verdadeiros problemas e motivações. O pessoal de vendas que se mostra insincero e manipulativo nessas conversas iniciais tende a ser visto sempre assim pelos compradores e a nunca ter acesso ao grupo interno do *stakeholder*.

Uma profissional de vendas de alto desempenho que entrevistei tem uma regra prática a esse respeito. Se ela não consegue se conectar emocionalmente com o *stakeholder*, ela se desengaja e passa para outra oportunidade.

Diz ela que a experiência lhe ensinou que, se a pessoa com quem está lidando não se afina com ela por alguma razão, a probabilidade de vencer despenca e as chances de fechar a venda se reduzem praticamente a zero, por melhor que seja o pacote que está oferecendo para resolver problemas e para atender às necessidades do comprador.

Capítulo 20 | **FLEXIBILIZE-SE PARA AJUSTAR-SE ÀS QUATRO PERSONALIDADES BÁSICAS DOS *STAKEHOLDERS***

> *Se não fosse pelo café, eu não teria personalidade identificável absolutamente alguma.*
> David Letterman

**Você constrói conexões** emocionais mais profundas quando interage com os compradores e *stakeholders* com base em quem eles são – não em quem você é. Os supervendedores são mestres nisso. Eles têm autoconsciência aguda de seus estilos comportamentais, de seus valores e de suas crenças, e são autoconfiantes o suficiente para ajustar o próprio estilo, ao lidar com pessoas com estilos de comunicação diferentes.

Os *stakeholders* tendem a gostar, a serem atraídos e a confiarem mais em pessoas que são como eles. Portanto, ao flexibilizar o seu estilo de comunicação preferido ou dominante para ajustá-lo ao de outra pessoa, esta última será mais aberta à conexão com você e mais disposta a responder às suas perguntas. É mais fácil para os outros ouvir e compreendê-lo quando você se comunica em estilo de linguagem que eles compreendem.

Cada um de nós tem um estilo único de lidar com o mundo ao nosso redor. Algumas pessoas são diretas e francas, enquanto outras são evasivas e cheias de rodeios. Há quem fale devagar e mostre poucas emoções, como há quem seja mais animado e caloroso. Como não falta quem seja objetivo e impulsivo, analítico e cuidadoso, focado no consenso, ou sociável e extrovertido.

Flexibilizar o seu estilo basicamente significa ajustar sua abordagem e seus comportamentos interpessoais a cada interlocutor, para que eles se sintam mais à vontade trabalhando com você e, assim, reduzam a própria ansiedade e abram a porta para conexões emocionais.

## Quatro personalidades predominantes de *stakeholders*

Quatro são os estilos de comunicação predominantes (Figura 20.1). Os rótulos desses estilos são diferentes, de um para outro teste psicométrico ou programa de treinamento. Quaisquer que sejam os rótulos, no entanto, os marcadores de estilo entre as várias teorias de comportamento humano e as diferentes preferências de comunicação inatas tendem a convergir para esses quatro estilos dominantes. Adotamos os descritores *diretor, analista, socializante/energizante* e *construtor de consenso*, porque os consideramos mais fáceis de lembrar e de aplicar.

**Analista**
- Orientado a dados
- Pensador linear
- Metódico
- Barreira emocional

**Diretor**
- Anseia por controle
- Direto
- Negócios primeiro
- Resultados/ação

**Construtor de consenso**
- Passivo
- Indeciso
- Interrogador
- Ouvinte

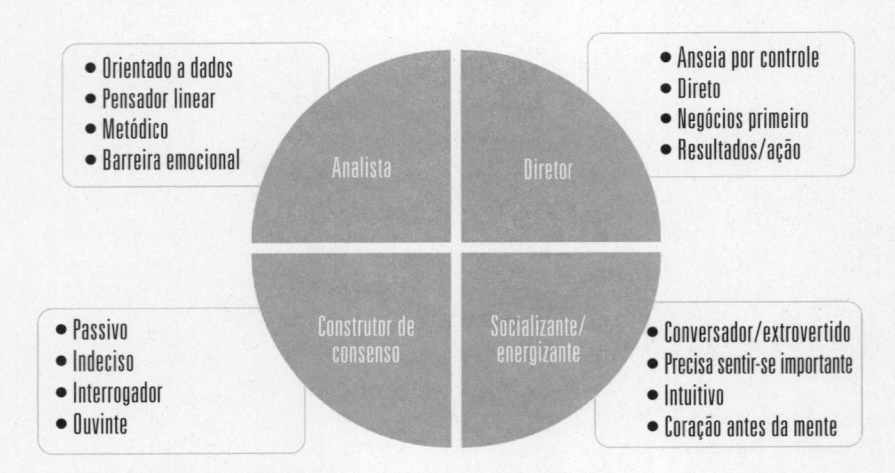

**Socializante/energizante**
- Conversador/extrovertido
- Precisa sentir-se importante
- Intuitivo
- Coração antes da mente

Figura 20.1: Quatro estilos de comunicação

## Diretor (equivalente na tipologia DISC: dominante)

Os diretores tomam decisões rápidas. Eles têm um viés forte para a ação e se sentem mais à vontade com pessoal de vendas capaz de fazer acontecer.

Anseiam por controle. Se você quer que eles gostem de você, não concorra com eles. Mesmo quando os diretores delegam a outra pessoa a autoridade para tomar decisões, eles mudam de opinião no último minuto e, sutilmente, reassumem o controle, "carimbando a decisão".

O pessoal de vendas às vezes torpedeia negócios nessas situações quando compram uma briga com o diretor que talvez os desafie diretamente, não por discordarem da decisão, mas sim para mostrar ao representante de vendas quem é o chefe.

O diretor valoriza a autoconfiança. Passa com o rolo compressor, sem compaixão, sobre o pessoal de vendas inseguro. Se você não tiver resposta para uma pergunta do diretor, não tente enrolar, não tropece nas palavras, nem demonstre fraqueza ou medo. Do contrário, o diretor primeiro perderá o respeito por você e, depois, o achatará. Em vez disso, responda com confiança que não sabe, mas que descobrirá a resposta, e dê um prazo específico para responder.

Os diretores não têm paciência com ladainhas prolixas e extensas. Ao comunicar-se com eles, seja objetivo e conciso. Dê-lhes algumas informações e pare; depois, mais informações, e pare.

Isso pode ser difícil para o pessoal de vendas, que, em geral, é socializante, pois os diretores podem ser intimidadores. A pressão deles por velocidade o leva a reagir da mesma maneira e a acelerar, levando-o a usar períodos longos, com várias orações, o que pode entediar os diretores.

Os diretores, às vezes, afrontarão, pressionarão e negociarão com energia, apenas para ver se você aguenta. Se você fincar o pé e exibir confiança, ao mesmo tempo em que demonstra respeito e não questiona a autoridade deles, eles passarão a respeitá-lo.

Se desperdiçar o tempo deles, você os perderá. Se disser alguma coisa irrelevante para a situação, você também os perderá. Eles querem saber de seus problemas e dificuldades, e como você pode resolvê-los.

Você pode construir relacionamentos profundos com os diretores, mas é negócio primeiro e socialização depois. No entanto, quando eles sentem que você conhece o assunto e que podem contar com você para fazer acontecer, eles comprarão de você uma vez e muitas outras.

## Analista (equivalente na tipologia DISC: consciencioso/cuidadoso)

Como compradores, os analistas geralmente atuam como *stakeholder* financiador do negócio e funcionam como freio e contrapeso entre os socializantes e os diretores, que, frequentemente, são os signatários do negócio. São, geralmente, negativistas, que esmiúçam o seu caso de negócios.

Os analistas são sistemáticos e metódicos. Rejeitam a exaltação e a ladainha e valorizam dados e fatos. Respondem melhor à comunicação linear e a estudos rigorosos.

Com os analistas, desenvolve-se a confiança aos poucos. É fundamental que você esteja superpreparado antes de qualquer reunião com um analista. Pense em qualquer pergunta que eles possam fazer e elabore a resposta de maneira convincente, baseando-a em fatos comprováveis.

Analise todos os documentos, gráficos e planilhas, para compreender a organização e detectar erros. Os analistas são perfeccionistas e valorizam a exatidão. Eles se fixam em informações inexatas, em erros tipográficos e em dados mal organizados, e não ouvirão mais nada. Para os analistas, a sua incapacidade de responder a perguntas, de apoiar as afirmações com fatos e acertar na primeira vez mostra que você não merece confiança e o elimina como fornecedor viável.

Os analistas frequentemente se revelam frios e distantes. Jamal, representante de vendas de Birmingham, Alabama, como muito pessoal de vendas, acha emocionalmente difícil lidar com eles.

"Esses *stakeholders* me congelam", diz ele. "Faço uma pergunta e eles dão respostas curtas e não se abrem. É frustrante e, geralmente, eu acabo falando sozinho."

A resposta emocional de ficar "congelado", para usar as palavras de Jamal, é negativa. Você não se sente aceito, estimado ou importante. Você não recebe validação emocional. Portanto, para proteger seu ego frágil, você começa a discursar – reação muito imprópria com os analistas, pois eles são mestres em deixar que o pessoal de vendas fale sozinho e perca o negócio.

Comece as conversas perguntando ao analista sobre o que é mais importante para eles no processo decisório. Não faça perguntas pessoais, a não ser que eles as provoquem. Em vez disso, foque no negócio. Pergunte-lhes sobre o processo que eles adotam para julgar fornecedores como você. Indague-lhes sobre os seus valores.

Os analistas entram nas conversas de vendas com suas barreiras emocionais erguidas e mantêm o pessoal de vendas a distância. A chave para romper a barreira é cultivar a paciência metódica, controlar a necessidade emocional de ser aceito, conhecer o assunto em profundidade e promover uma série de reuniões breves, com o objetivo de construir sistematicamente o relacionamento.

## Socializante/energizante
## (equivalente na tipologia DISC: influente)

É fácil conectar-se com os socializantes. Eles são abertos à construção de relacionamentos e os valorizam. Ao contrário dos diretores e analistas, com os socializantes a ordem é relacionamentos primeiro e negócios depois. Eles tendem a comunicar-se por meio de histórias longas, são emotivos e animados, esbanjam energia e têm grande necessidade de sentir-se apreciados. Gostam de ser o centro das atenções.

É essa necessidade de sentir-se apreciado que não deve ser menosprezada. Os socializantes adoram cumprimentos e lisonjas (desde que você não seja ostensivamente insincero). E a situação em que mais se sentem apreciados é quando falam e você os escuta. E os socializantes falam. Muito.

A boa notícia sobre os socializantes é que eles são fáceis. Quando você os ouve, eles compram o que você estiver vendendo. Na verdade, eles lhe pagarão para ouvi-los, dando-lhes cada vez mais negócios. A necessidade insaciável deles de se sentirem importantes geralmente prevalece sobre o processo decisório racional e objetivo.

A má notícia é que a necessidade dos socializantes de dominar as conversas pode ser um desafio para o pessoal de vendas, que, com muita frequência, também tem essa característica. Você sentirá o desejo destrutivo de interromper e também contar sua história, porque você também quer ser o centro das atenções.

O pessoal de vendas prejudica o relacionamento com os socializantes quando compete por espaço na conversa. Ao trabalhar com socializantes, é fundamental ficar de olho no prêmio; concentrar-se no resultado almejado, em vez de se deixar levar pela necessidade de atenção.

Os socializantes são o oposto dos analistas. Enquanto os analistas são lineares e metódicos, os socializantes são não lineares, desorganizados e dispersivos. A melhor maneira de descrever o socializante é atirar, preparar, apontar. Eles perdem o rumo com facilidade e podem desperdiçar muito tempo durante uma reunião de vendas com assuntos díspares.

Os socializantes são ótimos coaches, porque gostam de conectar-se e de compartilhar informações, e podem ser usados para influenciar outros *stakeholders* a ficar do seu lado.

Ao trabalhar com socializantes, é essencial controlar a conversa com perguntas que os mantenham falando e que orientem a conversa, sem levá-los a sentir que você os está interrompendo. Com os socializantes, para manter o rumo, é muito importante não só deflagrar o processo com uma agenda organizada, mas também acompanhar a execução com mensagens por escrito sobre os próximos passos.

## Construtor de consenso
## (equivalente na tipologia DISC: estabilizador)

Os construtores de consenso gostam de agradar as pessoas, de ter tudo certinho e de se sentirem seguros. Eles tendem a ser previsíveis, amigáveis e bons ouvintes.

Os construtores de consenso preferem a rotina e evitam riscos e mudanças. Detestam conflitos e tendem a ser passivos-agressivos, em vez de diretos quando têm alguma pendência com outra pessoa. Se você ofender um construtor de consenso, ele raramente lhe dirá, mas se sentirá magoado e ficará ressentido. Você perderá o negócio e nunca saberá por quê.

Os construtores de consenso avançam com firmeza e lentidão. Como querem ter a certeza de que todos se sentem incluídos nas decisões, eles têm muito cuidado em envolver e consultar outras pessoas. Geralmente pedem mais informações – outra demonstração, mais dados, novos estudos de casos, outra apresentação –, o que os leva a serem chamados *QueroMais*.

Como os construtores de consenso têm aversão ao risco e querem tudo arrumadinho antes de agir, eles irritam o pessoal de vendas. Quando você acha que está a ponto de fechar a venda, eles pedem mais tempo e mais informações. Os profissionais de vendas impacientes que forçam demais acabam por paralisá-los. Como os construtores de consenso são avessos a conflitos, uma vez paralisados, é muito difícil reengajá-los.

Ao lidar com os construtores de consenso, é preciso ter o cuidado de desacelerar e de conquistar a confiança deles. Faça perguntas para compreender a esfera de influência deles e para identificar toda e qualquer pessoa que eles queiram envolver no processo. Será útil procurar essas pessoas, envolvê-las e alinhá-las.

Antecipe-se e chegue a um acordo prévio com os construtores de consenso sobre exatamente o que eles querem ver, saber e sentir para decidir a seu favor. Combine um cronograma dos passos necessários. Independentemente de qualquer acordo prévio, seu construtor de consenso pode hesitar e recuar na hora de agir. Às vezes, basta lembrar-lhes, com habilidade, do acordo prévio e demonstrar que já cumpriu o prometido e já deu todos os passos programados para superar o impasse.

Os construtores de consenso são ótimos ouvintes e mestres em levá-lo a falar. Eles lhe fazem perguntas e lhe permitem falar à vontade. Eles fazem você se sentir importante e acolhido.

Você sai da reunião com esse tipo de pessoa se sentindo incrivelmente bem porque passou a maior parte do tempo falando. Mas você terá pouco mais a mostrar como produto do investimento de tempo, e o construtor de consenso, que o estimulou a falar, ficará ressentido se você monopolizar a conversa.

Para evitar essa armadilha, você deve manter-se extremamente consciente da sua necessidade emocional de contar a sua história, quando o construtor de consenso lhe fizer uma pergunta. Aprenda a redirecionar perguntas com perguntas:

**Construtor de consenso:** Como é que você faz isso?
**Profissional de vendas:** Será que você poderia explicar por que isso é importante?

Você também deverá manter a disciplina de dar respostas curtas e complementar suas respostas com perguntas abertas que o estimule a falar.

## Mudanças no estilo de personalidade

Raramente as pessoas abordam o mundo e o contexto com um único estilo dominante. Em vez disso, somos um composto de vários estilos, com um estilo prevalecente se manifestando em situações estressantes ou emocionais e no momento de tomar decisões importantes.

Cada um desses estilos exige uma abordagem diferente. Eis, porém, a boa notícia. O estilo não importa quando a boca está fechada e os ouvidos estão abertos.

Sua missão é reduzir a resistência, gerenciando seu próprio estilo. A autoconsciência quanto a seu estilo interpessoal é fundamental para ser mais eficaz no desenvolvimento de conexões.

A maioria dos programas de treinamento de vendas lhe ensina a manejar esses diferentes estilos, mas poucos lhe dizem como interpretar seu próprio estilo. Para mim, essa é a verdadeira chave. Você deve ter consciência aguda do seu próprio estilo dominante caso tenha qualquer esperança de flexibilizar esse estilo para ajustá-lo a outros estilos. Esse é o ponto de partida.

> **Ferramentas de estilo**
>
> Flexibilizar para interagir com as quatro personalidades de *stakeholders* é complexo, e oferecer um guia completo do que fazer e não fazer vai além do escopo deste livro. Compilamos recursos de treinamento adicionais para você se ajustar aos diferentes estilos de comunicação, juntamente com um conjunto completo de avaliações de estilo que o ajudarão a compreender melhor quem você é, em: <https://www.salesgravy.com/saleseq>.

Capítulo 21 | **MODELO DE AGENDA PARA REUNIÕES DE VENDAS**

*O segredo do seu sucesso é determinado por sua agenda diária.*
John C. Maxwell

Os profissionais de alto desempenho têm consciência do perigo que suas emoções negativas representam para a construção de conexões emocionais com os *stakeholders*. Diante dos *stakeholders*, é fácil:

- Começar a falar demais.
- Ficar impaciente, falar mais alto que eles, desligá-los.
- Dizer, sem querer, coisas que disparam o viés de negatividade subconsciente do *stakeholder* e confirmam a percepção consciente deles de que os vendedores são delinquentes egocêntricos e manipuladores.

O Modelo de Agenda para Reuniões de Vendas reduz as chances de cometer esses erros, sobretudo nos primeiros estágios do relacionamento. Ele o ajuda a assumir o controle da conversa, a não falar demais e a gerenciar as emoções negativas. São quatro passos:

❶ Cumprimento.
❷ Objetivo.
❸ Checagem.
❹ Estrutura da conversa.

O Modelo de Agenda para Reuniões de Vendas, executado corretamente, desarma o *stakeholder* e reduz a barreira emocional inicial, porque você se apresenta como profissional, preparado, e não ameaçador.

## Cumprimentos

O cumprimento consiste em acertar o tom, demonstrar respeito e garantir que você e o *stakeholder* estão de acordo quanto à disponibilidade de tempo. Eis um exemplo:

> Obrigado por reunir-se comigo. Sei quanto o seu tempo é valioso e agradeço a oportunidade que você me deu de aprender mais sobre você. Apenas para confirmar, entendi que a reunião será de 30 minutos. Esse tempo ainda está bom para você?

Se a reunião é face a face, ou presencial, peça permissão para sentar-se antes de colocar alguma coisa sobre a mesa do *stakeholder*. Se você estiver ao telefone ou numa teleconferência, peça permissão para começar. Quando você é educado e respeitoso com sinceridade, os interlocutores tendem a responder da mesma maneira, retribuindo com respeito.

Às vezes, o *stakeholder* estará com pressa ou responderá olhando para o relógio: "Sinto muito, só tenho cinco minutos para você hoje. Rapidamente, diga-me o que você quer."

Nessas situações, seja cuidadoso! As emoções negativas podem descarrilar a conversa se você não conseguir se controlar.

Quando os *stakeholders* lhe dizem que têm pouco tempo e que você precisa se apressar, seus níveis de estresse e ansiedade disparam. Sua resposta luta ou fuga se arma e sua cabeça gira. Tiraram o seu tempo e você começa a focar no que perdeu. Você pode ficar desapontado, desesperado ou zangado, especialmente quando:

- Você criou altas expectativas quanto à reunião.
- O *prospect* é uma grande oportunidade, com enorme potencial de retorno.
- Foi preciso muita persistência para conseguir a reunião.
- O *stakeholder* pode influenciar o negócio e você acha que ele está desinteressado.
- Você está correndo atrás, o *pipeline* está vazio, e você de fato precisa fazer essa venda.

Nessas circunstâncias, sua resposta pode ser impetuosa. Você pode brigar, ficar zangado, demonstrar fraqueza emocional, ou insistir, desesperado, com o *stakeholder*, chorando e implorando. Esses comportamentos o tornam instantaneamente antipático.

Muito mais provável, porém, é um salto impaciente para a discussão.

No exato momento em que sua resposta luta ou fuga está pronta para ser disparada embaralhando o seu pensamento, o *stakeholder* permite que sua necessidade insaciável de significado assuma o centro do palco.

"Diga-me o que você tem", diz o *stakeholder*.

O seu cérebro, inundado de adrenalina, responde: "Eu preciso subir ao palco e me sentir importante". Sem pensar, sua boca se abre e seu neocórtex se fecha.

Falar às pressas por causa da falta de tempo nunca dá certo. A apresentação fracassa porque é:

- Genérica e enfadonha.
- Irrelevante para a situação singular do *stakeholder*.
- Rápida, dispersa e difícil de compreender, porque você não está agindo com racionalidade.
- Egocêntrica, egoísta e arrogante.

Compreenda que a boa intenção consciente do *stakeholder* de lhe dar cinco minutos foi motivada pelo sentimento de obrigação subconsciente. Eles é que concordaram com a reunião e agora estão desfazendo o compromisso. Eles lhe devem a reunião e querem cumprir o prometido, como lhes permitem as circunstâncias.

No momento em que você começa a falar, porém, o subconsciente do *stakeholder* começa a ser golpeado sucessivas vezes:

- Você está sendo chato.
- Eles não se sentem importantes, porque você está falando.
- O viés de negatividade deles começa a ampliar tudo de que eles não gostam em você.
- Ao matraquear, desesperado, você parece manipulador, suspeito e ameaçador – disparando a resposta luta ou fuga do *stakeholder*.

Tudo em que o *stakeholder* pensa neste momento é a rapidez com que ele se livrará de você, saindo da frente dele ou desligando o telefone. Durante esses cinco minutos de colisão emocional não intencional, você destrói o relacionamento e quase nunca marca o próximo passo.

Você está em surto emocional porque estava falando. Você se sente importante e o seu viés de confirmação o cega para a evidência de que o seu *stakeholder* está correndo em outra direção. A reunião termina com o aceno "me liga depois", mas acabou. O *stakeholder* não atenderá às suas chamadas "só estou checando" nem responderá aos seus e-mails.

Quando um *stakeholder* apressado quiser metê-lo numa camisa de força de tempo, responda com um comportamento não conformista. Respire, relaxe e faça uma pausa. Calmamente, responda em tom de voz comedido e ponderado:

> Cinco minutos não é tempo suficiente para eu aprender sobre você e sua empresa. Enaltecer o meu produto sem compreender as suas necessidades seria um desserviço para você e perda de tempo para mim. Você merece algo melhor do que isso. Por que não reprogramamos essa reunião para quarta, às 14 horas? [Observe a pergunta presuntiva – sempre proponha uma hora.]

O comportamento não trivial e sua intenção de ir embora geralmente inverte o *script* do comprador e atrai o *stakeholder* em sua direção, por reverter as expectativas dele. Você verá que, a esta altura, grande parte dos *stakeholders* muda de posição e lhe dá tempo suficiente.

Se o *stakeholder*, naquele dia, realmente não tiver tempo para você, sua pergunta confiante e sugestiva e a proposta de novo dia e hora, facilitam para ele dizer sim e reprogramar. A disciplina de não cair na armadilha de fazer uma apresentação rápida garantiu-lhe sobrevida de pelo menos alguns dias.

## Objetivo da visita

Em seguida, você define o objetivo da visita e prepara o *stakeholder* para o próximo passo.

> O que eu gostaria de fazer hoje é aprender mais sobre você e sua organização – em especial, como você gerencia hoje o relatório de *compliance*. Embora eu não saiba se faz sentido nossas empresas trabalharem juntas, achei que esse talvez fosse o melhor lugar para começar. Então, se acharmos pontos em comum, podemos programar uma reunião com sua equipe de TI para examinar mais de perto seu atual sistema de gestão de dados.

A mente humana detesta o desconhecido. Dizer ao *stakeholder*, antecipadamente, quais são as suas intenções o deixa à vontade e continua a abaixar a muralha emocional. Além disso, você reduz a carga cognitiva do *stakeholder*, definindo um escopo estreito para a reunião, o que facilita para ele envolver-se e focar na conversa.

Além de definir o objetivo da visita, você também quer aproveitar a oportunidade para salientar uma ressalva sutil: "Embora eu não saiba se faz sentido nossas empresas trabalharem juntas..." Essa observação atrai a atenção dos *stakeholders* para você e os engaja de duas maneiras importantes:

Primeiro, rompe as expectativas deles. Eles esperavam que você fosse apresentar o seu *pitch*, no esforço de vender, porque é o que faz o pessoal de vendas, mas não esperavam uma possível ressalva – que talvez não haja liga. Isso imediatamente os atrai como desafio.

Ao mostrar que você não está fixado no resultado, que está disposto a ir embora se não houver liga, você ativa um comportamento humano central no seu *stakeholder*, levando-o a querer mostrar que o negócio tem liga. Você está diante deles, tranquilo e relaxado, mostrando que não vai ficar correndo atrás deles. Todo mundo quer ser convencido, isso faz as pessoas se sentirem bem. No nível do subconsciente, essa situação inverte o *script* e eles começam a tentar reconquistá-lo.

Finalmente, a referência antecipada ao próximo passo os predispõe para a mudança e os prepara para dizer sim, quando você lhes pedir o próximo passo no fim da visita.

Essa predisposição é técnica poderosa usada para treinar a memória subconsciente do *stakeholder*.[55] Ela aumenta a probabilidade de que o *stakeholder* concorde com seu pedido no futuro. Há várias maneiras de predispor o cérebro humano, como repetição, imagens e experiências. Por exemplo, se eu lhe mostrar a imagem de uma comida e depois lhe pedir para preencher a lacuna em S( )PA, você provavelmente acrescentaria um "O" para completar a palavra SOPA. Eu o predispus para a resposta, introduzindo uma associação de ideias em sua memória.

Mostrar ao sujeito de um experimento a cor ou a palavra *vermelho*, por exemplo, aumenta a probabilidade de que ele pense em *maçã*, em vez de em *banana*, quando você lhe pede para pensar numa fruta. Predispor a associação com vermelho cria uma heurística artificial que torna mais fácil para o cérebro lembrar-se de *maçã*. Quando você dá às pessoas um ponto de referência, elas tendem a pensar nessa direção.

No caso de nossos *stakeholders*, nós os predispusemos ou os tornamos propensos a dizer sim a um próximo passo, introduzindo a ideia e a expectativa de um próximo passo na memória deles, ainda no começo da conversa de vendas.

---

[55] https://www.psychologytoday.com/basics/priming

## Verifique a agenda do seu *stakeholder*

É respeitoso e de bom tom consultar a agenda do seu *stakeholder*. Leva-o a sentir-se importante e apreciado e cria o senso de engajamento. As pessoas se dispõem a investir mais quando se sentem incluídas e quando veem que suas opiniões são importantes.

*Antes de começarmos, há alguma outra coisa que você queira acrescentar?*

Em 90% das vezes em que você faz essa pergunta, os *stakeholders* dirão "Para mim, está bom". Eles concordam em percorrer o caminho para o próximo passo que você definiu. Depois de terem concordado, eles tenderão a manter-se coerentes com essa concordância e avançar para o próximo passo para o qual eles foram predispostos.

Em raras circunstâncias, porém, eles atirarão algo sobre a mesa. Nada os impede de propor uma questão legítima a ser acrescentada à agenda. Pode ser um fator de dispersão[56] ou um desafio direto.

Com o acréscimo deles sobre a mesa, sua manobra seguinte será decisiva para engajar o *stakeholder* e conseguir o próximo passo ou perder o controle.

É nessa hora da verdade que você mais precisa controlar suas emoções negativas e pacientemente reconhecer a relevância do ponto suscitado pelo *stakeholder*, introduzi-lo na agenda e continuar avançando. A essa altura, porém, você não deve se antecipar e já tratar do assunto ou envolver-se numa conversa a esse respeito.

O pessoal de vendas que sucumbe às emoções negativas salta sobre qualquer questão levantada pelo *stakeholder* e começa a discursar, defendendo sua posição, negociando ou contestando a questão, como se fosse uma objeção à compra. Ao agir assim, eles deturpam a conversa.

**Vendedor medíocre:** Antes de começarmos, há alguma outra coisa que você queira acrescentar?

*Stakeholder*: Na última vez em que usamos a sua empresa, tivemos uma experiência terrível com o seu serviço ao cliente. Se você não puder fazer um trabalho melhor, não há condições de comprarmos de vocês de novo!

**Vendedor medíocre:** Não sei o que deu errado na última vez, mas nosso índice de satisfação do cliente é de 96%, o mais alto do setor.

---

[56] https://www.logicallyfallacious.com/tools/lp/Bo/LogicalFallacies/150/Red-Herring

Esse resultado é impulsionado por nosso serviço ao cliente Cinco Estrelas, que garante a sua satisfação.

***Stakeholder*:** É o que disse o seu representante na última vez. Mas era tudo mentira. Os seus drivers não apareceram a tempo. A qualidade do produto era péssima e quando telefonamos para Serviço ao Cliente ninguém nos procurou. Por isso é que eu mudei para o seu concorrente. Só o deixei voltar porque você disse que seu preço era melhor.

**Vendedor medíocre:** Todos os meus clientes estão muito felizes com o serviço que lhes oferecemos. Garanto que você também ficará. Nosso produto foi avaliado como o de mais alta qualidade do nosso setor, o que sugere que a sua experiência não representa a dos clientes em geral.

***Stakeholder*:** Olha, não vou ficar sentado aqui discutindo com você sobre representatividade de experiências. Minha experiência com a qualidade do seu produto e com o seu serviço ao cliente foi terrível. Por que você não me envia por e-mail os seus preços e, se eles forem tão baixos quanto você diz, talvez possamos conversar.

Reunião encerrada. Probabilidade de vitória zero. Você não pode argumentar com os *stakeholders* para convencê-los de que estão errados.

## Reatância psicológica

As pessoas têm a tendência previsível de se rebelar quando querem algo proibido, quando uma liberdade lhes é retirada ou quando lhes dizem que estão erradas. Esse comportamento, chamado reatância psicológica,[57] liberta o seu pirralho interior. Quando alguém lhe proíbe de alguma coisa ou lhe diz que você está errado, sua resposta é rápida e emocional: "Ah é? Você vai ver uma coisa!"

Por isso é que você não pode argumentar com outra pessoa para convencê-la de que ela está errada. Qualquer que seja a sua lógica, os dados ou os fatos comprobatórios, a outra pessoa fincará os pés e se rebelará.

A reatância psicológica pode ser explorada nos *stakeholders*, ajudando-os a ver que o seu concorrente "os está algemando" ou "os

---

[57] BREHM, J. W.; BREHM, S. S. *Psychological Reactance: A Theory of Freedom and Control.* San Diego, CA: Academic Press, 1981.

privando de opções". Ou talvez você seja capaz de demonstrar como determinado curso de ação poderia "restringir as suas opções" ou "lhes tirar a paz de espírito".

Observe o mau uso das palavras. A mensagem é importante. Quanto mais vívida for a imagem[58] que você puder pintar para os seus *stakeholders* de uma possível restrição ou perda de opções, mais intensa será a rebelião. Use histórias que ilustrem as consequências da restrição, sobretudo histórias de outros clientes "cujas algemas foram rompidas" e que "reconquistaram a liberdade e as opções".

O que você não pode ignorar, porém, é como o uso de palavras erradas é capaz de incitar os *stakeholders* contra você. Isso pode ser um problema para o pessoal de vendas que leva engenheiros de vendas e outros especialistas para visitas e demonstrações de vendas. Esses profissionais tendem a usar palavras como *dever* e *precisar*. Eles tendem a se expressar em branco e preto, em vez de se limitar a fornecer informações imparciais e objetivas e permitir que os *stakeholders* cheguem às próprias conclusões.[59]

As pessoas não gostam que lhes digam o que não podem fazer. Quando as suas palavras são interpretadas como controladoras e dogmáticas, elas podem desencadear reatância, afastando o *stakeholder* de você.

Como parte do planejamento para as reuniões, treine e prepare a sua equipe e a si mesmo para evitar palavras e frases que possam provocar reatância. Planeje e ensaie como responder a perguntas difíceis, sem acuar o *stakeholder*. Evite dizer "não" e, em seu lugar, refira-se a escolhas e opções com frases como "a escolha é com você" ou "podemos explorar as opções."

## Assuma o controle

É difícil dizer-lhe quantos profissionais de vendas já vi pular direto para a negociação do preço, durante a visita de vendas, ainda na fase de preparação da agenda, só porque a pessoa no outro lado

---

[58] QUICK, B. L.; STEPHENSON, M. T. Examining the Role of Trait Reactance and Sensation Seeking on Perceived Threat, State Reactance, and Reactance Restoration. *Human Communication Research*, v. 34, p. 448-476, 2008.
[59] BUSHMAN, B. J. Effects of Warning and Information Labels on Consumption of Full-Fat, Reduced-Fat, and No-Fat Products. *Journal of Applied Psychology*, v. 83, p. 97-101, 1998.

da mesa disse: "A única coisa que você precisa compreender é que queremos o seu melhor preço". Isso é sempre um desastre.

Os supervendedores absorvem qualquer coisa que os compradores ou os *stakeholders* lhes digam. Se for uma pergunta legítima, eles a anotam e a incluem na agenda. "Essa é uma boa pergunta, e farei questão de respondê-la durante a nossa conversa."

Os supervendedores são pacientes. Eles sabem que certas manifestações que talvez pareçam objeções preliminares geralmente caem no esquecimento e nunca mais reaparecem depois que o *prospect* começa a falar e se estabelece a conexão. Os supervendedores reconhecem que esses primeiros desafios e objeções são apenas parte do *script* do comprador e não passam, em geral, de mecanismos usados pelos *stakeholders* para se proteger do que percebem como vendedores manipuladores.

Quando os profissionais de alto desempenho recebem um desafio direto de um *prospect* que dispara neles a velha resposta luta ou fuga, eles são bastante disciplinados para gerenciar suas emoções e reações. Como os *stakeholders* respondem com a mesma moeda, os supervendedores, em vez de se tornarem defensivos e contestadores e de ficarem exasperados, exploram comportamentos não complementares para inverter o *script*. Eles respondem em tom calmo e relaxado, reconhecem a questão e assumem o controle da conversa.

**Supervendedor:** Antes de começarmos, há alguma outra coisa que você queira acrescentar?

*Stakeholder*: Na última vez em que usamos a sua empresa, tivemos uma experiência terrível com o seu serviço ao cliente. Se você não puder fazer um trabalho melhor, não há condições de comprarmos de vocês de novo!

**Supervendedor:** Puxa! Sinto muito ouvir isso. Deixa eu lhe falar. Se você estiver de acordo, por que não começamos com algumas perguntas que me permitirão saber mais sobre você e sobre suas demandas e necessidades únicas? Depois, posso mostrar-lhe algumas das muitas mudanças positivas que introduzimos desde a última vez em que trabalhamos juntos. Depois disso, podemos decidir se faz sentido para nós dois avançar para o próximo passo.

*Stakeholder:* Tudo bem.

**Supervendedor:** Estou curioso – Li que vocês fecharam um novo contrato enorme com a McKenzie. Como isso está impactando o resto do negócio?

Minha regra prática para as objeções preliminares é ignorá-las e não falar sobre elas novamente, a não ser que o *stakeholder* volte a tocar no assunto. Vendedores medíocres coletam essas objeções fantasmas como moedas, e, em momentos de insegurança, lembram os *stakeholders* dessas objeções que já tinham sido esquecidas.

## Estruture a conversa

À medida que você avança na conversa de vendas, a tentação de falar é forte e, mesmo que os *stakeholders* rejeitem os *pitches* de vendas, eles lhe permitirão e, às vezes, o encorajarão ("diga-me o que você quer") a descarregar todo o seu estoque de atributos e benefícios.

Ao estruturar a conversa, você envia um sinal direto ao seu cérebro emocional para se fechar e posiciona o seu cérebro racional (neocórtex) para assumir o controle do seu desejo de falar.

Estruturar a conversa é simples e produz alguma coisa como esta: "Se você estiver de acordo, por que não começamos com algumas perguntas que me ajudarão a saber mais sobre você e sobre sua situação específica? Então, podemos conversar um pouco sobre nosso serviço. Depois disso, podemos decidir juntos se faz sentido para nós dois avançar para o próximo passo."

Aqui a porca torce o rabo. É um ponto de inflexão crítico. Bem gerenciado, você assumirá o controle da visita, levará o *stakeholder* a falar e passará para o próximo passo. Mal gerenciado, você começará a falar demais, e a visita, bem como o relacionamento, não irão a lugar nenhum. O Modelo da Conversa de Vendas tem três passos:

❶ **O *stakeholder* fala.** Quanto mais os *stakeholders* falarem sobre si próprios, mais conectados emocionalmente eles se sentirão em relação a você, abrindo a porta para que você colete as informações necessárias para qualificar a probabilidade de vitória e construir o caso para avançar rumo ao próximo passo.

❷ **Você concilia.** Depois de ouvir e compreender a situação, os problemas, as dores, as necessidades e as oportunidades singulares do *stakeholder*, você poderá falar. No entanto, em vez de engatar um discurso genérico, você deve formatar a sua história para que ela una ou ligue os pontos entre a situação específica do *stakeholder*, de um lado, e o seu produto ou serviço, de outro – apenas o suficiente para reforçar a credibilidade e construir o argumento de avanço para o próximo passo.

❸ **Peça o próximo passo.** Pedir com confiança o próximo passo (microcompromisso) é parte do fluxo natural da conversa. "Com base em tudo o que discutimos hoje, minha recomendação é de nos reunirmos com a sua equipe de TI para fazer uma demonstração do nosso painel de controle." O seu *prospect* já foi predisposto a dar o próximo passo, de modo que sua probabilidade de receber um sim é alta.

Nada disso acontecerá, porém, se você disparar o seu *pitch* de vendas. Assim que começar a falar, você os perderá.

A chave para levar o *stakeholder* a falar é iniciar a conversa com uma pergunta abrangente e aberta que, para ele, seja fácil de responder e que ele goste de responder. Ao agir assim, você imediatamente rompe as barreiras emocionais e constrói a conexão. É aqui que se inicia o processo de desencadeamento do *loop* de autorrevelação do *stakeholder*, que analisaremos com mais detalhes no próximo capítulo.

Quando você usa esse modelo ou um conjunto semelhante de palavras em cada conversa de vendas, você treina o seu cérebro racional a desligar sua boca. Praticado o suficiente, isso se converterá em hábito arraigado.

## Contágio emocional: as pessoas respondem de forma semelhante

Uma das verdades sobre o comportamento humano é que as pessoas tendem a responder de forma semelhante. "As pessoas são muito boas em captar as emoções alheias — negativas e positivas — sem esforço consciente", escreve Shirley Wang em seu artigo "Contagious Behavior" [Comportamento Contagioso].[60]

A doutora Elaine Hatfield descobriu que o contágio emocional, uma resposta subconsciente às emoções de outras pessoas, torna muito fácil não só sentir o que a outra pessoa está sentindo, mas também transferir emoções para os *stakeholders*.[61]

O contágio emocional é, basicamente, uma resposta subconsciente automática que leva os seres humanos a espelhar ou replicar os

---

[60] WANG, Shirley. Contagious Behavior. *Association for Psychological Science*, 1 fev. 2006. Disponível em: <https://www.psychologicalscience.org/observer/contagious-behavior>. Acesso em: 5 dez. 2017.
[61] HATFIELD, Elaine; CACIOPPO, John T.; RAPSON, Richard L. *Emotional Contagion*. Nova York: Cambridge University Press, 1994.

comportamentos e as emoções das pessoas a seu redor. Saber como explorar o contágio emocional é poderosa metacompetência para influenciar o comportamento humano.

Comecemos com a empatia. Uma das descobertas surpreendentes do trabalho de Hatfield é a nossa capacidade inata de sentir o que outras pessoas estão sentindo e mudar nossos comportamentos para alinhá-los com esses sentimentos. Quando você está relaxado e confiante, por exemplo, você transfere essa emoção aos *stakeholders*. Se você quiser que os *stakeholders* fiquem entusiasmados por se encontrarem com você, demonstre entusiasmo por se encontrar com eles.

Uma postura relaxada, confiante e positiva dá o tom certo para as reuniões. Como as pessoas respondem de forma semelhante, essa conduta o ajuda a assumir o controle da conversa. É importante observar, contudo, que o contágio emocional atua nos dois sentidos.

Passei a maior parte da minha vida perto de cavalos. Os cavalos têm a capacidade inata de captar o medo. Eles testam os novos cavaleiros e tiram vantagem dos cavaleiros no momento em que sentem que a pessoa está receosa e não tem confiança. Os cavalos têm uma vantagem de 10 para 1 em relação ao ser humano médio. Se o cavalo não sentir que você assumiu o controle, ele pode derrubá-lo e provavelmente o fará.

Os *stakeholders* não são diferentes. Se eles captarem medo, fraqueza, defensividade ou falta de confiança, eles o bloquearão ou o atropelarão como um rolo compressor. Por isso, quando cavalos ou pessoas o desafiarem, quaisquer que sejam as emoções que você esteja sentindo, você deve responder com um comportamento não complementar – comportamento que rechace e rompa a agressão. Isso exige confiança.

## Confiança e entusiasmo

Confiança e entusiasmo (paixão) são as duas mensagens não verbais mais convincentes. As emoções negativas matam a confiança e o entusiasmo. Quando a simpatia está na linha, a incapacidade de regular as emoções pode levá-lo a transferir emoções negativas aos seus *stakeholders*. Quando você não tem confiança em si próprio, eles também tenderão a não ter confiança em você e, portanto, a não acreditar em você. Talvez você:

- Seja novo e se sinta inseguro em relação aos seus conhecimentos sobre o produto ou o setor.

- Esteja com o *pipeline* vazio, se veja sob pressão para fechar alguma proposta e sinta-se desesperado.
- Esteja se reunindo com um diretor e esteja intimidado.
- Tenha tido uma reunião de vendas que terminou em desastre e receia que esta tenha o mesmo fim.

Por isso, você deve desenvolver e praticar técnicas para cultivar e demonstrar confiança e entusiasmo deliberado, mesmo quando os seus sentimentos são o oposto. Para tanto, é preciso, primeiro, gerenciar sua comunicação não verbal para controlar o que os *stakeholders* veem ou ouvem ao lidar com você, inclusive:

- Tom de voz, inflexão, ritmo e velocidade.
- Linguagem corporal e expressões faciais.
- Sintaxe, gramática, pontuação e as palavras usadas na comunicação escrita – e-mail e mensagens de texto – e nas redes sociais.
- A maneira como você se veste e sua aparência externa.

Superar as emoções que destroem a confiança e o entusiasmo é um dos desafios mais formidáveis para o pessoal de vendas. Vendi durante toda a vida e tenho sido incrivelmente bem-sucedido nessa atividade, mas ainda hoje me sinto intimidado quando me reúno com altos executivos; inseguro, depois de enfrentar uma perda ou fracasso; ou sem entusiasmo, quando estou cansado e indisposto.

Sempre me lembro de que minhas emoções influenciam as emoções dos meus *stakeholders*. Sempre repito a frase de Eleanor Roosevelt: "Ninguém o faz sentir-se inferior sem o seu consentimento". Esforço-me, então, deliberadamente, para exibir ao mundo exterior uma aparência relaxada, equilibrada, confiante e entusiástica.

Isso nos traz de volta à autoconsciência, como atributo da inteligência emocional. Mesmo em situações emocionalmente exaustivas, você deve manter-se consciente de suas emoções e de como essas emoções podem afetar os interlocutores.

Como já aprendemos, a autoconsciência e o autocontrole são como os músculos. Quanto mais você os exercita, mais fortes eles se tornam.

Capítulo 22 | **VOCÊ ESTÁ ME ESCUTANDO?**

> *Tão logo você começa a falar, seus ouvidos desligam, assim como os do seu comprador.*
> Jeb Blount

**Lembre-se de uma ocasião** em que você estava tentando explicar alguma coisa a outra pessoa. Recorde-se do momento, bem no meio da sua história, em que o interlocutor levantou uma das mãos e disse: "Para! Será que você poderia ir direto ao ponto?" Pense em como você se sentiu na hora – magoado, depreciado, zangado, furioso? Com o sentimento de que a outra pessoa não o compreende?

E na vez em que você estava tentando conversar com amigos e familiares e eles não tiravam o olho dos celulares, lendo mensagens de texto ou checando alertas de redes sociais. Lembra de como seu ímpeto era arrancar os aparelhos das mãos deles e jogá-los no chão com força, para quebrá-los?

Você já se sentiu ansioso por dizer ao seu parceiro como foi o seu dia? Você começou a falar, mas a pessoa não estava prestando atenção, porque estava vendo TV, jogando videogame, ou digitando alguma coisa no computador?

"Você nem está me ouvindo!", queixou-se você, desgostoso. "Nem sei por que ainda me incomodo com isso?!" Ao ouvir alguma interjeição de enfado ou indiferença da outra pessoa, que mal desviou a atenção da tela, você sentiu, naquele momento, que os laços emocionais entre vocês eram mais fortes ou mais fracos?

Você sabe qual é a verdade, e eu também. Quando as pessoas não o ouvem, você se sente pequeno, desvalorizado, insignificante.

Isso prejudica o relacionamento e enfraquece as ligações afetivas. A incapacidade de ouvir é o caminho certo para acabar com o relacionamento.

## Por que as pessoas não escutam?

Nada reforça com mais intensidade e de maneira mais duradoura as conexões emocionais do que ouvir. Você sabe disso porque todos os livros sobre vendas, de uma forma ou de outra, advertem que ouvir é a chave do sucesso real. Você sabe disso porque o módulo sobre a importância de ouvir é tema certo em todos os treinamentos de vendas.

Você sabe disso porque é humano. Você sabe disso porque as pessoas não o ouvem, e isso machuca.

Se há nesse caso alguma boa notícia, é que você não está sozinho. Ocorre que sentir-se assim é da condição humana. Parece que ninguém ouve ninguém. Todo mundo está frustrado. Todos queremos ser ouvidos. Todos gritamos: "Será que alguém está me ouvindo?!"

A principal queixa dos *stakeholders* sobre os vendedores é que os vendedores não ouvem. E os *stakeholders* estão certos. O pessoal de vendas não ouve. É endêmico.

Apesar de tudo que nos ensinam e de tudo que sabemos, ouvir ainda é o elo mais fraco da interação humana. A razão de não ouvirmos é que ouvir exige empatia, foco cognitivo e esforço consciente para gerenciar nossas emoções egocêntricas. É um desafio:

- Dessintonizar o ruído dispersivo do mundo a seu redor.
- Ser paciente e esperar sua vez de falar.
- Evitar baixar os olhos para a tela do smartphone.
- Desligar seus pensamentos e prestar atenção no interlocutor.
- Manter-se interessado, mesmo quando você acha a outra pessoa chata.
- Morder a língua ao sentir a compulsão de interromper, para contar sua história e mostrar o quanto você sabe.

O fato é que você passa 95% do tempo pensando em si mesmo e falando de si próprio – inclusive do seu produto e serviço. Nos outros 5% do tempo, você está lidando com coisas ou pessoas, inclusive o *stakeholder* tagarela que o está impedindo de pensar em si próprio.

Seja por monotonia, seja pela incapacidade de eliminar as distrações, é muito mais fácil voltar a atenção para as próprias necessidades e desejos egocêntricos.

Contar a sua história faz com que você se sinta importante. Ouvir a história alheia não produz esse efeito. A necessidade emocional de significado é a principal razão de o pessoal de vendas falar e não ouvir.

## Quatro princípios das conversas de vendas eficazes

Anne Morrow Lindbergh escreveu que "a boa comunicação é tão estimulante quanto café, e igualmente difícil de dormir depois". As boas conversas de vendas devem ser envolventes, intelectualmente instigantes e memoráveis.

Quatro são os princípios das conversas de vendas eficazes e envolventes. Esse modelo de quatro partes cria condições para que você controle a conversa e avance para o resultado almejado, ao mesmo tempo em que constrói conexões emocionais mais profundas com os *stakeholders*.

❶ As pessoas respondem de forma semelhante.
❷ As pessoas se comunicam por meio de histórias.
❸ As perguntas controlam o fluxo da conversa.
❹ Ouvir constrói conexões emocionais profundas.

### As pessoas respondem de forma semelhante

Olhe ao seu redor. Você percebeu como poucas pessoas estão sorrindo? Agora tente este experimento. Quando olharem para você, sorria para elas. Descobri que, nove em dez vezes, elas sorriem de volta. Por um momento, você teve uma conexão instantânea.

Como você aprendeu, quando você está relaxado, confiante e paciente, você transfere essas emoções aos *stakeholders*, eles respondem da mesma forma, e você assume o controle da conversa.

### As pessoas se comunicam por meio de histórias

Nas conversas, as pessoas não cospem fatos destacados com *bullet points* do Word. Em vez disso, usam histórias. Você conta histórias, eu conto histórias e os seus *stakeholders* contam histórias. É humano. É como nos comunicamos. Contamos histórias para sermos compreendidos. Queremos ser compreendidos. Ansiamos por sermos compreendidos. E, quando estamos no palco contando a nossa história, nós nos sentimos importantes.

Quando você ouve com atenção, você encoraja o *stakeholder* a prolongar-se e a contar mais histórias. As pistas que levam aos seus problemas e emoções reais estão enterradas nessas histórias.

Pense, porém, em seu estado emocional, quando outra pessoa está contando a história dela. A sua mente divaga. Você sente a urgência de interromper e de entrar com os seus adendos. Você não se sente importante.

Os *stakeholders* se comunicam por meio de histórias para serem compreendidos, mas a verdade é que você prefere que eles se comuniquem por meio de listas com itens. Você quer que eles acelerem e vão direto ao ponto, para que você possa voltar a contar sua própria história.

Resista a essa emoção negativa. O *stakeholder* quer falar, às vezes com você. Não interfira. Dentro da história do *stakeholder*, encontra-se a informação de que você precisa para construir o caso de como você, e somente você, pode resolver o problema exclusivo do *stakeholder*.

## As perguntas controlam o fluxo da conversa

A maioria dos vendedores acredita que, para controlar a conversa, eles devem falar o tempo todo. Garanto-lhes que é exatamente o contrário. A pessoa que faz as perguntas é que exerce o controle.

Ao fazer perguntas, você controla os rumos da conversa e se movimenta na direção que mais lhe convier. Isso o ajuda a manter a conversa na trilha certa, focada no seu objetivo da visita, ao mesmo tempo em que induz o *stakeholder* a se sentir ouvido e importante.

Lembre-se: os *stakeholders* se comunicam por meio de histórias, mas eles não se importam com que histórias estão contando, desde que estejam contando as histórias deles.

## Ouvir constrói conexões emocionais profundas

Quanto mais você ouve, mais os *stakeholders* se sentem ligados a você. À medida que essa conexão se aprofunda, a confiança deles em você cresce e as muralhas emocionais desabam. Quando as muralhas caem, você estará bem abaixo da superfície e terá acesso aos problemas reais do *stakeholder*.

É nesse ponto que os supervendedores extraem sua vantagem competitiva e começam a distinguir-se dos medíocres por larga margem. Os *stakeholders* nunca se queixam do pessoal de vendas que ouve.

## A bela arte de escutar

A disciplina de controlar suas emoções e de ouvir com atenção envolve a crença de que, ao ouvir, você assume o controle e de que, quando ouve, você se conecta com os interlocutores e os conquista. O segredo para influenciar não está no que você diz; está no que você ouve.

Não há absolutamente nada mais importante no processo de vendas do que ouvir. Nada! Ouvir é a chave para conectar-se, para fazer os *stakeholders* se sentirem importantes, para descobrir, para unir e conciliar, para dar os próximos passos e para fechar o negócio. O alto desempenho depende disso, e grande parte dos vendedores medíocres é péssima nisso.

Você desenvolveu o hábito de ser autocentrado durante toda a vida, e este é o hábito mais difícil de ser superado. Dar uma reviravolta completa, interessar-se genuinamente por outras pessoas, dedicar-lhes sua atenção integral, e ouvi-las — aprendendo a realmente escutar — exige uma mudança de mentalidade profunda e completa.

**Comece com empatia.** Pense em como você se sente quando as pessoas não o estão ouvindo, e lembre-se dessa dor. Ponha-se no lugar do *stakeholder* e pense em como ele se sente quando você domina a conversa ou deixa transparecer que não está ouvindo.

**Foque no que você *realmente* quer.** Negócios fechados, aumento da renda, respeito, relacionamentos mais profundos, alto desempenho, melhores informações, um próximo passo, um advogado ou um coach, um amigo — foque no que você *realmente* quer e explore esse desejo como motivação para regular suas emoções. Acredite com convicção que, ao ouvir, você constrói conexões emocionais mais fortes que levam aos resultados almejados.

**Pratique o controle da atenção.** Concentrar-se completamente na pessoa à sua frente e por ela se interessar genuinamente é um comportamento intencional. Faça uma escolha deliberada de eliminar todas as distrações, inclusive seus pensamentos autocentrados e a tendência de interromper o interlocutor, e dedique ao *stakeholder* a mais absoluta atenção.

**Atue de forma premeditada.** Antes de cada reunião, predisponha-se mentalmente a ouvir. Durante a reunião, diga a si próprio para calar-se e ouvir – como escolha consciente e intencional. Conscientize-se da sua compulsão de expor suas ideias ao sentir o impulso de contestar ou convencer, e contenha-se. Depois de cada conversa, avalie até que ponto você prestou atenção, reconheceu suas deficiências e se ajustou.

## Escuta ativa

A escuta ativa é, basicamente, um conjunto de comportamentos que oferece prova inequívoca de que você está ouvindo. Esses comportamentos incluem contato visual, *feedback* verbal e corporal, resumo e repetição do que ouviu e uso oportuno de momentos de pausa ou silêncio para falar.

A escuta ativa recompensa o *stakeholder* por falar e o mantém falando. Isso é importante porque, quanto mais ele fala, mais revela da própria situação.

Resumir, reafirmar e acompanhar com perguntas relevantes baseadas na conversa comprovam que você está prestando atenção. Sacudir a cabeça, sorrir com aprovação e inclinar-se para a frente ao considerar uma afirmação especialmente interessante demonstram que você está engajado. Frases de apoio como "Sim, entendo", "Isso faz sentido" e "Interessante!" encorajam o *stakeholder* a se abrir e a revelar mais.

Uma maneira certa de matar a conversa é interromper com uma pergunta ou afirmação, ou, pior ainda, falar mais alto que o *stakeholder*, enquanto ele ainda está falando. Essa atitude deixa claro que você não está ouvindo com a intenção de compreender, e sim de formular a sua próxima intervenção.

Ao sentir que o interlocutor parou de falar, espere e conte até três. Essa pausa lhe dá tempo para digerir completamente o que ouviu, antes de responder. Mais importante, deixa espaço para que a outra pessoa acabe de falar, se for o caso, e evita que você a interrompa, se ela ainda não concluiu a sua história. Você descobrirá que, com muita frequência, esse momento de silêncio leva o *stakeholder* a refletir e a revelar informações importantes que estava ocultando.

A escuta ativa exige que você esteja presente na conversa. Desligue o som dos dispositivos móveis, para que os indefectíveis toques de notificações dispersem sua atenção e exasperem o interlocutor.

Do contrário, ao cometer o erro impulsivo de olhar para o dispositivo, você não só perderá a concentração, mas também ofenderá a outra pessoa. A situação é ainda mais grave no caso de chamadas de vídeo, uma vez que o *stakeholder* não tem ideia do seu contexto e logo presumirá o pior – que você não está interessado na conversa.

Em conversas presenciais, mantenha o contato visual. Ao telefone, evite olhar para telas e papéis, de modo a evitar a prática nociva de dedicar-se a várias tarefas simultâneas. Controlar os olhares garante a presença física, mesmo quando você está ao telefone. Para onde vão os olhares, também vai a atenção.

## Escute em profundidade

As pessoas se comunicam com muito mais do que palavras. Para realmente ouvir outra pessoa, você deve escutar com todos os sentidos – olhos, ouvidos e intuição. Atentar e abrir-se para as suas percepções e conscientizar-se de toda a mensagem oferece-lhe a oportunidade de analisar as nuances emocionais da conversa.

Enquanto escuta, observe a linguagem corporal e as expressões faciais do interlocutor. Não é preciso ser *expert* em linguagem corporal para interpretar as pistas óbvias. Basta ser observador e sintonizar-se com as nuances emocionais.

Preste atenção ao tom, ao timbre e ao ritmo da voz do interlocutor. Foque nas conotações e nos significados por trás das palavras que ele está usando. Esteja alerta para as dicas emocionais, verbais e não verbais. Como as pessoas tendem a comunicar-se por meio de histórias, ouça profundamente para captar sentimentos e emoções ocultas.

Quando o *stakeholder* expressa emoções através de expressões faciais, linguagem corporal, tom de voz ou palavras, você tem *insights* do que é *importante para ele*. À medida que percebe indícios emocionais, faça perguntas para testar a sua intuição, como "Isso parece muito importante. Como você está lidando com isso?"

Essa observação abre a porta para perguntas de acompanhamento relevantes que encorajam o *stakeholder* a estender-se sobre as questões que são mais relevantes para ele – chave para disparar o *loop* de autorrevelação e para sondar além da superfície emocional.

## Ativando o *loop* de autodescoberta

Os pesquisadores de Harvard Jason Mitchell e Diana Tamir descobriram que a autorrevelação dispara nos humanos um impulso neuroquímico de euforia.[62]

Nesse estudo fascinante, publicado em *Proceedings of the National Academy of Sciences*,[63] os sujeitos tinham a oportunidade de falar ou gabar-se de si próprios, enquanto sua atividade cerebral era observada em scanners 3-D de ressonância magnética.

Enquanto os sujeitos falavam de si mesmos, até quando se tratava de informações corriqueiras, a área do cérebro associada a sensações e recompensas prazerosas, como comidas saborosas, sexo e cocaína, mantinha-se ativa. Sempre que o sujeito se autorrevelava, essa área do cérebro ficava iluminada como uma árvore de Natal.

Os sujeitos, na verdade, estavam recebendo um jato de dopamina (o *crack* do cérebro) ao se referirem a algo sobre si próprios. E, assim, formava-se o *loop*. Cada revelação de informações pessoais, cada bravata, cada proeza era recompensada com outro jato de dopamina, prolongando, em consequência, a autorrevelação. É assim que as interações podem rapidamente escalar de conversa fiada para informação demais (ID).

Você observa esse *loop* de autorrevelação disparado pela dopamina em festas ou em reuniões familiares, ou até mesmo ao conversar com um estranho num bar. O interlocutor lhe diz alguma coisa sobre si próprio e você ouve. Em seguida, fala um pouco mais, e um pouco mais, até que de repente entra na zona de ID, e você fica pensando por que cargas d'água a pessoa lhe disse algo tão pessoal ou revelador.

Para a outra pessoa, a autorrevelação provoca uma sensação ótima. Muito embora o interlocutor soubesse, no nível consciente, que não deveria ter dito o que disse, ele não conseguiu evitar. Foi o *crack* do cérebro falando.

Para os profissionais de vendas, compreender e explorar esse *loop* de recompensa pode ser excelente oportunidade para descobertas.

---

[62] LUSCOMBE, Belinda. Why We Talk about Ourselves: The Brain Likes It. *Time*, 8 maio 2012. Disponível em: <http://healthland.time.com/2012/05/08/why-we-overshare-the-brain-likes-it>. Acesso em: 5 dez. 2017.

[63] TAMIR, Diana I.; MITCHELL, Jason P. Disclosing Information about the Self Is Intrinsically Rewarding. *Proceedings of the National Academy of Sciences*, v. 109, n. 21, p. 8038-8043, 2012. Disponível em: <www.pnas.org/content/109/21/8038.full>. Acesso em: 5 dez. 2017.

Sua não interferência e escuta ativa, estimulando o *stakeholder* a falar, dispara o processo de autorrevelação, inverte o *script* do comprador, e o leva a falar demais.

Chris Keiley recentemente fechou um grande negócio, depois que uma *stakeholder* golpeou-o com uma objeção dura aos seus altos preços.

"Não reagi à contestação dela e, em vez disso, perguntei-lhe sobre o seu atual fornecedor. Ela se estendeu durante meia hora acerca dos problemas que estava enfrentando com eles e da má qualidade dos seus serviços. No passado, eu teria reagido na hora e tentado contestar a objeção, mas, depois de aprender sobre o *crack* do cérebro, simplesmente a deixei falar. Quando ela acabou de expor todas as razões pelas quais preferia trabalhar comigo, ela perguntou por que deveria pagar mais à minha empresa. Apenas respondi que não tratávamos nossos clientes daquela maneira. Ela assinou o contrato sem outros questionamentos."

Esse sistema simples de recompensa neuroquímica permite que você deixe para trás o velho interrogatório. Em vez de dezenas de perguntas e respostas, você faz apenas poucas perguntas iniciais catalisadoras, dispara o jato de dopamina e consegue enorme quantidade de informações espontâneas e reveladoras. Kurt Long, CEO da FairWarning, diz que o seu objetivo é "ver como extrair o máximo de informações com o mínimo de perguntas".

*Para ativar o* loop *de autorrevelação*:

❶ Comece com uma pergunta aberta fácil, cuja resposta tenda a ser prazerosa para o *stakeholder*.
❷ Recompense o *stakeholder* com escuta ativa e interesse sincero.
❸ Evite interromper, apressar ou falar mais alto do que o *stakeholder*.
❹ Faça pausas breves antes de falar. Permita que o *stakeholder* preencha o silêncio. (Se você começar a falar, você interromperá o *loop*.)
❺ Quando o *loop* for ativado e o *stakeholder* iniciar a autorrevelação, concentre suas perguntas de acompanhamento nas revelações do *stakeholder* (escuta profunda) para exercer controle total sobre a conversa, ir além do *script* do comprador e descobrir as verdadeiras dores, necessidades, questões e problemas do *stakeholder*.

Ativar o *loop* de autorrevelação baseia-se na metodologia do processo de descoberta duplo, que analisaremos no próximo capítulo. Suas perguntas devem ser oportunas, espontâneas, relevantes, pertinentes e emocionais.

Capítulo 23 | **DESCOBERTA: VENDAS É UMA LINGUAGEM DE PERGUNTAS**

> *O maior obstáculo ao aprendizado não é a ignorância – é a ilusão do conhecimento.*
> Daniel J. Boorstin

**Morto ao chegar.** Dirigi quatro horas para a reunião de vendas e fui alvejado nos primeiros 15 minutos. "Estamos satisfeitos com nosso atual fornecedor, mas se você quiser nos dar os seus melhores preços, levaremos em consideração." Chuck, a pessoa responsável pela decisão, deu um final rápido à nossa conversa.

Era uma conta enorme – tão grande que fechar o negócio garantiria a minha passagem para a viagem a Maui, pelo prêmio de vendas anual President's Club. No meu território, você só tem duas ou três chances por ano de negócios dessa magnitude, porque elas realmente são muito raras. Por isso é que um dos meus concorrentes também estava correndo atrás do negócio com Chuck.

O maior obstáculo para fechar o negócio, porém, não eram os tubarões que circulavam pelos arredores; era o fornecedor atual, uma empresa local que servia ao cliente havia mais de 20 anos. De modo algum eles permitiriam que alguém lhes roubasse aquele diamante altamente lucrativo, e até então tinham sido bem-sucedidos em rechaçar os concorrentes e em renovar o contrato ao fim de cada período contratual.

Em meu setor de atividade, os clientes assinavam contratos exclusivos, com prazo de vigência de cinco anos. Perder um negócio significava ficar de fora durante cinco anos. Em outras palavras, eu teria de acertar no primeiro tiro; não haveria segunda chance. O relógio estava andando.

Chuck era o vice-presidente de RH de uma enorme panificação, que ficava na base dos Apalaches, no oeste da Carolina do Norte. Embora ele fosse obrigado a fornecer uniformes ao pessoal por motivos de saúde e segurança, para ele os uniformes eram pouco mais que uma *commodity*, no mesmo nível mundano de outros suprimentos, como papel higiênico.

Ele era bem versado em como funcionavam os contratos de aluguel de uniformes e sabia de cor e salteado seu *script* de comprador. Ele logo me deu todos os fatos:

- Este número mostra quantas pessoas uniformizadas nós temos.
- Estas são as nossas especificações de vestuário por departamento.
- Isto é o que compramos diretamente.
- Isto é o que alugamos.
- Aqui estão os números de capachos e toalhas.
- Não estamos tendo problemas; nosso atual fornecedor trabalha bem e é sensível às nossas necessidades.
- Estou ansioso para ver a sua proposta. Estou feliz por você considerá-la. Assegure-se de nos dar os seus melhores preços.

Fim da descoberta. Morto ao chegar. Mais quatro horas na estrada, de volta para casa, para depois lamber as feridas. Probabilidade de vitória = zero.

Agradeci-lhe pela informação e pelo tempo, e prometi "preparar alguma coisa". Usei, então, uma tática que tinha funcionado em outras situações como essa.

Eu disse: "Chuck, sabe, eu sempre quis ver como funciona uma panificação. Como dirigi quatro horas até aqui, fico pensando – será que você me levaria para um tour pelas instalações?"

Ele não hesitou, e disse: "Claro que sim, vamos".

## O tour

Assim que saímos do escritório, toda a postura de Chuck mudou – uma mudança emocional que geralmente ocorre quando a barreira da mesa e o centro de poder do escritório são eliminados e você começa a caminhar lado a lado com o *stakeholder*.

No nível subconsciente, o cérebro do *stakeholder* o transfere da situação de adversário (cuidado) para a de estudante (segurança). Ao mesmo tempo, o *stakeholder* começa a sentir-se emocionalmente significativo, por ter a oportunidade de contar sua história, de gabar-se e exibir-se – desencadeando o *loop* de autorrevelação.

Sentar-se diante da mesa de um *prospect* é unidimensional, ao passo que caminhar pelas instalações é tridimensional. Você vê as situações, tem intuições e *insights*, e discute temas e aspectos que nunca imaginaria numa conversa no escritório, com o interlocutor no outro lado da mesa. Essa tática é inacessível para representantes de vendas internos, mas, para vendedores de campo, o *tour* pelas instalações, quando faz sentido, é ferramenta poderosa para construir conexões emocionais e para completar a descoberta de 360 graus.

Chuck começou nosso tour na plataforma de embarque. Ele mostrou como os pães ainda quentes eram carregados nos caminhões, expressando orgulho pela nova frota "verde". Andamos, então, para o outro lado da plataforma, onde os ingredientes eram descarregados. Ele explicou que a fábrica nunca fechava e que eles recebiam milhares de quilos de farinha, 24 horas por dia.

De lá fomos para a sala de misturas, onde a massa era preparada. Passamos, então, para os fornos, onde os pães eram cozidos e depois eram transferidos para uma esteira rolante, que os levava até a sala de embalagem. As máquinas de embalagem foram a minha parte favorita do tour – as pessoas que inventam essas coisas são gênios.

Finalmente, caminhamos até a sala de controle de qualidade. Lá os pães eram inspecionados por um grupo de homens e mulheres com aparência séria, que examinavam visualmente todos os pães, antes de passarem por um arco de aparência estranha no percurso para a expedição.

"Chuck, para que serve isso?", apontei para o arco e para a fileira de lâmpadas vermelhas nele embutidas.

"Esse é o detector de metais." A voz de Chuck assumiu um tom sombrio. "Todos os pães passam por esse detector de metais. Você pode imaginar como seria ruim para nós se alguém comprasse o nosso pão na mercearia local, fizesse um sanduíche, e então quebrasse um dente ao morder um pedaço de metal que, inadvertidamente, tivesse caído na massa? A loja seria processada, nós seríamos acionados e a publicidade seria muito ruim para nós."

Acenei, sério. "Seria péssimo."

No final do tour, caminhamos de volta para a sala de Chuck. No meio do caminho, perguntei-lhe se poderíamos voltar à sala de misturas, porque havia algo mais que eu queria ver. "Certo", respondeu Chuck. E voltamos.

Antes, ele me apresentou a Betty, uma senhora que tinha trabalhado na panificação durante 40 anos. Quando chegamos à sala de misturas, dirigi-me a ela. "Oi, Betty, tem um minuto?" Betty sorriu e veio até nós.

"Betty, sei que é uma pergunta estranha, mas estou curioso. De que são feitos esses botões na sua blusa?"

Betty olhou para baixo, examinou os botões, pensou por um momento, e respondeu: "Bem, se não estou enganada, são botões de plástico".

Eu não disse nada, dando tempo para que caísse a ficha da resposta de Betty. Finalmente, pela fisionomia, percebi que Chuck tinha entendido o problema. *Botões de plástico não são captados por detectores de metal.*

O Departamento de Agricultura dos Estados Unidos exige detectores de metal em fábricas de produtos alimentícios.[64] Além dos detectores de metal, as normas também exigem que os uniformes usados nessas instalações contenham presilhas de metal, em vez de botões de plástico, cobertas por uma bainha, para maior segurança.

O pessoal na fábrica de Chuck estava usando uniformes errados, fora das especificações, o que expunha a empresa a risco. O atual fornecedor – que, na opinião dele, vinha fazendo um bom trabalho, estava cometendo um erro grave. Como, porém, eu tinha feito a pergunta certa, à pessoa certa, não precisei dizer mais nada. Ele se tornou ciente da situação em seus próprios termos, um meio muito mais eficaz para questionar o *status quo*, ou situação vigente, do que qualquer tipo de argumentação.

Em vendas, a pergunta que você faz é muito mais poderosa do que qualquer coisa que você diga.

## Alfa e ômega

Teste de múltipla escolha. Se eu fosse escrever e publicar um artigo, que tema você acha que atrairia mais visualizações – a ou b?

---

[64] www.fsis.usda.gov/OPPDE/rdad/FRPubs/02-033N/ForeignMaterialDetection&Control.pdf

**a.** Descoberta e fazer perguntas.
**b.** Fechamento e contestação de objeções.

Se você escolheu o artigo sobre fechamento e objeções, você acertou. Repetimos esse experimento várias vezes para avaliar o que o público de vendas gosta de ler. Fechar o negócio e contestar objeções são assuntos atraentes. O pessoal de vendas boceja ao ler artigos sobre fazer as perguntas certas no momento certo.

No entanto, os vendedores estão completamente errados. A mágica em vendas não ocorre no fechamento. Ocorre na descoberta.

É hora de mudança de mentalidade. A descoberta é o coração e a alma das vendas. A razão de tantas pessoas lutarem com o fechamento e as objeções é pular ou atalhar a descoberta.

Os supervendedores fecham muitos negócios durante a descoberta. Não por causa da decisão consciente de comprar naquele momento, mas sim porque uma pergunta oportuna e pertinente levanta dúvidas sobre o atual fornecedor, processo ou crença, ou leva o *stakeholder* a considerar o risco de não agir.

Os vendedores medíocres tendem a acreditar que desafiar o *status quo* é *dizer* aos *stakeholders* que eles estão fazendo as coisas erradas, ensinando-lhes o que devem fazer ou empurrando-lhes ideias goela abaixo. Em grande parte, é como uma pregação arrogante.

Os supervendedores exploram uma linguagem de perguntas para descobrir necessidades, problemas, dores e oportunidades; para promover a autoconscientização e para desafiar o *status quo*. Como os *stakeholders* agem por suas próprias razões, qualquer coisa que você lhes diga sobre seus negócios ou problemas é dez vezes mais convincente quando formulada na forma de pergunta, levando-os à conscientização.

Em vendas, as perguntas são o começo e o fim. Alfa e ômega. Se vendas fosse uma linguagem, seria uma linguagem de perguntas – perguntas estratégicas, engenhosas e fluentes, feitas no contexto de uma conversa.

## Joe, o interrogador

Se você já teve a oportunidade de ver um *iceberg* de perto, sabe que eles são enormes. O que é difícil de compreender, no entanto, é que a parte aparente do *iceberg*, acima da superfície da água, é apenas uma pequena fração da massa total, quase toda oculta, abaixo da superfície da água.

É essa massa oculta que representa o maior perigo. Para as embarcações que navegam em mares com *icebergs*, a incapacidade de discernir o perigo imposto pela massa oculta dos *icebergs* leva a consequências desastrosas e fatais.

Para o pessoal de vendas, os *stakeholders* são muito como *icebergs*, revelando apenas informações superficiais e ocultando seus verdadeiros problemas e emoções. Sem mergulhar em águas mais profundas, você não tem como saber se está lidando com as suas questões mais importantes e emocionais.

Veja o caso de Joe, um executivo de conta, que entra na sala de um novo *prospect*, apresenta-se e começa a falar sobre a empresa e os produtos que ele está representando. Depois da ladainha inicial (ensinada no treinamento de vendas da empresa), ele passa a interrogar Linda, a compradora:

> Você está satisfeita com o atual fornecedor?
> Quais são as especificações do produto de que você precisa?
> Você tem dificuldades com a entrega?
> O que você faz quando uma entrega é de má qualidade?
> Com que frequência você faz os pedidos?
> Quanto você encomenda de cada vez?
> Quanto você paga por unidade?
> É você quem decide sobre esse produto?

Afrontada pelo interrogatório massacrante de Joe, Linda ergue suas barreiras emocionais e segue o *script* de compradora, respondendo apenas com fatos.

> Sim, eles trabalham bem, mas estamos sempre abertos a novas propostas.
> Aqui está uma folha de especificações do que estamos usando agora.
> Na verdade, não; como eu disse, eles trabalham bem.
> Não temos esses problemas, mas, se tivéssemos, pediríamos a eles que substituíssem as unidades defeituosas.
> Mensalmente.
> De 25.000 a 75.000 unidades, dependendo da demanda.
> Não revelamos essa informação. Mas gostaríamos de receber uma proposta competitiva.
> Sim. Eu tomo a decisão final.

Depois de uma pausa desconcertante, Joe engata um *pitch* de vendas sobre a "qualidade mais alta" do seu produto. Impaciente, Linda o apressa. Ela olha para o relógio. "Joe, tenho outra reunião daqui a pouco. Por que você não me manda um e-mail com os preços e as especificações, e voltamos a conversar daqui a umas duas semanas?"

Joe corre de volta para sua empresa e procura o gerente de vendas. "Consegui uma ótima oportunidade na XTech Industries. Conversei com a compradora que toma as decisões e ela está superinteressada! Mas precisamos ser agressivos em nossos preços para fecharmos o negócio."

Joe convence o gerente de vendas a aprovar os menores preços possíveis, realmente no fundo do poço, e dispara as cotações para Linda naquela mesma tarde. E inclui o negócio em suas previsões.

Três dias depois, Joe, já contando com o negócio, telefona para Linda. Atende a caixa postal. Então, ele envia um e-mail. Passam-se os dias e, depois, semanas. Ele telefona várias vezes, mas não consegue falar com Linda. Ele promete ao gerente de vendas, já ansioso, que o negócio será fechado em breve e que a previsão será cumprida.

Finalmente, ele consegue falar com Linda pelo telefone. Depois de uma rápida troca de gentilezas, Linda explica que preferiu ficar com um dos concorrentes de Joe. Perplexo e aturdido, ele consegue gaguejar um quase inaudível "Por quê?".

Linda explica que o outro fornecedor apresentou uma solução melhor para o seu problema mais premente – algo de que Joe não tinha a menor ideia. "Você não me disse nada sobre isso. Eu gostaria de ter sido informado dessa situação. Nós temos a melhor solução do mercado para esse problema. Será que você não pode reconsiderar a decisão? Posso estar de volta aí em uma hora!"

Tarde demais. A decisão já tinha sido tomada. Por que será que Joe não soube do problema?

Imagine a seguinte cena em um filme. O vilão está amarrado a uma cadeira, no meio de uma sala vazia. Uma luz muito intensa está apontada em direção aos seus olhos, ofuscando-o, enquanto o interrogador o bombardeia com perguntas fechadas, direcionadas e acusatórias. O interrogador pretende fazer com que o vilão se sinta tão atormentado quanto possível e acabe por desequilibrá-lo, quebrando-o, para que num momento de fraqueza ele revele seus segredos mais profundos.

Muitos vendedores, como Joe, sem saber, deixam os *stakeholders* em situação semelhante, extremamente incômoda. Descarregam uma avalanche de perguntas fechadas, em geral direcionadas, que frequentemente parecem impositivas, com propósitos específicos, e manipulativas. Como reação, os *stakeholders* mudam de rumo, entram em desvios, tornam-se lacônicos ou dúbios, e erguem barreiras emocionais.

Os *stakeholders* que já enfrentaram esses interrogatórios antes estão preparados com respostas evasivas e um *script* decorado. Mantidos a distância, interrogadores como Joe apenas arranham a superfície, aprendendo muito pouco sobre os verdadeiros problemas dos *stakeholders* e, no processo, estraçalhando conexões emocionais.

Ao contrário, perguntas abertas, que predispõem o interlocutor a se estender nas respostas, dando informações correlatas e até revelando detalhes, feitas num contexto de conversa fluente, mantêm os *stakeholders* engajados. Vendas é uma conversa, não um interrogatório. Quando você parte para a descoberta com uma conversa fluente, você desarma os *stakeholders*, puxa-os para você e abaixa as barreiras emocionais.

É aqui que o processo duplo, combinado com perguntas estratégicas e engenhosas, é especialmente poderoso. Não é da natureza dos *stakeholders* permitir que os vendedores sondem abaixo da superfície. Você não pode forçar a barra. Você precisa colocar-se na posição deles por meio da empatia, e construir suas perguntas de maneira orgânica, com base no fluxo da conversa, tendo sempre em mente o objetivo da visita e o próximo passo almejado.

## Faça primeiro perguntas fáceis

Imagine que você veja um estranho a distância, caminhando em sua direção, um homem que você nunca viu antes. Ele vem direto ao seu encontro. No momento em que ele para à sua frente, você assume atitude defensiva. Então, sem hesitação, ele começa a assediá-lo com perguntas pessoais:

- Onde você mora?
- Qual é o nome da sua mãe?
- Quantos filhos você tem?
- Como se chamam?
- Em que escola estudam?
- Qual é a cor do seu carro?
- Onde ele está estacionado?

Como você se sente diante desse interrogatório? O que você dirá? Você lhe dará as respostas que ele está pedindo? Você mentirá? Quanto tempo você ficará parado diante dele, até gritar para que ele saia da sua frente ou até começar a correr?

É assim que um *stakeholder* se sente ao se defrontar com um interrogador que começa a bombardeá-lo com perguntas difíceis. Ele sabe que a motivação do pessoal de vendas é, primeiro e acima de tudo, vender alguma coisa. Ele acha que o objetivo do vendedor ao fazer perguntas é descobrir uma fraqueza a ser explorada. Ele não quer ser, nem se sentir manipulado.

É da natureza humana erguer uma barreira emocional quando estranhos começam a fazer perguntas difíceis e invasivas. Em seu papel como profissional de vendas você é a pessoa estranha. Quando você faz perguntas que deixam os *stakeholders* em situação desconfortável antes de estabelecer uma conexão emocional de confiança recíproca, eles erguem a barreira emocional e se fecham.

A chave para romper a barreira emocional dos *stakeholders* e ativar o *loop* de autorrevelação é começar a conversa de vendas com perguntas que eles respondam com facilidade e que gostem de responder.

Perguntas difíceis exigem respostas complexas e levam os *stakeholders* a se sentirem desconfortáveis ou vulneráveis à manipulação. As perguntas fáceis não são muito pessoais, nem muito investigatórias, e, acima de tudo, deixam os *stakeholders* à vontade e propensos a contar suas histórias.

Evite desperdiçar o tempo do *stakeholder* com lugares comuns, como perguntas típicas a respeito de objetos sobre a mesa, ou acerca do tempo, ou qualquer outro papo furado. Isso o faz parecer e falar como qualquer outro vendedor medíocre. Adotando esse padrão, você logo dispara o *script* reflexo ou condicionado do comprador, sua conversa se mantém na superfície e logo empaca — principalmente se você estiver lidando com diretores e analistas.

Quando estou reunido com um cliente potencial pela primeira vez, geralmente pergunto: "Há quanto tempo você trabalha aqui?" Se ele responde 20 anos, tenho a oportunidade de cumprimentá-lo pela proeza (o que o faz sentir-se importante). Prossigo, então, com "Aposto que você viu muitas mudanças por aqui!", e, com essas dicas, as comportas geralmente se escancaram.

Por outro lado, se a resposta é seis meses, pergunto: "O que o levou a decidir trabalhar aqui?" Dessa maneira, aprendo sobre as motivações, aspirações de carreira e antecedentes dele. Esse artifício cria a oportunidade para ampla variedade de perguntas de acompanhamento, que, mais uma vez, levam o meu *stakeholder* a se sentir importante, induzem-no a continuar falando e abaixa sua barreira emocional.

Os pontos em comum são outra fonte de perguntas fáceis. Se ambos tiverem algo em comum – se frequentaram a mesma escola, moram no mesmo bairro, conhecem uma mesma pessoa, têm o mesmo hobby, torcem pelo mesmo time, e assim por diante – você tem um trampolim natural para fazer perguntas fáceis. Assim, você também dispara o viés de afinidade e se instala no grupo interno do *stakeholder*.

A armadilha dos pontos em comum é quando, em vez de predispor o *stakeholder* a falar, você assume a conversa. Você começa a palestrar sobre o tema, na ilusão de que o *stakeholder* perceba a sua sabedoria e erudição.

Ao falar sobre um assunto que você tenha em comum com o *stakeholder*, faça perguntas inteligentes relacionadas com o tema, para que o interlocutor se entusiasme e passe a contar suas histórias. Acredite: as pessoas não querem ouvir o que você fala; elas querem ouvir o que elas próprias falam.

Quanto mais você se interessa genuinamente pelo que os *stakeholders* estão dizendo, mais valiosos e importantes eles se sentem. Quanto melhores eles se sentirem, mais eles quererão falar. Quanto mais eles falarem, mais eles se sentirão conectados com você. Ao se conectar com o *stakeholder*, você terá o direito de fazer as perguntas mais profundas e mais estratégicas, que estão abaixo da superfície, e questionar o *status quo*.

## O poder das perguntas abertas

Eis um fato: quanto mais perguntas você fizer, mais vendas você fará. Evidentemente, como aprendemos com Joe, o interrogador, descoberta é mais do que apenas fazer perguntas. É, acima de tudo, fazer perguntas certas, e perguntas certas são perguntas abertas.

Perguntas abertas, como "Como isso o está impactando?" ou "O que acontece quando o custo da mão de obra aumenta?", estimulam os *stakeholders* a falar e a entrar em detalhes – *a contar histórias*.

No sentido oposto, perguntas fechadas como "Quanto você usa disso?" ou "Você está satisfeito com isso?" arrancam respostas curtas e limitadas. As perguntas fechadas são inquisitivas e pragmáticas, porque focam basicamente em fornecer-lhe apenas a informação de que você precisa para engrenar o seu *pitch* de vendas.

Grande parte do pessoal de vendas tem pelo menos conhecimentos elementares dos conceitos de pergunta aberta e pergunta fechada. Se você entrevistar 100 profissionais de vendas, 99 deles lhe dirão que as perguntas abertas são mais eficazes em conversas de vendas. No entanto, se você observar esse mesmo pessoal de vendas interagindo com os *stakeholders*, você ouvirá principalmente perguntas fechadas, inquisitivas.

As perguntas fechadas se tornam habituais por serem fáceis, por lhe darem a ilusão de controle, exigirem pouco esforço intelectual e até menos investimento emocional. O pessoal de vendas que tem dificuldade em fazer perguntas abertas:

- Não consegue gerenciar sua fixação emocional de sempre exercer o controle.
- Reluta em abrir mão do controle e em deixar a conversa fluir, acreditando que o *stakeholder* revelará informações importantes no contexto da história.
- Carece de disciplina para focar a atenção na outra pessoa.
- Acha mais fácil fazer perguntas fechadas que provocam respostas sucintas e objetivas, em vez de ouvir as histórias dos *stakeholders*.

Em vendas, 99% das suas perguntas (e das afirmações reivindicantes, como "Fale mais a esse respeito" ou "Acompanhe-me nesse processo") devem ser abertas. Gosto muito da abordagem *afirmação e pausa*, para levar os *prospects* a falar. Por exemplo, eu digo algo do tipo "Uau, isso parece realmente difícil". Faço, então, uma pausa, e deixo que o silêncio complete o trabalho.

Essa técnica me serve de duas maneiras. Primeiro, demonstra que estou ouvindo (escuta ativa) e, segundo (e mais importante), quase sempre induz o interlocutor a quebrar o silêncio com uma história.

O objetivo da pergunta aberta é evocar ou arrancar histórias. Por meio dessas histórias, você ganha acesso às informações necessárias para desenvolver o seu caso e aos *insights* pertinentes sobre o que é mais importante para o *stakeholder*. É através dessas histórias que os *stakeholders* lhe ensinam a linguagem deles (mais sobre linguagem num dos próximos capítulos).

## Evite sugar e dar o bote

Vendedores medíocres acham que para controlar a conversa de vendas é preciso estar com a palavra. Eles têm a tendência enfadonha de sugar informações dos compradores e *stakeholders* por meio de interrogatórios e, depois, dar o bote na primeira abertura e começar a discursar.

O comportamento de vendas mais destrutivo na fase de descoberta é sugar e atacar. Nascido da impaciência e do descontrole do impulso, esse hábito o levará a perder pistas importantes, a prejudicar relacionamentos e a não fechar vendas.

Eis como funciona. Durante a descoberta, em resposta a uma pergunta, o *stakeholder* diz: "Temos enfrentado dificuldades com... (preencha a lacuna)".

- Se você for um vendedor medíocre, você verá essa admissão como oportunidade para dar o bote e apresentar soluções.
- Se você for um profissional de alto desempenho, você registrará essa oportunidade e, com base no objetivo da visita, manterá o rumo e fará perguntas mais profundas no momento oportuno ou explorará a questão numa próxima reunião em que o tema for pertinente.

Ao descobrir problemas e oportunidades, você se defrontará com a tentação de dar o bote e vender soluções. Você deve regular essa emoção, porque tão logo você começa a falar, seus ouvidos se desligam, assim como os do *stakeholder*.

Os supervendedores exploram a descoberta para construir o seu caso. Eles perguntam com paciência, encorajam os *stakeholders* a falar e coletam todas as informações possíveis antes de formular recomendações ou oferecer soluções. Em vendas de ciclo mais longo, a descoberta pode envolver muitas reuniões com vários *stakeholders*, antes de qualquer apresentação ou recomendação de soluções.

Os profissionais de alto desempenho sabem que quem faz perguntas exerce o controle.

## Processo de descoberta duplo e fluente

A chave para a descoberta é fazer as perguntas certas, na hora certa, com a intenção certa. Nas conversas de vendas, as perguntas que você faz devem alavancar o seu esforço para manter a conexão emocional, construir seu caso e avançar para o próximo passo. É um processo duplo – empatia e resultado.

Várias gerações de vendedores aprenderam e foram treinadas com base na metodologia SPIN de descoberta. Spin Selling,[65] metodologia desenvolvida por Neil Rackham e apresentada em seu livro de mesmo nome, é o modelo de descoberta mais popular de todos os tempos. Rackham baseou a Spin Selling em estudo bem documentado estudo, segundo o qual as visitas de vendas produzem os melhores resultados quando o vendedor faz perguntas e o *stakeholder* fala.

Com base nessas descobertas, Rackham desenvolveu a teoria de que os vendedores mais eficazes fazem tipos específicos de perguntas, numa sequência específica. O acrônimo SPIN representa os quatro tipos de perguntas e a ordem em que são formuladas:

❶ **Situação.** Perguntas que são úteis para coletar e qualificar fatos e dados, assim como para compreender a atual situação do *prospect*.

❷ **Problema.** Perguntas que revelam os problemas e as oportunidades do *prospect*.

❸ **Implicações.** Perguntas que explicam a dor que o problema está provocando.

❹ **Necessidade.** Perguntas que incumbem o *stakeholder* de definir os benefícios da solução do problema – conscientizando-o da necessidade de mudança.

Mais recentemente, pesquisas abrangentes da autora Deb Calvert, muito semelhantes às de Rackham, revelaram que o vendedor que fala menos, que pergunta mais e que ouve mais tende a produzir resultados superiores aos de seus pares. Com base nessas pesquisas, Calvert desenvolveu o modelo DISCOVER Questions ® (Perguntas DISCOVER).[66]

O acrônimo DISCOVER significa:

● **Data** (dados). Perguntas usadas para coletar fatos.

---

[65] RACKHAM, Neil. *Spin Selling*. Nova York: McGraw-Hill, 1988.
[66] CALVERT, Deb. *DISCOVER Questions Get You Connected*. Morgan Hill, CA: Winston Keen James Publishing, 2012.

- **Issue** (questão). Perguntas destinadas a sondar problemas e dores.
- **Solutions** (soluções). Perguntas que sugerem alternativas e conscientizam quanto a novas ideias.
- **Consequence** (consequências). Perguntas que chamam a atenção para os riscos, preocupações e desafios de não agir.
- **Outcome** (resultados). Perguntas que revelam as expectativas dos *stakeholders*.
- **Value** (valor). Perguntas que organizam as prioridades dos *stakeholders*.
- **Example** (exemplo). Perguntas que conscientizam quanto aos problemas, estabelecendo contrastes.
- **Rationale** (lógica). Perguntas que revelam a lógica das decisões.

Um bom conhecimento funcional das técnicas SPIN e DISCOVER o ajudarão a fazer perguntas mais eficazes. Esses livros e metodologia irão aprimorá-lo como profissional. O valor dos modelos SPIN e DISCOVER é orientar no processo de elaborar perguntas mais eficazes para os seus propósitos.

O aspecto negativo, porém, é que nas mãos de vendedores medíocres, esses modelos de perguntas indutoras podem descambar, rapidamente, para interrogatórios lineares, em vez de alimentar conversas fluentes.

O risco para o vendedor medíocre é concentrar-se com tanta intensidade nos tipos e na sequência das perguntas, a ponto de desconectar-se da conversa em si, fazendo com que as perguntas pareçam desentrosadas e manipulativas. O vendedor medíocre não raro é flagrado pensando na pergunta seguinte, em vez de ouvir com atenção.

Os supervendedores operam em nível muito diferente. Eles exploram um Modelo de Processo de Descoberta Duplo mais avançado. Esse modelo enfatiza o foco intenso na interação com o *stakeholder* – envolvendo empatia, emoção e atenção – e, ao mesmo tempo, a movimentação da conversa para o próximo passo almejado.

Ele começa com perguntas abertas amplas e prossegue com perguntas de sondagem subsequentes, levando a um ponto natural na conversa em que você projeta e propõe o próximo passo ao *stakeholder*.

O Modelo de Processo de Descoberta Duplo (Figura 23.1) é dialogal em vez de inquisitivo.

O vendedor medíocre se sente mais à vontade com o processo de questionamento linear, porque ele se presta com mais facilidade a ser executado com base numa lista de perguntas, em vez de na escuta ativa e profunda e no investimento emocional na conversa. É mais fácil sugar dos *stakeholders* informações suficientes e dar o bote na primeira oportunidade de fazer o seu *pitch* de vendas.

As perguntas eficazes devem ativar o *loop* de autorrevelação do *stakeholder* logo no começo da conversa. A chave é abrir o caminho, não interferir e deixar que a conversa transcorra com naturalidade. Em vez da prática comum de fazer uma sucessão de perguntas com base numa lista predeterminada, a conversa é orgânica e espontânea. Fazem-se menos perguntas, mas consegue-se muito mais informações.

Os profissionais de alto desempenho exploram o Modelo de Processo de Descoberta Duplo, que lhes proporciona o máximo de flexibilidade para ajustar estrategicamente suas perguntas, à medida que a conversa flui com espontaneidade. Esse modelo não linear abre várias vias de questionamento, permitindo que os supervendedores tenham acesso às emoções dos *stakeholders*, invertam o *script* de compra e obtenham uma imagem mais clara dos problemas, armadilhas e questões que se situam abaixo da superfície.

```
          Amplo e aberto
            Sondagem
          Esclarecimento
              ↓
          Próximo passo
```

Figura 23.1: Modelo de Processo de Descoberta Duplo

## Desenvolvendo perguntas oportunas e espontâneas

Os supervendedores parecem saber exatamente o que perguntar exatamente no momento certo, ao mesmo tempo em que se mantêm engajados com os *stakeholders*. Nunca parecem estar empenhados em bolar a próxima pergunta ou em manter a conversa fluente e o *stakeholder* engajado.

Os supervendedores mantêm as conversas de vendas fluentes e vívidas, com perguntas oportunas e espontâneas. Essas perguntas instintivas e naturais têm raízes profundas em seu próprio âmago e deles brotam no momento certo, sem esforço, no contexto da conversa. As perguntas podem ser redirecionadas, reestruturadas e reformuladas, dependendo da situação e dos rumos da conversa.

O processo de vendas é situacional: diferentes setores, diferentes produtos e serviços, diferentes ciclos, vários níveis de complexidade, diferentes *stakeholders* e diferentes vendedores. Portanto, as perguntas devem ajustar-se ao momento.

As melhores perguntas são engenhosas. Às vezes, elas são apenas simples afirmações, com uma pausa que suscita respostas para preencher o silêncio. As perguntas engenhosas são instigantes. Elas levam os *stakeholders* a pensar e a conscientizar-se da necessidade de mudança. As perguntas engenhosas se integram naturalmente na conversa, em vez de se destacarem como algo à parte. Elas devem ser compatíveis com o momento e não podem ser programadas, nem ensaiadas.

As perguntas estratégicas se encaixam na conversa e se alinham com a estratégia de vendas abrangente, em constante movimentação para o próximo passo. Os profissionais de alto desempenho são estratégicos e pragmáticos, voltados para resultados, sempre pensando três a cinco jogadas à frente no tabuleiro de xadrez.

O desenvolvimento da capacidade de fazer perguntas estratégicas e engenhosas, adequadas ao momento, exige alta Inteligência Emocional em Vendas. É preciso explorar a empatia, a consciência situacional, o controle da atenção, o controle emocional e a confiança.

Tudo começa com o esforço intencional de internalizar suas perguntas oportunas e espontâneas. Quando comecei minha carreira em vendas, meu gerente de vendas me entregou duas páginas de perguntas. As perguntas não estavam organizadas de maneira útil e não combinavam com meu estilo de falar. Nos telefonemas de vendas, eu mais parecia um robô, lendo uma pergunta depois da outra. Mas essa lista era tudo o que eu tinha.

Foi um ponto de partida. Li e estudei SPIN e, com o passar do tempo, organizei as perguntas em formato mais adequado e as reescrevi para compatibilizá-las com meu estilo de falar. Isso é essencial, porque, para ser dialogal, as perguntas e as afirmações questionadoras devem parecer autênticas e naturais. Também me tornei um colecionador de perguntas.

- Quando uma pergunta, sua ou alheia, provoca reação positiva no *stakeholder*, anote-a e registre o contexto.
- Entreviste e observe os supervendedores da sua empresa, e colecione suas melhores perguntas. Observe como eles fazem as perguntas – inflexão de voz, linguagem corporal, entonação, estilo e contexto.
- Leia livros como *SPIN Selling – Alcançando Excelência em Vendas* e *SPIN Selling – Alcançando Excelência em Vendas para Grandes Clientes*, ambos de Neil Rackham, e *DISCOVER – Questions Get You Connected*, de Deb Calvert, para deflagrar ideias, e pratique a formulação de perguntas eficazes.
- Experimente diferentes variações da mesma pergunta, para encontrar combinações mais eficazes, que sejam mais compatíveis com o seu estilo e mais ajustáveis ao contexto, para adaptar-se à linguagem preferida de seu *stakeholder*.
- Foque na consciência situacional e aprenda quando fazer ou não fazer certas perguntas.
- Seja estratégico. Considere as possíveis respostas a certas perguntas. Isso o ajuda a manter-se ligado às circunstâncias e ao momento, porque você nunca terá de pensar no que perguntar em seguida.
- Se vendas fosse futebol, as perguntas seriam os jogadores. Em seguida às conversas de vendas, reveja as perguntas feitas e a sua eficácia – da mesma maneira como se assiste ao filme de um jogo. Registre as que funcionaram e mude ou ajuste as que não foram eficazes.

Ao seguir esse processo, você desenvolve, com o passar do tempo, suas próprias perguntas oportunas e espontâneas: perguntas que funcionam para você, que são compatíveis com você, e que lhe permitem manter-se sintonizado no contexto e no momento e ajustá-las à conjuntura.

Nunca, jamais, se esqueça de que, em vendas, uma pergunta que você faz é mais importante do que qualquer outra coisa que você venha a dizer.

## Nota do Autor

Sempre me perguntam por que eu não forneço listas de perguntas em meus livros e até em meus programas de treinamento.

O processo de vendas é situacional. As perguntas que você faz serão e devem ser exclusivas para seu produto, setor e cliente, além de serem específicas para o *stakeholder*. Isso não significa que você não usará as mesmas perguntas outras vezes. Usará. Seria impossível para mim, no entanto, desenvolver perguntas suficientes para cobrir até um pequeno segmento do mercado. Portanto, o máximo que eu poderia fazer seria deixá-lo com perguntas genéricas que pouco contribuiriam para os seus resultados.

Em meus programas de treinamento e workshops de Inteligência Emocional em Vendas, eu (e nossos treinadores) trabalhamos com os participantes para desenvolver, estruturar e montar perguntas oportunas e espontâneas que sejam específicas para as situações singulares. Descobri que quando você participa ativamente do desenvolvimento das suas próprias perguntas, elas se tornam parte de você e ficam mais acessíveis no instante em que você precisa delas. Esse é o ponto de questionamento de processo duplo.

Forneço recursos gratuitos em: <https://www.salesgravy.com/saleseq> para ajudá-lo a construir sua própria lista de perguntas oportunas e espontâneas, assim como um fórum de perguntas, em que os membros podem trocar ideias sobre boas perguntas.

Capítulo 24 | **VOCÊ FAZ COM QUE EU ME SINTA IMPORTANTE?**

*Muitas pessoas preferem que você ouça a história delas a que você lhes faça um pedido.*
Philip Stanhope

Recentemente, ao sair de uma primeira reunião de descoberta com um cliente potencial, o diretor de vendas da empresa, Sid, que também tinha participado da reunião, perguntou se eu tinha alguns minutos para conversar com ele. Fomos para a sala dele e ele me ofereceu uma cadeira. Antes mesmo de sentar-se, porém, ele praticamente "cuspiu" a pergunta que o estava deixando tão curioso, tal foi a ênfase: "Como você conseguiu aquilo?".

"Conseguiu o quê?", respondi (disfarçando que eu já sabia aonde ele queria chegar).

"O que você fez naquela sala." E apontou para a sala de reuniões. "Nunca ninguém entrou aqui e conquistou a atenção da nossa equipe executiva daquela maneira. Geralmente, quando recebemos fornecedores, Jacob [o CEO da empresa?] se desinteressa nos primeiros minutos e passa o resto da reunião mexendo no telefone. Hoje, ele não desviou os olhos de você. De onde você tirou todas aquelas informações?"

Para ele, o que eu tinha conseguido durante a reunião parecia algum tipo de truque mental de Jedi, de *Star Wars*. Embora eu nunca tivesse me encontrado com ninguém da equipe executiva, eu me dirigi a cada pessoa pelo nome quando entraram na sala de reuniões.

Ao longo da reunião, fiz perguntas focadas nas questões exclusivas que cada chefe de departamento estava enfrentando, ao mesmo tempo em que elogiava suas realizações específicas. Embora aquela fosse a primeira vez que eu visitava a empresa, facilmente adotei em minhas perguntas e observações a linguagem, o jargão e os acrônimos típicos da empresa, como se eu estivesse trabalhando lá havia muito tempo.

Sid estava espantado, e algo em meu interior não queria revelar o segredo. Queria que ele acreditasse que eu era um mestre Jedi.

Tirei, então, uma pasta da minha mochila. Nela havia um dossiê de cada *stakeholder*, incluindo perfil no LinkedIn, página no Facebook, resumo executivo de suas dificuldades e sucessos profissionais, e perguntas a serem feitas.

Expliquei-lhe que, um mês antes da reunião, um dos meus representantes de desenvolvimento de vendas, em início de carreira, tinha feito a pesquisa para mim, extraindo informações de todas as fontes on-line acessíveis, além de fazer sondagens em telefonemas para a empresa. Analisamos notícias sobre a empresa, recortes de jornais, blogs e press releases.

Ainda por cima, ensaiamos a reunião em sessões de *role-playing*, com o nosso pessoal desempenhando diferentes papéis, e simulamos as perguntas e respostas. Estudei muito para conhecer cada *stakeholder* como se fosse um amigo. Durante a reunião, simplesmente entrelacei fatos importantes, cumprimentos e perguntas, com base em nossas pesquisas e encenações.

Dirigi-me a cada pessoa tanto quanto possível na linguagem dela, ouvi e demonstrei que eu compreendia cada uma delas, bem como os seus problemas. Isso as levou a se sentir importantes e as convenceu de que eu me importava com elas.

## A necessidade humana mais insaciável

De acordo com pesquisas sobre comportamento social, os seres humanos, em conversas com outras pessoas, passam 60% do tempo falando de si próprios.[67] Quando as conversas são em redes sociais, como Facebook, o número alcança 80% ou mais.[68]

Por quê? Bem, parece que nos sentimos importantes ao falar de nós mesmos e ao contar vantagem.

---

[67] DUNBAR, R. I. M.; MARRIOTT, Anna; DUNCAN, N. D. C. Human Conversational Behavior. *Human Nature*, v. 8, n. 3, p. 231-246, 1997. Disponível em: <www.medisch-fitness.com/documents/75procentdagelijksegesprekkenbestedenweaanroddelen.pdf>. Acesso em: 05 jan. 2018.

[68] MOR, Naaman; BOASE, Jeffrey; LAI, Chih-Hui. Is It Really About Me? Message Content in Social Awareness Streams. Disponível em: <http://infolab.stanford.edu/~mor/research/naamanCSCW10.pdf>. Acesso em: 5 dez. 2017.

A necessidade humana mais insaciável é o sentimento de relevância ou importância, de ser significativo. É a singularidade do comportamento humano no primeiro mundo. Quase tudo o que você e eu fazemos, praticamente todo comportamento, bom ou mau, tem raízes em nossa necessidade insaciável de sentir que temos importância e fazemos diferença, que significamos alguma coisa.

Como já aprendemos em capítulo anterior, falar sobre si próprio – contar sua história – libera uma gota de dopamina que o faz se sentir eufórico. Em um estudo, os participantes chegaram ao ponto de abrir mão de dinheiro para falar de si mesmos.[69] Por isso é que nos sentimos tão conectados emocionalmente com as pessoas que nos escutam e tão desligados das pessoas que falam conosco. Não nos sentimos importantes quando outras pessoas estão no palco.

Essa é, a propósito, a razão básica de o pessoal de vendas seguir o padrão de subir ao palco para discursar. A necessidade de se sentir importante é uma emoção forte insuperável do pessoal de vendas. Por outro lado, quando você assume o controle dessa emoção e se empenha em fazer com que a outra pessoa se sinta importante, você conquista uma vantagem poderosa na capacidade de influenciar o comportamento alheio.

## Como fazer com que as pessoas se sintam importantes

Para fazer com que as pessoas se sintam importantes, basta sair do seu mundo autocentrado e focar no outro.

- Use o nome delas (para elas, o som mais doce do mundo).
- Lembre-se de alguma coisa sobre elas – um acontecimento, suas proezas na infância, férias especiais – e evoque-a durante a conversa.
- Enalteça-as em público, promovendo a imagem delas diante de outras pessoas.
- Diga "obrigado" e agradeça-lhes sinceramente.
- Peça conselhos e demonstre que a pessoa é valiosa e necessária.
- Demonstre interesse e curiosidade por elas, genuinamente; ao dar-se ao trabalho de pesquisar os *prospects* e suas empresas

---

[69] HOTZ, Robert Lee. The Science of Bragging and Boasting. In: Science Reveals Why We Brag So Much. WSJ.com, 8 maio. 2012. Disponível em: <www.wsj.com/articles/SB10001424052702304451104577390392329291890>. Acesso em: 5 dez. 2017.

antes da visita de vendas, você deixa claro que os considera importantes e que valoriza o tempo deles.
- Mostre empatia, ao se colocar no lugar das pessoas e ao enfatizar que você compreende e valoriza a perspectiva delas.
- Ouça. A toda hora, falamos em ouvir. Ouvir a história do *stakeholder* é a maneira mais fácil e mais rápida de fazê-lo sentir-se importante. Quando sua boca está fechada, quando seus ouvidos estão abertos e quando você dedica a mais completa atenção à outra pessoa, você deixa uma impressão memorável.
- Elogie-as com sinceridade.

Abraham Lincoln disse uma vez: "Todos gostam de um elogio." Já trabalhei com um homem que tinha o hábito de elogiar todas as pessoas com quem se encontrava. Era um executivo que dirigia uma empresa de US$ 2 bilhões de dólares por ano – o chefão. Viajava por todo o país visitando os escritórios da empresa e as instalações de produção. Aonde quer que fosse, as pessoas curtiam antecipadamente essas visitas.

Todos, desde o trabalhador em tempo parcial que recolhia o lixo no estacionamento até os mais altos gestores, recebiam elogios sinceros sempre que ele estava por perto. Todos fariam qualquer coisa pelo cara.

A chave para influenciar por meio de elogios é conscientizar-se dos outros. Deixe de lado seus pensamentos autocentrados e se interesse autenticamente pela outra pessoa. Note-as e observe-as.

Quando você dispensa aos *stakeholders* elogios sinceros sobre uma característica pessoal, alguma coisa que possuam, ou uma realização importante, você lhes oferece algo valioso. Você os faz sentir-se valorizados, reconhecidos e importantes.

Os elogios são ainda mais significativos quando eles ocorrem na frente de outras pessoas. Quando você lança boas luzes sobre os *stakeholders* na frente dos chefes, eles jamais o esquecerão. Todas as pessoas têm uma necessidade profunda de aprovação de suas iniciativas e realizações. Essa necessidade é contínua, inesgotável, e nunca é saciada por muito tempo.

Quando eu sorrio e alguém responde da mesma forma, gosto de elogiá-la com "Você tem um sorriso muito simpático". Sempre que digo isso, o sorriso delas se amplia e brilha ainda mais. Elogie as roupas, os filhos, os trabalhos de arte dos filhos, ou características pessoais. Se você já as conhece bem ou se as pesquisou antes de um encontro, elogie-lhes as realizações, enalteça-lhes suas decisões.

Brian Tracy, autor de best-seller e palestrante, diz: "As pessoas que continuamente buscam oportunidades para expressar aprovação sempre são bem-vindas onde quer que estejam". Você se surpreenderá ao descobrir até onde um elogio sincero pode levá-lo. Ao aprovar e valorizar as pessoas, você impulsiona a autoestima delas. Elas passam a gostar mais de si próprias e, em consequência, acham você simpático.

Evidentemente, a maneira mais fácil, mais rápida e mais poderosa de fazer com que outra pessoa se sinta importante é dar-lhe toda a atenção e ouvi-la em profundidade e ativamente. Quando o seu *stakeholder* é o centro das atenções e conta as histórias dele, ele se sente apreciado, importante e emocionalmente conectado com você.

## A lei da reciprocidade

No verão passado, num ônibus em Quioto, Japão, com meu filho, entabulamos uma conversa com um jovem comerciante japonês. Conversa é um pouco forçado. Como não falamos japonês e ele não falava inglês, a comunicação foi uma luta.

A única coisa que encontramos em comum foi a música. Revezávamos mencionando nossas bandas favoritas – polegar para cima, polegar para baixo. Aplaudimos e vaiamos, cantamos trechos de músicas e aproveitamos o momento – uma breve conexão, num ônibus quente e lotado.

Quando o ônibus se aproximou do ponto onde ele ficaria, o jovem comerciante se preparou para saltar. O ônibus desacelerou, parou e abriu as portas. Quando nos inclinamos como que dizendo adeus, ele meteu a mão na mochila e de lá tirou uma pequena caixa retangular, embrulhada em papel, e gesticulou que aquilo era para mim. De início recusei delicadamente, mas ele insistiu enfaticamente para que eu aceitasse o presente. E, assim, sorri, inclinei-me, e peguei a caixa que ele me estendia. Logo em seguida, eu o vi saindo do ônibus.

Trinta minutos depois, meu filho e eu estávamos de volta no quarto do hotel. Desembrulhei a caixa, curioso para ver o que havia dentro. Ao abrir a tampa, surpreendi-me com o conteúdo. Lá estavam cinco fatias de peixe cru envoltas em folhas. Depois de ficar olhando para a caixa durante alguns instantes, puxei uma das fatias de peixe.

Meu filho torceu o nariz quando eu a pus na boca. "Você não pode comer isso!", protestou. "É peixe cru da mochila de um desconhecido que encontramos no ônibus. Você não sabe o que está pondo na boca."

"Mas ele me ofereceu esse peixe como presente", retruquei. "Não posso jogá-lo fora. Não seria certo. Talvez fosse o jantar dele!" Embora o argumento do meu filho fosse racional, senti uma obrigação emocional profunda de retribuir-lhe comendo o peixe.

Meu sentimento de obrigação compulsivo, porém, estava longe de ter acabado. No momento em que o jovem saltou do ônibus, senti uma pontada de culpa. Ele não tinha me dado tempo para encontrar alguma coisa na minha mochila para lhe oferecer, para pagar o favor. Meses depois, aquilo ainda me incomodava. Esse é o poder da lei da reciprocidade.

Robert B. Cialdini, autor de *Influence*, com vários livros traduzidos para o português, diz: "Uma das mais poderosas armas de influência de que dispomos é a regra da reciprocidade. Segundo essa regra, devemos tentar retribuir o que outra pessoa nos ofereceu".

Em termos leigos, a lei da reciprocidade simplesmente explica que, quando alguém lhe dá algo, você se sente na obrigação de retribuir-lhe o valor recebido. No entanto, como esclarece Cialdini, a regra ou lei da reciprocidade vai muito mais fundo que isso. Esse sentimento de obrigação, a necessidade de retribuir está impregnada profundamente na psicologia humana.

Imagine como seria o nosso mundo se não nos sentíssemos na obrigação de retribuir. A sociedade se romperia porque ninguém faria nada por ninguém. Por que faria? Nada se daria em troca por algo recebido. Tampouco se estaria sujeito a qualquer pena por receber sem dar. A lei da reciprocidade é a força de coesão que mantém unida a sociedade humana.

Epp Wilson compreende muito bem a influência da lei da reciprocidade sobre o comportamento humano. Ele a explora habilidosamente no relacionamento com os clientes. A empresa dele, Foxboro, constrói cercas de alta qualidade. Suas equipes são bem treinadas e são renomadas pela excelência.

Mas, diz Epp, "Às vezes, cometemos um erro, cortamos a planta ou a árvore errada, ou ocorre alguma falha na cerca, que nossos clientes identificam antes de nós".

Isso pode ser um problema quando o cliente acabou de gastar US$ 50 mil ou mais num projeto de cerca.

"Quando meu pessoal de vendas está trabalhando com o *prospect* nos primeiros estágios da descoberta, tentamos encontrar um projeto na propriedade que seja importante para eles, mas, para cuja execução eles não têm verba. Pode ser remover árvores, fechar um buraco, aterrar uma área pantanosa, ou nivelar uma depressão. Fazemos as anotações necessárias e, quando o contrato é assinado, executamos o projeto, sem custo para o cliente. Evidentemente, o cliente vibra".

Fazer mais do que o prometido tira proveito da lei da reciprocidade. Gera boa vontade e muitas referências. Também ajuda quando surge alguma questão. Epp explica: "Os clientes retribuem o presente. Tornam-se mais razoáveis e abertos a soluções. Em vez de brigar, eles nos tratam com respeito e oferecem espaço para resolvermos o problema".

Uma última observação sobre reciprocidade. Embora quem recebe sinta a obrigação de retribuir, há quem nunca dê nada em troca. Por isso é que a busca deliberada de reciprocidade (em outras palavras, encarar a reciprocidade como um "toma lá, dá cá" – dou valor a você; portanto, você devolve valor igual ou maior") não funciona. Agir assim o deixará decepcionado e frustrado, porque a expectativa de reciprocidade não passa de ressentimento premeditado.

## Obrigação e probabilidade de vitória

O recebimento de algo significativo e o sentimento de obrigação daí resultante é uma das chaves para aumentar a probabilidade de vitória em seus negócios.

Você há de se recordar que impulsionar negócios e acelerar o fluxo no *pipeline* dependem de uma série de microcompromissos. Cada vez que o seu *stakeholder* concorda com um microcompromisso, a probabilidade de vitória aumenta.

A necessidade de se sentir importante é tão insaciável que, quando você faz alguém se sentir importante, você lhe oferece o maior presente que se pode dar a outro ser humano. Esse presente é uma das pedras angulares da influência. Ao fazer alguém se sentir importante, você cria o sentimento subconsciente de obrigação a retribuir, e, assim, você conquista poder e influência para moldar o comportamento dessa pessoa.

Seu presente dispara o sentimento subconsciente de obrigação. O sentimento de obrigação do *stakeholder* aumenta a probabilidade de que, quando você pedir o próximo passo ou um microcompromisso, o *stakeholder* retribuirá o seu presente com engajamento e respostas positivas.

Mary Kay Ash, fundadora da empresa de cosméticos Mary Kay, disse que você deveria "Fingir que todas as pessoas com quem se encontra têm um sinal em torno do pescoço que diz 'Faça que eu me sinta importante'. Você alcançará o sucesso não só em vendas, mas na vida, em geral". Simples.

Capítulo 25 | **VOCÊ COMPREENDE MINHA SITUAÇÃO E MEUS PROBLEMAS?**

*Haveria pecado mais grave em vendas
do que entediar o público?*
Mike Weinberg

Meu novo cliente insistia que eu estava errado e, tendo sido tão veemente, eu sentia que estava caminhando sobre gelo fino em nosso relacionamento ainda incipiente. Eu vinha tentando argumentar que o foco do cliente em diferenciação competitiva seria fracasso certo. O debate girava em torno do desejo da área de marketing de desenvolver um *pitch* de vendas consistente, que seria apoiado por um aparato de *marketing collateral*.

Pouco antes da nossa discussão, a equipe de marketing tinha promovido um show circense de brochuras, roteiros de apresentações e mídias de vendas digitais.

Não faltaram frases de efeito, jargão pomposo e imagens assépticas, tudo apresentado com a complacência e a arrogância de profissionais de marketing oriundos das melhores universidades, com remuneração à altura dos seus currículos, embora, na prática, estivessem completamente iludidos sobre o que era *de fato* necessário para engajar *prospects* e fechar negócios em seus setores de atividade altamente competitivos.

A equipe de marketing estava seriamente receosa de que o pessoal de vendas não tivesse uma mensagem consistente e, nas palavras do vice-presidente de marketing, "não tivesse ideia de como expor com clareza os pontos de diferenciação competitiva da empresa".

Minha contestação foi franca e direta. A empresa não tinha um problema de mensagem. O problema era de engajamento. Os executivos de contas falhavam não porque eram incapazes de articular uma mensagem clara, mas sim porque a elaboravam demais. Os executivos de contas estavam matando os *stakeholders* com tanta ladainha. Pior, os executivos de contas eram chatos porque o *pitch* de vendas deles era idêntico ao de todos os principais concorrentes da empresa.

"Jeb, estou ouvindo o que você está dizendo, mas nosso produto é superior ao dos concorrentes", respondeu o gerente de produtos. "Nosso problema é o pessoal de vendas, que não sabe como mostrar a diferença aos clientes potenciais. Precisamos que eles ensinem aos clientes potenciais o que torna o nosso software melhor."

Havia uma grave desconexão. Eu tinha passado toda a semana anterior acompanhando e observando o pessoal de vendas. Os executivos de contas, armados com iPads carregados de brochuras interativas, discursavam e catequisavam. Recitavam fatos e números, apresentavam estudos de casos, e questionavam os *prospects* com *insights*.

Mas todo esse esforço de vendas envolvendo preleções, desafios e *insights* não estava funcionando. As novas vendas não cresciam e a empresa corria o risco de perder participação no mercado. A liderança estava entrando em pânico e os gerentes de marca e de produto estavam sob fogo cerrado. Procuravam um salva-vidas.

Esse foi o ponto onde entrei. Eles me contrataram para ajudá-los a aprimorar a mensagem e para ensinar o pessoal de vendas a expressá-la de maneira clara e convincente. Eles achavam que a solução para o problema era um *pitch* de vendas ainda melhor — algo que embasbacasse os *stakeholders* a ponto de deixá-los submissos. A equipe de marketing, porém, já havia decidido, e não estava disposta a ouvir.

Sentindo que eu estava em vias de perder o novo cliente se eu insistisse mais, perguntei-lhes se poderia voltar na semana seguinte com algumas recomendações para tornar a mensagem mais eficaz.

## Você não pode diferenciar-se quando tudo parece a mesma coisa

Uma semana depois, numa manhã de sexta-feira chuvosa, a equipe se reuniu na sala de reuniões de executivos. Sobre a mesa, arrumei material de vendas e cópias impressas de sites e *landing pages* dos três maiores concorrentes. Tínhamos até tablets com vídeos explicativos de cada concorrente, carregados e prontos para reprodução. Ao lado, dispusemos cópias do material e das mensagens de marketing do cliente.

De início, o pessoal da equipe de projetos parecia criança numa loja de doces, tal era o fascínio por ter na ponta dos dedos tantas informações sobre os concorrentes. Fiquei admirado de como eles ainda não tinham se dado ao trabalho de fazer a mesma compilação.

Deixe-os à vontade durante alguns minutos, antes de instruir: "Agora, por favor, deem um passo atrás e olhem para o conjunto de todas as mensagens como um todo. Vejam se conseguem detectar algum padrão". A grande sala de reuniões de repente ficou em silêncio, enquanto todos olhavam para a mesa a certa distância. Ninguém dizia nada, até que um gerente de marketing murmurou: "É tudo igual".

Daí resultou intensa conversa, que veio a ser o cerne de uma introspecção profunda muito necessária. Eles estavam tão voltados para si mesmos e eram crentes tão convictos da própria publicidade, que se tornaram cegos para a verdade. Em vez de encarar a realidade com isenção e objetividade, eles se rendiam à ilusão de colher apenas os dados que comprovavam suas posições.

Era o exemplo clássico do viés da confirmação em funcionamento. Os marqueteiros procuravam informações que reforçavam as conclusões a que já haviam chegado de que o pessoal de vendas era incapaz de diferenciar as próprias ofertas, enquanto ignoravam evidências que apontavam para outras explicações.

Foi um duro despertar para uma verdade desconfortável e inconveniente. Os *stakeholders* descobriram a verdade de que eles e todos os concorrentes eram indistinguíveis.

Como o meu cliente poderia diferenciar-se, quando seu pessoal de vendas, suas mensagens, seu material de marketing e de vendas, sua propaganda, seu site e até suas imagens e vídeos pareciam, soavam e despertavam sensações como as dos concorrentes?

Não é à toa que a maioria das negociações de vendas acabem se transformando em leilões de preço. Conversar mais não resolveria o problema de diferenciação.

## A era da transparência

Vivemos na era da transparência, em que qualquer pessoa pode obter informação sobre qualquer coisa com alguns cliques e toques na tela. A informação é ubíqua. E também confusa.

Pense no que uma pessoa que esteja pesquisando possíveis fornecedores de um software como o que meu cliente da história anterior vende. O que ela encontrará?

- Quatro empresas oferecendo o que parecem ser produtos idênticos.
- Quatro empresas fazendo as mesmas promessas.
- Quatro sites incrivelmente semelhantes.
- Quatro blogs com artigos e temas que parecem cópias exatas.
- Quatro guias gratuitos sobre *landing pages* indistinguíveis.
- Quatro vídeos explicativos idênticos.

Com frequência, as pesquisas confundem mais do que esclarecem. O *stakeholder*, tão confuso quanto antes de fazer a pesquisa, pede uma reunião com os executivos de conta de cada empresa.

Os executivos de conta recitam mensagens e regurgitam apresentações desenvolvidas pelos MBAs de seus departamentos de marketing. Cada executivo de conta parte para uma argumentação convincente de que o seu software é muito superior.

- Quatro reuniões com executivos de contas – todas basicamente iguais.

Como o *stakeholder* escolhe?

Muitas empresas e vendedores se iludem na crença de que o seu produto ou serviço é tão singular e diferente que vende a si próprio. Se você se inclui nesse saco, é hora do choque de realidade. Para os *stakeholders*, você e todos os seus concorrentes parecem, soam e agem exatamente da mesma maneira. Se o seu produto é tão bom a ponto de vender a si mesmo, sugiro que você aqueça o seu currículo, porque a sua empresa logo concluirá que não precisa mais dos seus serviços.

Eis a verdade brutal: *Para diferenciar-se, VOCÊ deve ser diferente.*

Se você despir vendas de todas as suas complexidades acidentais, descobrirá que vendas é, na essência, apenas uma pessoa resolvendo o problema de outra pessoa.

Os *stakeholders* se ligam emocionalmente e se tornam extremamente leais ao pessoal de vendas capaz de demonstrar que *compreende* o *stakeholder* e seus problemas exclusivos *e* contribui com soluções customizadas para resolver esses problemas.

Os solucionadores de problemas são os campeões do mundo dos negócios.

## Você me compreende?

Feche os olhos apenas por um momento e imagine uma pessoa em sua vida que realmente entende você – alguém que compreende quem você é e o que você quer. Pense sobre esse relacionamento. Como ele é? Que sensações ele desperta? Ele é:

- Imparcial?
- Descontraído?
- Tolerante?
- Aberto e transparente?
- Todos os atributos acima?

Quando você está com alguém que o *entende*, você compartilha uma linguagem comum. Vocês trocam ideias e pensamentos apenas com expressões fisionômicas. Cada uma sabe o que a outra pessoa está pensando – quase como se fosse percepção extrassensorial. Vocês têm as mesmas ideias, ao mesmo tempo, e terminam as frases uma da outra.

Algo especial acontece quando outra pessoa nos *compreende*. De todos os relacionamentos, aquele em que a outra pessoa compreende você é o mais acalentado.

É claro que é quase impossível reproduzir o nível de *compreensão* que existe em comum entre irmãos, pais, amantes, ou melhores amigos, numa relação comercial com um *stakeholder*. No entanto, ocorre em ambos os tipos de relacionamento a mesma dinâmica de emoções e influências. Todos os seres humanos, no fundo, querem ser compreendidos.

Em vendas B2B (de empresas para empresas), os *stakeholders* usam o dinheiro alheio para resolver seus problemas. Esses problemas são pessoais e reais. Cada *stakeholder* acredita que a sua situação é única. Mesmo que você já tenha visto o mesmo problema dezenas de vezes antes, se o *stakeholder* sentir que você está tratando com indiferença a crença de que ele é diferente, ele se desligará de você emocionalmente.

A apresentação genérica, como lixeira de dados díspares e confusos, que o faz parecer um folheto de marketing ambulante e falante, revela alto e bom som que você não se deu ao trabalho de compreender os *stakeholders*. Revela que você é preguiçoso ou egocêntrico demais para vê-los com toda a singularidade deles.

Nos relacionamentos comerciais, a maneira como você demonstra que compreende os *stakeholders* é por meio de recomendações personalizadas para resolver os problemas que os afligem, para combater a dor que os atormenta, e para aproveitar a oportunidade de servi-los. Essas recomendações devem ser expostas na linguagem deles e ser mais relevantes para o que é mais importante do ponto de vista deles.

Ao falar a linguagem deles, você parece, soa e desperta sensações diferentes, em comparação com os concorrentes, e passa a influenciar os seus comportamentos de compra.

## As pessoas compram pelas razões delas, não pelas suas

Durante uma reunião de altíssimo nível com a equipe executiva de um *prospect*, o COO da Penske, Art Vallely, e o gerente de contas da empresa, que estava conduzindo o negócio, foram convidados para fazer um tour pelas instalações do *prospect*. Art e seu gerente de contas passaram quatro horas com os *stakeholders* do *prospect*, percorrendo as instalações, fazendo perguntas, aprendendo sobre as operações e familiarizando-se com a história e os valores da empresa.

"Foi fascinante", disse Art. "Saímos compreendendo muito melhor a cultura deles, como eles tratavam os clientes, seus objetivos como organização e os obstáculos que os estavam impedindo de alcançar os objetivos."

Usando as informações colhidas durante o tour, a equipe de vendas da Penske concentrou-se em ajudar o *prospect* a melhorar o serviço aos clientes – melhoria que teria impacto significativo tanto sobre a retenção dos clientes quanto sobre o resultado final.

Seis meses depois, a Penske ganhou o negócio. Depois da comemoração, Art telefonou para o vice-presidente executivo do novo cliente para agradecer-lhe. Durante a conversa, Art perguntou-lhe o que os havia levado, ele e a equipe, a escolher a Penske. A explicação do VPE revelou mais uma vez por que Inteligência Emocional em Vendas é importante.

> Também convidamos os seus concorrentes a dar uma volta pelas nossas instalações. Eles passaram menos de 30 minutos conosco e não fizeram uma única pergunta. Os executivos deles ficaram quase o tempo todo olhando para a tela do telefone, checando e-mails. Tínhamos a impressão de que eles não estavam nem um pouco interessados em

nos conhecer. Estavam mais interessados em falar sobre como eram grandes e ótimos, e como seríamos tolos se escolhêssemos qualquer outra empresa que não fosse a deles.
Você e a sua equipe passaram meio dia percorrendo nossas operações. Vocês fizeram perguntas inteligentes. Todos em nossa equipe sentiram que você e o seu pessoal estavam genuinamente interessados em nós. Sentimos que vocês se importavam conosco.
Quando vocês entregaram a proposta, vimos que ela era toda sobre nós. A dos seus concorrentes era só sobre eles. Por isso é que estamos fazendo negócio com vocês.

Milhões de dólares mudaram de mãos naquele negócio. Quando os *stakeholders* desse *prospect* ponderaram a decisão entre a Penske e os seus concorrentes, escolheram a Penske porque o pessoal da equipe de vendas da Penske mostrou interesse, investiu tempo em aprender, compreendeu o cliente potencial, fez com que os *stakeholders* se sentissem importantes, apresentou recomendações personalizadas com base na situação única do *prospect* e demonstrou zelo.

Os concorrentes da Penske conversaram com os *stakeholders* sobre caminhões. Discutiram as razões pelas quais os *stakeholders* deveriam comprar — atributos, benefícios, especificações dos caminhões e diferenças competitivas. Tudo racional, razões lógicas, mas não as razões dos *stakeholders*.

Não se tratava de caminhões. Os *stakeholders* desse *prospect* não queriam saber de caminhões. Eles estavam interessados em problemas que estavam afetando sua capacidade de prestar serviços de primeira classe aos clientes.

*As pessoas compram pelas razões delas, não pelas suas.* Para diferenciar-se na era da transparência, você deve colocar-se no lugar dos *stakeholders*. Você deve investir tempo e ser curioso o suficiente para aprender sobre os negócios e os problemas dos *stakeholders*. É preciso aprender e falar a língua deles.

## O poder da linguagem

Desde a aurora da civilização, a linguagem conectou os seres humanos, definiu fronteiras e determinou quem está dentro e quem está fora. Hoje, mais de 7.000 línguas são faladas em todo o globo.

Comunidades, empresas, famílias, religiões, clubes, equipes esportivas, escolas e grupos de pessoas em todos os caminhos da vida e em todas as estruturas organizacionais compartilham uma linguagem comum que os mantém unidos e gera comunhão.

O biólogo evolucionista Mark Pagel chama a linguagem de tecnologia social.[70] Ele teoriza que uma das principais razões de a linguagem ter evoluído entre os seres humanos foi tornar mais fácil vender coisas,[71] acelerando, assim, o comércio e, por fim, a profissão de vendas dos tempos modernos.

Pagel afirma que a linguagem é poderosa e neural, "tecnologia de áudio para reconfigurar a mente das pessoas", porque "permite que você implante um pensamento de sua mente diretamente na mente de alguém".[72]

Para mim, a linguagem é a última palavra em tecnologia de vendas. Vá a qualquer lugar do mundo e apenas tente falar a linguagem de outra cultura, e as pessoas o receberão e o abraçarão – somente pelo esforço. Você verá como não é tão difícil e como exige muito pouco. Apenas uma palavra aqui ou ali, na língua local, e você passará de forasteiro a membro do grupo.

No contexto das conversas de vendas, a linguagem dos *stakeholders* é o jargão da empresa, os acrônimos, os processos, os sistemas e a terminologia da empresa. Inclui os gatilhos emocionais, os desafios, as questões, as preocupações, os problemas únicos, as situações e as oportunidades. É a maneira como eles se expressam e imprimem emoção nessas manifestações. Quando você aprende a falar a linguagem deles, o efeito é o mesmo. Os *stakeholders* o trazem para o grupo deles.

Analisamos, por exemplo, como o viés da afinidade leva-nos a acreditar que as pessoas que são como nós são melhores e mais confiáveis. A linguagem transcende diferenças para construir afinidades.

Muito como o controle remoto de uma televisão, você pode explorar a linguagem para "alterar a configuração do cérebro de

---

[70] PAGEL, Mark. How Humans Evolved Language and Who Said What First. *New Scientist*, 3 fev. 2016. Disponível em: <https://www.newscientist.com/article/2075666-how-humans-evolved-language-and-who-said-what-first/>. Acesso em: 5 dez. 2017.

[71] www.theatlantic.com/business/archive/2015/06/why-humans-speak-language--origins/396635

[72] PAGEL, Mark. How Language Transformed Humanity. Ted.com, 2011. Disponível em: <https://www.ted.com/talks/mark_pagel_how_language_transformed_humanity>. Acesso em: 5 dez. 2017.

alguém".[73] Falar a linguagem do seu *stakeholder* torna as suas mensagens e recomendações mais familiares, seguras, confortáveis e memoráveis. Isso lhe proporciona uma vantagem competitiva distinta na guerra pela diferenciação.

Durante os treinamentos de vendas, os treinadores reconfiguram o seu cérebro para falar a linguagem da sua empresa. Você aprende a fazer o seu *pitch* de vendas sucinto e convincente, a confeccionar propostas de valor e a contar a história da empresa. Você consome e se familiariza com o material de vendas e aprende a falar sobre produtos, serviços, especificações e atributos – tudo sob a perspectiva da sua empresa e do seu próprio ponto de vista. É imersão total. Com o passar do tempo, você, naturalmente, começa a pensar e a falar nessa linguagem.

Por isso é que é muito difícil sair da sua própria cabeça e falar a linguagem do *stakeholder*. Em nossos workshops Message Matters [A Mensagem Importa] e em nossos cursos de sobre inteligência de vendas, submetemos os participantes a um exercício simples, em que eles devem preparar uma lista de problemas e dificuldades – do ponto de vista do *stakeholder*.

É aflitivo ver como os participantes acham quase impossível se colocar no lugar dos *stakeholders* e intuir problemas sob essa perspectiva. Em grande parte, as listas produzidas pelos participantes são lixeiras de especificações e atributos de produtos e serviços, em vez de questões reais que afetam os *stakeholders*.

É mais fácil aprender e falar a linguagem dos *stakeholders* quando você se coloca no lugar deles. Para tanto, é necessário esforço intencional para desenvolver empatia pelas motivações, preocupações, interesses, aspirações e experiências dos *stakeholders*.

Perguntas habilidosas aspiram e inspiram as histórias dos *stakeholders*. Quando você ouve em profundidade e imerge nas histórias dos *stakeholders*, você ganha perspectiva, experimenta as emoções deles e aprende a linguagem deles.

## A mensagem é importante

Depois de aprender a linguagem dos *stakeholders*, o próximo passo é entrelaçá-la em suas mensagens de vendas, para demonstrar que você os compreendeu.

---

[73] https://www.ted.com/talks/mark_pagel_how_language_transformed_humanity/transcript.

Seja em apresentações iniciais, seja em conversas de vendas, em demonstrações e em propostas, sua mensagem deve ser relevante, cativante e memorável. Ela precisa deixar claro que você compreendeu a situação singular do *stakeholder*.

A relevância é o fator crítico. Do contrário, é só zumbido, um padrão enfadonho que o cérebro do *stakeholder* ignora.

A mensagem é importante. Um importante atalho cognitivo é denominado *heurística da disponibilidade*. O cérebro valoriza a informação mais fácil de lembrar e a considera mais importante que a informação mais difícil de lembrar.

A heurística da disponibilidade não pode ser ignorada na hora de elaborar mensagens sob medida e de se comunicar com os *stakeholders*. Memorável equivale a diferenciação. Quando você fala a linguagem do *stakeholder*, sua mensagem é mais fácil de lembrar e, portanto, tem peso maior na decisão, aumentando, por conseguinte, a probabilidade de vitória.

Infelizmente, vendedores medíocres cometem erros grosseiros em suas mensagens. Como robôs, eles regurgitam de maneira irrefletida e monótona os atributos do produto destacados nas listas do treinamento de vendas, sem atentarem para sua relevância naquela situação específica.

Suas apresentações são monótonas. Vendedores medíocres não ativam o cérebro dos *stakeholders*, nem cativam a atenção deles, porque soam como folhetos de marketing ambulantes e falantes. Não admira que os *stakeholders* geralmente se desliguem durante as suas apresentações e demonstrações.

Usar a linguagem dos *stakeholders* tem o benefício adicional de reduzir a carga cognitiva, tornando mais fácil para eles compreender, assimilar e se lembrar das informações recebidas. Tira a complexidade de ouvir.

Nas mensagens de vendas, a complexidade é inimiga mortal. A linguagem complexa e diferente, infestada de jargão, em dialeto de negócios, é difícil de assimilar. O cérebro do *stakeholder* deixa de prestar atenção e descamba para a heurística e para os vieses, no esforço para interpretar o que você está dizendo.

## O teste do cheiro "E daí?"

Um dos meus primeiros mentores em vendas ensinou-me, de maneira brusca, mas inesquecível, o teste do cheiro, como o que se faz ao cheirar roupas ou alimentos, para ver se estão limpos ou em bom estado. Consiste simplesmente em perguntar "E daí" depois de certas afirmações. Antes de grandes apresentações, eu ensaiava com meu mentor o meu *pitch* de vendas. Em seguida a cada imagem e a cada mensagem, ele perguntava impassível e fleumático: "E daí?"

"Nosso produto economizará 30% do que você está gastando agora."

*E daí?*

"Nossa taxa de satisfação dos clientes é de 96,7%."

*E daí?*

"Nosso processo de implementação é sem interrupções e aborrecimentos."

*E daí?*

Isso me forçava a explicar por que cada ponto era importante para aquele *stakeholder* ou grupo de *stakeholders* específicos, com base na sua situação exclusiva. Se eu não conseguia dar uma explicação satisfatória do ponto de vista da empresa ou sob a perspectiva do *stakeholder*, o slide, a afirmação e, às vezes, toda a apresentação era cancelada.

Isso me enfurecia. Eu contestava, discutia e tentava expor meu argumento, mas, se ele não passasse no teste do cheiro "E daí?", minha mensagem era descartada.

No entanto, por mais aborrecido ou frustrado que eu ficasse, o teste também me deixava mais seguro e melhorava minhas apresentações. Aprendi a ouvir com a intenção deliberada de compreender os *stakeholders* e, então, preparar mensagens relevantes para eles, na linguagem deles, porque eu sabia que, às vezes, eu teria de passar pelo crivo "E daí?" do *stakeholder*.

## A bela arte de conciliar

Ao explicar, ensinar, demonstrar, desafiar, oferecer *insights*, ou fazer apresentações, você deve manter-se consciente das duas questões mais prementes do cérebro do *stakeholder*:

❶ E daí?
❷ O que ganho com isso?

Você deve lembrar que a atenção do *stakeholder* é gerenciada e controlada pela amígdala. A amígdala responde a ameaças e a coisas brilhantes e cintilantes. No intuito de manter o *stakeholder* vivo, a amígdala ignora os padrões monótonos – como apresentações baseadas em roteiros – e responde às disrupções ambientais.

A amígdala do *stakeholder* é o porteiro. Todas as mensagens de vendas passam primeiro pela amígdala, que, como o meu gerente de vendas, aplica o duro teste do cheiro "E daí?".

A amígdala é muito egoísta. Quando sua boca articula palavras e os slides em PowerPoint colorem a tela, a amígdala só quer saber: "O que ganho com isso?" Se sua mensagem não for nova, diferente ou disruptiva, se ela não resolver problemas, eliminar a dor ou combater ameaças futuras, a amígdala não desperdiçará recursos cognitivos preciosos com ela.

Em vez disso, a amígdala sai de cena e volta a perscrutar o ambiente em busca de disrupções, e sua mensagem jamais chegará ao neocórtex do *stakeholder*. Se sua mensagem não for relevante, o cérebro do *stakeholder* fica indiferente.

Resolvendo problemas, eliminando a dor e ajudando os *stakeholders* a aproveitar oportunidades é como você adquire o direito de passar para o próximo passo e fechar o negócio. Você pode ter a solução perfeita, mas, se os seus *stakeholders* não puderem ouvi-lo porque você não está falando a linguagem deles ou porque o padrão é enfadonho, você perde.

Os supervendedores são construtores de padrões. Eles ativam a atenção da amígdala com mensagens e histórias relevantes, focadas intensamente em demonstrar que você compreende os *stakeholders* e se expressa na linguagem deles, fácil de compreender.

Conciliar é o processo e a arte de construir o caso (argumento, ou conjunto de fatos e razões) para fazer negócios com você, conectando suas soluções com os problemas dos *stakeholders*, no contexto do que é mais importante para eles e na linguagem deles, não na sua.

| *Pitch* de vendas | Conciliação |
| --- | --- |
| **As suas razões:** Expressa atributos e benefícios genéricos, lixeira de dados díspares e confusos. | **As razões deles.** Expressa valor, no contexto do que é mais importante para os *prospects*, na linguagem deles. |
| Deixa os *prospects* achando que você não os ouve e sentindo-se sem importância. | Demonstra que você está ouvindo e convence os *prospects* de que você os compreende. |
| Faz com que você pareça igual aos concorrentes. | Diferencia e constrói o caso (argumento, ou conjunto de fatos e razões) de valor *versus* preço. |
| Como você não se diferenciou, a conversa descamba rapidamente para custos. | Aprofunda suas conexões emocionais. |
| | Leva-o para o próximo passo. |

Conciliação é onde a mensagem e a emoção se encontram. Use palavras, frases e histórias que provoquem e ativem as emoções dos *stakeholders* – tipicamente por se relacionarem com sentimentos dolorosos, como estresse, preocupação, insegurança, desconfiança, ansiedade, medo, frustração ou raiva e por lhes oferecerem paz de espírito, segurança, opções, esperança, menos estresse e menos preocupação.

Em capítulo anterior, descrevi um estudo em que os sujeitos compravam mais vinho francês nos dias em que a loja tocava música francesa. Essa resposta é denominada *heurística do afeto*. Em termos simples, sua disposição, ou seu ânimo, é influenciada por outro estímulo emocional. Por essa razão, conciliações baseadas em linguagem e em histórias emocionais provocam mais impacto emocional e, portanto, são mais convincentes.

## Modelo de Conciliação de Três Passos

A conciliação define problemas, recomendações e soluções, na linguagem do *stakeholder*, por meio de um processo de três passos (Figura 25.1), que conecta a situação vigente, a solução personalizada e uma situação futura almejada, ou *o que eles ganham com isso*.

Quando você associa recomendações e propostas de valor aos gatilhos emocionais que foram revelados durante a fase de descoberta, os seus *stakeholders* se sentirão valorizados, importantes e compreendidos por você.

Nunca se esqueça de que cada pessoa (e empresa) vê os seus problemas, por mais comuns que sejam, como únicos. Por isso, a conciliação deve ser personalizada.

Os supervendedores constroem o argumento de que compreendem o *stakeholder* e podem resolver os problemas do *stakeholder* com base em processos de conciliação seguros, sucintos e personalizados. Os supervendedores transformam atributos e benefícios rotineiros em soluções customizadas, desenvolvidas e construídas em torno da situação exclusiva do *stakeholder*. Eles reformulam atributos de produtos que parecem genéricos de maneira a levar os *stakeholders* a sentir que foram elaborados exclusivamente para a situação específica deles.

Eis um exemplo de uma conciliação. Este exemplo está escrito em linguagem informal, como você o exporia verbalmente durante uma apresentação. (Os documentos por escrito exigem linguagem mais formal e concisa.)

**Problema**
Defina o problema, a dor ou a oportunidade do *stakeholder*, na linguagem própria dele.

**Recomendação personalizada**
Ofereça a sua recomendação para a solução do problema do *stakeholder*.

**Resultado planejado**
Descreva como a sua recomendação resolverá o problema do *stakeholder*. Obtenha a concordância deles. (Consiga um sim)

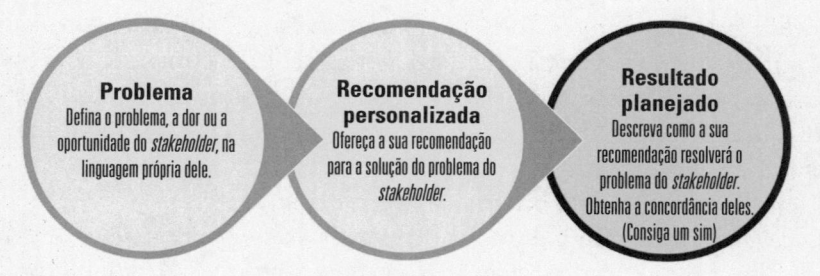

Figura 25.1: Modelo de Conciliação de Três Passos

**Problema:** "Alba, quando nos reunimos com a sua equipe de contas a pagar, eles se mostraram frustrados com o processo de auditoria manual necessário para gerenciar as faturas dos vários fornecedores. Ruben disse que precisava de até 40 horas de trabalho por mês apenas para não deixar acumular, e que essa demora estava provocando atraso em executar mais projetos importantes. Só na semana passada, eles perderam um prazo para um desconto que lhes custou US$ 900."

**Recomendação personalizada:** "Por isso, recomendo instalar o nosso módulo Faturamento Expresso. É uma plataforma de contas a pagar na nuvem, que torna superfácil gerenciar faturas e pagamentos. Também oferece a Ruben um painel de controle fácil de usar, para que ele se concentre em anomalias, em vez de executar uma auditoria completa todo mês."

**Resultado planejado:** "No mínimo, o Faturamento Expresso economizará mais que US$ 37.000 em custos diretos de mão de obra. Mais importante, no entanto, é que ele fornecerá, a você e a todos os chefes de departamento, uma visão abrangente e detalhada do contas a pagar e do que está impactando os resultados da empresa. Ruben terá condições de convergir o foco no que pode economizar dinheiro da empresa, e você terá a tranquilidade de que não ocorrerão surpresas embaraçosas no fim do mês, porque se deixou passar alguma coisa."

Observe como essa conciliação transmite uma história. Acena com forte alívio para a situação atual insustentável, propõe uma solução definitiva e desenha um futuro muito melhor.

Vamos desdobrar a abordagem.

## Problema

O problema (desafio, necessidade, dor, oportunidade – use o rótulo que lhe parecer mais adequado) define a situação vigente na linguagem do *stakeholder*. De fato, você lhes está contando a própria história e os lembrando da dor e das oportunidades perdidas. As descrições de problemas mais eficazes são específicas, emocionais e oferecem provas fáticas.

O modelo de conciliação se destina a ativar o cérebro dos *stakeholders* e a atrair a atenção deles para você, primeiro envolvendo a amígdala, que tem as chaves do portão cognitivo. Se a amígdala se recursar a abrir o portão, não importa como a sua mensagem foi bem concebida, você não entra.

Por isso é que começamos com um problema ou dor. A amígdala é configurada para responder a ameaças, dores e problemas. Ela também reage a oportunidades, mas as ameaças têm prioridade. Nem sempre é possível sensibilizar a amígdala, mas, ao alcançar esse resultado, você atrairá mais interesse posicionando as oportunidades como meio de rechaçar as ameaças.

## Recomendações personalizadas e princípio da autoridade

Depois que a amígdala abre o portão cognitivo, você ganha acesso ao cérebro racional do seu *stakeholder*. A sua recomendação se conecta com o lado racional e objetivo do *stakeholder*, pede a sua intervenção e recorre ao *princípio da autoridade*.

Como a prova social, quando os humanos observam as ações dos outros para decidir como agir, também permitimos que as diretrizes de pessoas com autoridade influenciem nossas decisões e julgamentos.

Respeitamos a autoridade e seguimos a autoridade. Quando um especialista faz uma recomendação, o comportamento humano natural é aceitar a recomendação e agir de acordo com ela. Em seu livro *Influence*, o autor Robert Cialdini se refere a essa ascendência como princípio da autoridade.

Seguir a orientação de pessoas com autoridade facilita navegar na incerteza de um mundo complexo. A incerteza aumenta a carga cognitiva e nos desacelera. Para nos movimentarmos com mais rapidez, recorremos a *experts* em busca de conselho, diretrizes e recomendações, que, em geral, cumprimos.

Os supervendedores exploram o princípio da autoridade fazendo recomendações que acenam com a situação futura almejada pelo *stakeholder*. Os supervendedores projetam a imagem de especialistas e exercem a autoridade daí decorrente para formatar e influenciar as decisões de compra.

Os supervendedores dizem, cheios de confiança, *eu recomendo*, para expressar autoridade no assunto.

O vendedor medíocre deprecia e dilui a própria autoridade com frases mais passivas, como *minha empresa oferece* ou *nós fornecemos* ou *nosso produto fará* ou, ainda mais depreciativo, *espero que*.

Em situações de incerteza e risco, os *stakeholders* procuram você, o *expert*, para fazer recomendações, de modo que as decisões se tornem mais fáceis e seguras para eles.

## Resultado planejado

O resultado planejado conecta o emocional e o racional. O resultado planejado é uma aspiração. Deve ser desenhado com traços vívidos que descrevam o futuro melhor.

---

**Nota do Autor**

Confeccionar as mensagens de vendas é a minha parte favorita de vendas. Amo brincar com palavras e vibro com a criatividade inerente ao desenvolvimento da mensagem perfeita para cada *stakeholder*.

Essa é a parte de vendas em que as informações coletadas durante a descoberta ganham vida. Embora seja muito mais arte do que ciência, certos modelos úteis, como a conciliação, facilitam o processo.

Um mergulho profundo no processo de desenvolver mensagens de vendas eficazes, histórias de vendas convincentes e propostas de valor poderosas está além do escopo deste livro. No entanto, você encontrará recursos, orientações, ideias e fóruns em: <https://www.salesgravy.com/saleseq>, para ajudá-lo a desenvolver mensagens vencedoras, que fecham negócios.

Também oferecemos um workshop sobre mensagens de vendas, denominado Message Matters. Você pode aprender mais a esse respeito em: <https://www.salesgravy.com/training>.

Capítulo 26 | **PEDIR: A MAIS IMPORTANTE DISCIPLINA DE VENDAS**

> *A rejeição nada mais é que um passo necessário na busca do sucesso.*
> Bo Bennett

Bill estava gaguejando, mal olhando nos olhos da compradora. Ele parecia assustado. "O que você acha?"

Sentado ao lado dele, fiquei pensando: "Fala sério, depois de todo esse trabalho, o melhor que você consegue é 'O que você acha?'. Essa empresa precisa da gente, você construiu o caso (argumento, ou conjunto de fatos e razões), você conquistou o direito, então peça o que você quer!".

Marla, a compradora, respondeu: "Obrigado pela apresentação, Bill. Você nos deu muito sobre o que pensar. Vou dizer uma coisa. Quero conversar com minha equipe a esse respeito e voltaremos a procurá-lo em mais ou menos uma semana".

Depois de segurar o *prospect* durante mais de um ano à espera de que a janela de compra se abrisse, além de seis semanas de trabalho para ser incluído na agenda de Marla, cinco reuniões de descoberta, uma degustação do produto, duas semanas inteiras de trabalho preparando a apresentação e a proposta, construindo um caso de negócios convincente e fazendo uma apresentação impecável, Bill pôs tudo a perder com um pedido tímido, hesitante e humilde.

As emoções negativas dele o desencaminharam no momento mais importante. Tudo o que ele tinha a mostrar como recompensa pelo seu esforço era "voltaremos a procurá-lo".

Em vendas, você deve pedir o que quer de maneira direta, assertiva e presuntiva. Não espere que os *stakeholders* trabalhem para você. Quando você não pede, fracassa.

## Fechamento

Não consigo me livrar de vendedores que me perguntam sobre técnicas de fechamento de vendas, nem de gerentes de vendas que me pedem para ensiná-los a conseguir que seu pessoal feche as vendas.

Desde superstições (houve época em que eu fazia questão de usar minha gravata especial em visitas decisivas) até uma sucessão infindável de *scripts* de mau gosto, parece não haver limites para os chamados *experts* que não hesitam em se dizerem capazes de oferecer a fórmula mágica para "fechar todos os negócios".

*Eis a verdade nua e crua: Esses pretensos experts estão errados. Não existe pedra filosofal para o fechamento de negócios.*

O fechamento é o resultado final da excelência durante todo o processo de vendas, não um ponto no tempo em que uma frase ou tática manipulativa induz o *prospect* a dizer sim. Se você alinhou os três processos de vendas, construiu uma conexão emocional com seus *stakeholders*, formulou as perguntas certas, conciliou em busca de soluções relevantes e respondeu às cinco perguntas mais importantes, o fechamento é, quase sempre, mera formalidade.

Eis o meu conselho. Esqueça o fechamento e foque em *pedir*.

- Peça um encontro.
- Peça o próximo passo.
- Peça um tour pelas instalações.
- Peça a informação de que você precisa.
- Peça para fazer uma demonstração.
- Peça para falar com quem decide.
- Peça a venda.
- Peça o que você quer.
- Peça!

Será que eu poderia ser mais claro? Se você está tendo dificuldade em conseguir o próximo encontro, em chegar às pessoas que decidem, em conseguir informações dos *stakeholders*, em alcançar níveis mais altos na organização, ou em fechar o negócio, nove em dez vezes é porque você não está pedindo. Por quê? Porque nove em dez vezes você não está sendo direto, com medo de ouvir "não".

## Com medo de pedir

Nada em vendas exige nível mais alto de controle emocional do que pedir. A emoção negativa mais traiçoeira para o pessoal de vendas é o medo. E o maior medo em vendas é pedir, porque pedir abre as portas para uma possível rejeição.

O pessoal de vendas:

- Tem medo de pedir tempo.
- Tem medo de pedir o próximo passo.
- Tem medo de pedir para falar com outros *stakeholders*.
- Tem medo de pedir dados.
- Tem medo de pedir ao *stakeholder* para lhe mostrar o material de vendas e as propostas dos concorrentes.
- Tem medo de pedir para dar uma volta pelas instalações.
- Tem medo de pedir para fazer demonstrações.
- Tem medo de pedir para alcançar nível mais alto na organização.
- Tem medo de pedir a venda.

A rejeição é fator de desmotivação doloroso e gênese de medo profundo, medo tão forte que impede a maioria das pessoas de pedir o que quer.

Pedir evoca os medos mais arraigados de vulnerabilidade. O sentimento de vulnerabilidade, de acordo com a doutora Brené Brown, autora de *A coragem de ser imperfeito*, associa-se a incerteza, risco e exposição emocional. Ansiedade, estresse, aceleração dos batimentos cardíacos, suor na palma das mãos e embotamento do cérebro são sintomas de disparo da resposta luta ou fuga, na medida em que você antecipa o que pode acontecer se o *stakeholder* disser não.

Superar o medo do "não" é tarefa difícil. Vendi durante toda a vida e tenho sido muito bem-sucedido na profissão, mas, ainda hoje, a toda hora, preciso me lembrar de que "não" não mata. Essa, a propósito, é a chave. Primeiro, você precisa se conscientizar do seu medo e, então, ensinar o seu cérebro racional a gerenciar essa emoção.

Comece aprendendo a preparar-se para a ansiedade que se expressa antes de pedir o que você quer. Depois, passe a gerenciar sua autoconversa interna e sua reação física ao medo.

Essa conscientização o ajuda a gerenciar suas manifestações fisiológicas, apesar do vulcão de emoções que está irrompendo abaixo da superfície. Como um pato na água, você parece calmo e frio e projeta uma imagem relaxada e confiante, muito embora você esteja agitando as patas intensamente, pouco abaixo da superfície.

| Demonstra falta de confiança, insegurança e medo | Demonstra conduta relaxada e confiante |
|---|---|
| Fala com voz aguda. | Fala com inflexão normal e grave. |
| Fala rápido. Quem fala muito rápido soa pouco confiável. | Fala em ritmo relaxado, com pausas oportunas. |
| Tom de voz tenso e defensivo. | Tom de voz amigável – com um sorriso na voz. |
| Fala alto demais ou macio demais. | Modulação de voz adequada, com ênfases emocionais apropriadas, nas palavras e frases certas. |
| Tom de voz inconstante, com muitas interjeições e pausas impróprias. | Tom de voz pausado, comedido e direto, com argumentação objetiva. |
| Falta de contato visual – olhar evasivo. Nada declara com mais clareza "não mereço confiança" quanto não olhar nos olhos. | Contato visual direto e apropriado. |
| Mãos nos bolsos. | Mãos ao lado ou à frente. (Pode parecer desconfortável, mas transmite poder e confiança.) |
| Muita gesticulação ou movimentação das mãos. | Gesticulação e movimentação das mãos comedidas e controladas. |
| Tocar o rosto ou pôr os dedos na boca – sinais inequívocos de nervosismo e insegurança. | Mãos em posição de poder – ao lado ou à frente, com gestos controlados, de maneira não ameaçadora. |
| Tronco encurvado, cabeça baixa e braços cruzados. | Postura empertigada, queixo para cima, ombros erguidos e projetados para trás. Isso o fará sentir-se mais confiante. |
| Inclinar-se para a frente e para trás, sobre os pés, ou balançar o corpo. | Em pé, parado, ereto, em posição de poder. |
| Postura rígida, corpo tenso. | Postura natural, corpo relaxado. |
| Queixo contraído, olhar tenso. | Sorriso descontraído. O sorriso é a linguagem universal que diz "Sou amigo e confiável." |
| Aperto de mão fraco, frouxo e úmido, sem olhar nos olhos. | Aperto de mão forte e confiante, enquanto olha direto nos olhos. |

## O pedido presuntivo

Lembra do contágio emocional? Quando você demonstra confiança em seu pedido e presume que conseguirá o que quer, os *stakeholders* respondem da mesma maneira e lhe dão o que você está pedindo.

Ao transparecer insegurança e indecisão por estar com muito medo de pedir de maneira direta, assertiva e presuntiva o que você quer, esses sentimentos contagiam os *stakeholders* e geram um clima de resistência até então inexistente. Num paradoxo estranho, quando você está mais passivo, com o receio de que o excesso de insistência predisponha os *stakeholders* contra você, o efeito é o contrário, e a sua indolência os torna resistentes ao seu pedido.

Jeffrey Gitomer diz que "a atitude presuntiva é a mais poderosa estratégia de vendas do mundo". Os supervendedores fazem pedidos presuntivos, pois isso aumenta a probabilidade de vitória.

- Peça com confiança, presumindo que você conseguirá o que quer.
- Cale-se! Não se deixe intimidar pelo silêncio.
- Esteja preparado para lidar com objeções e negociar.

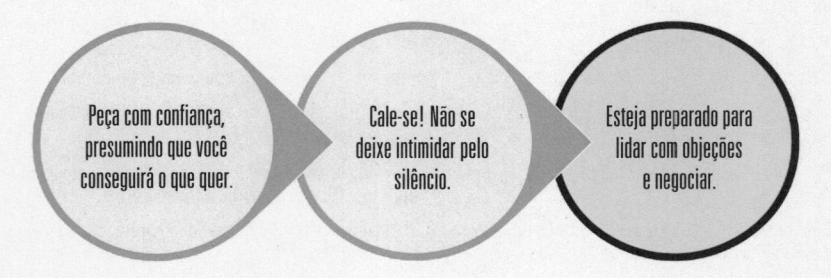

Figura 26.1: Como pedir presuntivamente

Para reduzir a resistência e conseguir o que você quer, você deve pedir com confiança, concisão e assertividade, sem hesitação. Três são as chaves do pedido eficaz, com alta probabilidade de vitória (Figura 26.1):

❶ Peça com confiança, presumindo que você conseguirá o que quer.
❷ Cale-se.
❸ Esteja preparado para lidar com as objeções.

Os supervendedores, com elevada Inteligência Emocional em Vendas, acreditam que vencerão e que devem vencer. Essa mentalidade de expectativa ou presunção positiva se manifesta na linguagem corporal, no tom e na inflexão de voz, e nas palavras. Enquanto o vendedor medíocre presume que a resposta será "não", os profissionais de alto desempenho presumem que a resposta será "sim". Eles transpiram confiança e essa confiança se transfere para os *stakeholders*, induzindo-os a concordar.

Pelo telefone ou face a face, as palavras que você usa e a maneira como você combina essas palavras transmitem, em alto e bom som, que você presume (presuntivo) ou não presume (não presuntivo) que receberá um "sim".

| Não presuntivo, passivo e fraco | Presuntivo e confiante |
|---|---|
| "Só estou checando." | "A razão de eu ligar é..." |
| "Fiquei pensando (esperando) se..." | "Diga-me quem – como – quando – onde – o quê..." |
| "Tenho todo o dia livre." | "Estou superocupado, trazendo novos clientes, mas tenho uma vaga disponível às 11 horas." |
| "O que você acha disso?" | "Vou visitar um cliente perto do seu escritório na segunda. Posso pegar você para o almoço." |
| "Será que você não teria tempo para responder a algumas perguntas, se não for muito incômodo?" | "Muitos dos meus clientes estão dizendo que estão tendo problemas com XYZ. Para você, qual é a maior dificuldade?" |
| "Essa seria uma boa hora para você?" | "E se nós nos reunirmos novamente na quinta, às 14 horas?" |
| "Gostaria de saber..." | "Quem mais devemos incluir?" |
| "Como você se sente a esse respeito até agora?" | "Com base em tudo o que você me disse sobre sua atual situação, acho que faz sentido prosseguir e marcarmos uma demonstração para quarta-feira. Quem da sua equipe deveríamos convidar?" |
| "O que você acha?" | "Só vou precisar da sua assinatura no acordo para iniciar o processo de implementação." |
| "Em quantos assentos você estava pensando?" | "Recomendo começar com um pacote de 20 assentos. Só preciso dos endereços de e-mail de cada pessoa da sua equipe para marcar os assentos." |

Os *stakeholders*, de maneira subconsciente, estão o tempo todo avaliando se suas palavras, tom de voz e linguagem corporal são congruentes. Quando não são, os *stakeholders* não confiam em você e opõem resistência.

## Cale-se

A parte mais difícil do pedido é aprender a pedir e, então, calar a boca. Depois de ter pedido o que você quer, você pôs todas as cartas na mesa e se tornou vulnerável à rejeição. E o que acontece quando você se sente vulnerável? Luta ou fuga — você se prepara para se proteger.

Nesse momento embaraçoso, depois de pedir, sua cabeça gira, enquanto a rejeição se ilumina diante de seus olhos. A fração de segundo de silêncio é insuportável. Parece uma eternidade.

Apesar dos sinais de alarme que soam em sua mente inundada de adrenalina, você precisa calar a boca e dar tempo ao *stakeholder* para responder.

Não tente contestar possíveis objeções, não se estenda nas explicações, não dê ao *stakeholder* possíveis saídas. Não vá além do pedido em si, convencendo o *stakeholder*, que estava pronto para dizer sim, a dizer não por causa da sua inabilidade!

Sim, haverá alguns "não" e "talvez", mas você ficará surpreso com a frequência com que seu silêncio confiante produz um sim.

### Sem surpresas

Meu pai é considerado por muitos pares um dos melhores advogados de contencioso dos Estados Unidos. Durante o verão, quando eu era garoto, ele muitas vezes me levava para os tribunais com ele. Ao observar meu pai nos julgamentos, aprendi uma técnica que hoje é essencial em meu processo de vendas.

Nas cortes, ao apresentar ou vender seus casos aos jurados, os advogados nunca fazem perguntas para as quais já não conheçam as respostas. Em outras palavras, quando chegam ao tribunal (apesar do que você vê na TV), não há surpresas.

Os advogados desenvolvem seus argumentos para os jurados sempre usando evidências e testemunhas que já foram mapeadas por meio de investigações e depoimentos antes do julgamento.

Aprender essa lição quando eu era criança foi muito útil para mim, mais tarde, como profissional de vendas. Ao aplicar a vendas o processo de descoberta pré-julgamento, constatei que eu fechava mais negócios, conseguia melhores termos e condições e construía relacionamentos mais fortes. E quase nunca era surpreendido durante as reuniões de apresentações ou fechamentos, pois eu havia acrescentado um passo pequeno, mas poderoso, ao meu processo de vendas.

### O passo da confirmação

O passo da confirmação vem depois da descoberta e antes da apresentação ou demonstração. Você programa uma reunião curta, por telefone ou em pessoa, com os seus *stakeholders*, para confirmar e verificar as prioridades, problemas, dificuldades e oportunidades que você identificou na fase de descoberta.

Durante o passo da confirmação, você permite que o *stakeholder* corrija pressupostos errôneos, preencha lacunas e priorize as questões que são mais importantes para ele. Essas conversas breves, que duram não mais que 15 minutos, são mais ou menos assim:

"Oi, Mandy. Muito obrigado por me conceder tanto tempo para me ajudar a conhecer você e a sua empresa. Mal posso esperar para mostrar-lhe minhas recomendações na nossa reunião da semana que vem. Mas, antes disso, quero ter a certeza de que não desperdicei seu tempo com coisas desimportantes. Como identifiquei numerosas oportunidades para ajudá-la, fiquei pensando se poderia rever minhas premissas com você, só para ter a certeza de estar no caminho certo para ajudá-la a conseguir o que você quer."

Mandy confirma as premissas, prioriza o que é importante para ela e me diz exatamente o que preciso fazer para fechar o negócio. Minha visita demonstra que eu me importo com as necessidades e preocupações dela, comprova meu compromisso com a excelência, e nos deixa frente a frente mais uma vez, antes da apresentação, o que reforça ainda mais o nosso relacionamento. Também sei que nenhum dos meus concorrentes dará esse passo extra.

Em seguida ao passo da confirmação, parto para as apresentações e demonstrações, sem surpresas. Sei exatamente que soluções apresentar, que problemas resolver, e em que gatilhos focar minha atenção. Sistematicamente, desenvolvo meu argumento e cativo meu público com meu conhecimento e compreensão da sua situação específica.

Na hora da assinatura do contrato, o fechamento do negócio mais parece um anticlímax, porque a vitória não foi o resultado de algo que eu fiz ou de uma técnica miraculosa que usei; foi simplesmente a consequência de compreender com clareza o que é importante para os *stakeholders*, de desenvolver um argumento para a minha solução, de falar a linguagem do *prospect* e de comprovar que os compreendo.

Capítulo 27 | **REVERTENDO AS OBJEÇÕES**

*Sem pressão não há diamantes.*
Thomas Carlyle

**Você está no fim do processo** de vendas. Depois de avançar ao longo de uma série de microcompromissos, você fez uma apresentação magistral e acompanhou o comprador na compreensão da proposta. Ele concorda que suas recomendações para a solução dos problemas dele serão eficazes. Parece que tudo está correndo bem. Cheio de confiança, você pede para fechar o negócio. Então...

"Bem, preciso pensar um pouco mais."

Caramba! O que você precisa fazer para conseguir que esse cara faça alguma coisa? Você se imagina saltando sobre a mesa, agarrando-o pelo colarinho, e gritando: "Assine a porcaria do contrato!"

Em vez disso, você ensaia uma contestação cerimoniosa, mas logo desiste e vai embora com um fiapo de esperança e uma promessa vaga do *stakeholder* do tipo "ligo para você na próxima semana".

Nada pior que uma objeção a essa altura!

Falando sério, imagine como os vendedores seriam muito mais felizes se, na hora do fechamento, os compradores simplesmente sorrissem e dissessem: "Sua proposta parece ótima! Onde assino?"

Mas essa não é a realidade. Esse estágio final em geral envolve perguntas difíceis, contestações, negociações e objeções que desencadeiam uma enxurrada de emoções negativas.

Essas emoções o atingem como uma avalanche no momento em que surge uma objeção. A sensação é a de ter recebido um soco no estômago. Seu cérebro desliga e você tropeça nas palavras. Você se sente constrangido, pequeno e descontrolado. Às vezes, você congela, como um animal ofuscado pelos faróis de um carro, paralisado, incapaz de se movimentar.

No entanto, é exatamente aqui, nesse ponto de confluência de rejeição e emoção, que a porca torce o rabo em vendas. É onde a competência e o equilíbrio para efetivamente reverter as objeções que o levam para o passo seguinte, mantêm o negócio em andamento e fecham a venda.

## Como os vendedores criam objeções

Não existe pílula mágica que torne mais fácil lidar com objeções. Nos negócios em curso, sobretudo aqueles a que você se dedicou de corpo e alma, o momento em que o *prospect* oscila entre o sim e o não é exasperante e pavoroso.

A vida será muito mais fácil, porém, se você mesmo, para começar, não propiciar o surgimento de resistências e objeções. O pessoal de vendas cria objeções e resistências à mudança porque:

- Demonstra falta de confiança ao pedir e não presume que vai conseguir o que quer. Como as pessoas respondem da mesma maneira quando você se mostra fraco e passivo, a probabilidade de que o *prospect* responda com uma objeção do tipo "Bem, preciso pensar um pouco mais" *é alta*.
- Não constrói um caso ou argumento para a mudança. Em vez de se aprofundar nas descobertas, de fazer perguntas e de oferecer soluções exclusivas e personalizadas, ele regurgita material de marketing genérico e entrega uma planilha de preços.
- Assume saber o que os *stakeholders* querem e, ao agir assim, perde pistas emocionais e foca nas questões erradas. As pessoas compram pelas próprias razões delas, não pelas suas razões.
- Não compreende o mapa BASIC (capítulo 17) e se engaja com pessoa que é incapaz de tomar a decisão de compra.
- Falha na qualificação e trabalha com um *prospect* de baixa probabilidade, que não está na janela de compra, e, por questões de tempo, de restrições orçamentárias ou de obrigações contratuais, não tem condições de comprar.

- Não alinha o processo de vendas com o processo de compras e parte para o fechamento cedo demais ou tarde demais.
- Contribui para descobertas superficiais, para improvisações e para a abertura de atalhos.

A maneira mais eficaz de eliminar resistências e objeções é seguir o processo de vendas sem omitir passos e pedir com objetividade e confiança o que você quer. Um pedido presuntivo e confiante é a maneira mais eficaz de evitar possíveis objeções.

## Viés do *status quo* e por que os compradores objetam

Os *stakeholders* fazem objeções a você porque:

- Têm medo da transição de um fornecedor para outro, da disrupção que daí poderia resultar para o negócio e da possível dor que isso poderia acarretar para eles próprios.
- Acham que fazer negócios com você é muito arriscado para eles próprios e para a organização.
- Detestam conflitos e não se sentem à vontade para dispensar o atual fornecedor e fazer negócios com você.
- Não confiam em você.
- Não se convenceram com as suas recomendações.
- Têm questões legítimas sobre a sua proposta.
- Receiam a mudança ou se sentem pouco à vontade com ela – estão enraizados ao *status quo*, por mais disfuncional que seja.

Eis o óbvio ofuscante: os humanos não gostam de mudança. Trabalhamos ativamente para evitar a mudança. Aderimos às nossas rotinas e preferências. Pautamos nossa conduta pela regra prática "Se não estiver quebrado, não conserte". E, Deus nos perdoe, quando alguém apenas insinua que a mudança talvez seja necessária, ficamos ansiosos, cínicos e rebeldes – mesmo que a mudança seja a nosso favor.

Sempre temos o medo oculto de que a decisão de mudar é uma escolha questionável e arriscada, que pode piorar a situação.

Esse *viés do status quo* é a principal razão de os *stakeholders* fazerem objeções e de os negócios estagnarem nos últimos estágios do processo de vendas, culminando com uma decisão negativa.

Em seu livro *Rápido e devagar: duas formas de pensar*, Daniel Kahneman, o pai das pesquisas sobre heurística e vieses cognitivos, escreve:

> Os organismos que atribuíram mais urgência a evitar ameaças do que a maximizar oportunidades tinham maior probabilidade de transferir seus genes. Assim, com o passar do tempo, a perspectiva de perda se tornou motivação mais poderosa do nosso comportamento do que a promessa de ganhos.[74]

Esse *viés da segurança* leva o cérebro a se tornar mais consciente das coisas ruins (o que pode dar errado) do que das coisas boas (o que pode dar certo). Em termos evolucionários, você pode perder a oportunidade de uma coisa boa, como um almoço gratuito. Se, porém, você não prestar atenção aos perigos em seu contexto, você pode acabar *sendo* o almoço – coisa muito ruim.

Como seres humanos, tendemos a ser atraídos por escolhas seguras. O pessoal de vendas, em geral, não é percebido como sendo seguro. Você, como vendedor, representa uma ameaça. Agora, atrele o viés da segurança ao viés do *status quo* e você terá um formidável muro emocional entre você e o *stakeholder* que você está tentando induzir a fazer uma mudança.

Esses vieses cognitivos nocivos, atuando em conjunto, levam o subconsciente do *stakeholder* a ampliar todas as falhas, todos os riscos e todas as preocupações em relação a você e à sua proposta. Eles se sentem indecisos, inseguros e receosos. Portanto, eles optam por ficar imóveis, por não fazer nada (o *status quo*), em vez de mudar. Mesmo em situações insustentáveis, em que a mudança é indispensável para a sobrevivência, as pessoas se prendem ao *status quo*: "Melhor o diabo que você conhece do que o diabo que você não conhece".

É exasperante para o pessoal de vendas levar cavalos sedentos até a água e, lá chegando, por mais que os empurrem, puxem e insistam, não conseguem fazê-los beber. Não importa que você esteja tentando persuadir outra pessoa a aceitar novas ideias, influenciar um *prospect* a mudar de fornecedor, convencer um cliente a comprar um novo produto, induzir uma empresa a adotar um novo sistema, desafiar uma equipe de *stakeholders* a implantar um novo processo, ou simplesmente passar para o próximo passo, a mais forte atração emocional, por mais ilógico que seja, será exercida pelo *status quo*.

---

[74] KAHNEMAN, Daniel. *Thinking, Fast and Slow*. Nova York: Farrar, Straus and Giroux, 2011.

O vendedor medíocre reage lutando. O padrão é forçar os *stakeholders* a aceitar a mudança – tentar convencê-los de que seus medos são infundados. Assim agindo, esses vendedores medianos confirmam a imagem negativa que deles fazem os *stakeholders* e disparam o viés da segurança. Para evitar o desconforto desse confronto, os *stakeholders* desaparecem.

Os supervendedores ajudam os *stakeholders* a superar o viés do *status quo*, predispondo-os para a mudança e induzindo-os a assumir microcompromissos.

Um exemplo do processo de predisposição é preparar os *stakeholders* para o próximo passo durante a visita de vendas, em vez de surpreendê-los no final desse encontro. A predisposição para a mudança também pode ser feita durante o estágio de descoberta, por meio de perguntas que levem os *stakeholders* a falar sobre uma situação futura almejada.

Uma série de microcompromissos preparam os *stakeholders* para a mudança. Os microcompromissos são apenas isso, pequenos passos, fáceis de executar. Na medida em que os *stakeholders* se acostumam a pequenas mudanças, torna-se mais fácil para eles fazer grandes mudanças.

A confiança, porém, é a única emoção que supera a força gravitacional do *status quo*. Embora poucas decisões sejam completamente livres de risco, a confiança desempenha papel fundamental na redução do medo e na minimização do risco para os *stakeholders*. Quanto mais eles confiarem em você, maior será a probabilidade de que concordem com seus pedidos, aceitem suas ideias e comprem de você.

Se, porém, você não conseguiu construir e cultivar a confiança, você baterá em cheio na muralha do *status quo*. Você pode ter marcado todas as caixas. Você pode ter respondido a quatro das cinco perguntas mais importantes dos *stakeholders* com um sonoro *sim*!

❶ Eu gosto de você? *Sim!*
❷ Você me ouve? *Sim!*
❸ Você faz com que eu me sinta importante? *Sim!*
❹ Você me conhece e compreende os meus problemas? *Sim!*
❺ Eu confio em você? **Não!** (probabilidade de vitória zero).

Mas não importa, a não ser que você também inspire confiança. A confiança, acima de tudo, ofusca e supera o *status quo*.

## Você não pode argumentar com os *stakeholders* contra uma objeção

Tradicionalmente, os instrutores de vendas ensinam o pessoal de vendas a "superar as objeções". Frequentemente, ouço os instrutores usarem a frase "combater objeções". *Combater* significa derrotar ou prevalecer sobre um oponente.[75]

O vendedor medíocre tenta convencer os *stakeholders* a mudar de opinião – a prevalecer num debate. Essa é a razão pela qual os *stakeholders*, em geral, obscurecem, confundem, usam cortinas de fumaça e mentem. Eles receiam que, ao dizerem não, enfrentem uma batalha e sejam desrespeitados.[76]

Contestar, superar, prevalecer não funciona. Nunca funcionou. Mesmo quando os vendedores conseguem que os *prospects* digam sim dessa maneira, é apesar do, não por causa do debate que eles conseguiram reverter a objeção. Você não pode convencer os *stakeholders* de que eles estão errados. Quanto mais você força a barra, mais eles fincam o pé e resistem.

O ato de superar (ou, pior ainda, de combater) gera animosidade, exasperação e frustração, tanto para o *stakeholder*, que é atropelado por uma ladainha sobre por que estão errados, e para o vendedor, que cria ainda mais resistência e agrava a rejeição com essa abordagem.

Existe uma maneira melhor. Os supervendedores não encaram os *stakeholders* como adversários. Em vez de tentar prevalecer num argumento, os supervendedores exploram a maneira como o cérebro funciona para desenhar padrões, romper as expectativas dos *stakeholders* e atraí-los para si.

## Modelo de Cinco Passos para a Reversão da Objeção

Tudo que você aprendeu neste livro destina-se a reduzir a probabilidade de receber objeções. Depois que você alinhou os três processos de vendas, mapeou e gerenciou o conjunto de *stakeholders*, impulsionou seu negócio no processo de vendas, pedindo um passo de cada vez, e respondeu às cinco perguntas mais importantes com um sim retumbante para cada *stakeholder*, fechar a venda fica muito mais fácil.

---

[75] http://dictionary.reference.com/browse/overcome
[76] GODIN, Seth. Why Lie? 4 mar. 2012. Disponível em: <http://sethgodin.typepad.com/seths_blog/2012/03/why-lie.html>. Acesso em: 5 dez. 2017.

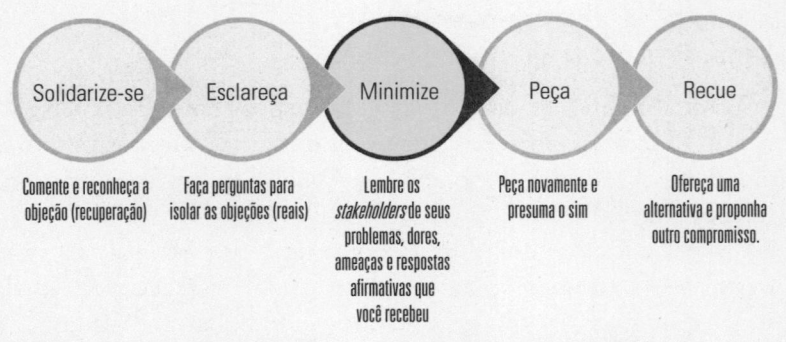

| Solidarize-se | Esclareça | Minimize | Peça | Recue |
|---|---|---|---|---|
| Comente e reconheça a objeção (recuperação) | Faça perguntas para isolar as objeções (reais) | Lembre os *stakeholders* de seus problemas, dores, ameaças e respostas afirmativas que você recebeu | Peça novamente e presuma o sim | Ofereça uma alternativa e proponha outro compromisso. |

Figura 27.1: Modelo de Cinco Passos para a Reversão da Objeção

Quando você faz tudo certo, as objeções, na maioria, revelam-se questões legítimas a serem esclarecidas ou tentativas de negociação sincera que foi confundida com objeção. Por exemplo, fico feliz quando um *stakeholder* diz: "Jeb, realmente queremos fazer negócio com você, mas...". Isso significa que eu fechei o negócio. O *stakeholder* assumiu um compromisso comigo. Tudo de que precisamos é negociar o "mas".

É importante manter-se alerta para objeções que são realmente sinais de compra, para não se precipitar.

Os supervendedores exploram o Modelo de Cinco Passos para a Reversão da Objeção (Figura 27.1). Ao responder a perguntas, objeções e tentativas de negociar, esse modelo os ajuda a gerenciar as emoções negativas, a isolar a questão real e a manejá-la com o *stakeholder*, sem causar mal.

## Solidarize-se

Esse passo, muito como a recuperação a que nos referimos ao tratar das respostas reflexas e das contestações às rejeições aos próximos passos, serve para dar tempo ao cérebro racional de se recompor e controlar as emoções negativas geradas pela rejeição.

**Comprador:** Os seus preços são altos comparados com os dos concorrentes.

**Você:** Compreendo como você se sente a esse respeito. Os nossos preços realmente parecem um pouco mais altos que os dos nossos concorrentes, e ninguém quer pagar mais do que o devido.

A chave é simplesmente solidarizar-se com os *stakeholders*, como ser humano – ficar ao lado deles e demonstrar que você os compreende. Essa atitude rompe a expectativa deles de que você discutirá com eles – atraindo-os para você, em vez de afastá-los. A solidarização também dá ao cérebro racional a chance de se recompor e de controlar as emoções negativas que foram disparadas pela rejeição percebida.

## Esclareça e isole

Para efetivamente lidar com uma objeção, você precisa certificar-se de que está tratando da objeção certa e de que você e o *stakeholder* estão na mesma página. Se vocês não estiverem falando a mesma língua, nem se referindo ao mesmo assunto, vocês estarão andando em círculos ou confundindo sinais de compra ou negociação com uma objeção.

**Você:** Estou curioso. Quando você diz que nossos preços estão muito altos, o que isso significa sob o seu ponto de vista?

**Comprador:** É a taxa mensal. A sua está 10% mais alta do que eu pago hoje.

Os *stakeholders* nem sempre são claros e diretos nas objeções. Em alguns casos, eles querem evitar a dor do conflito e lançam uma objeção que, para eles, derrubará você e encerrará a conversa rapidamente (essa é uma ocorrência comum entre os construtores de consenso).

Nunca, jamais, assuma que você sabe o que o *stakeholder* está dizendo. Sempre esclareça. Em seguida, isole a objeção.

O vendedor medíocre tem o mau hábito de dar o bote sobre a primeira objeção que recebe. Ignorando que há outras preocupações, ele se desgasta superando a primeira objeção sobre a mesa para, logo em seguida, se deparar com outra objeção.

Os supervendedores sempre param e confirmam antes de prosseguir, para terem a certeza de que não há nada mais por trás da moita.

**Você:** Tudo bem. Entendi. Além disso, há alguma outra coisa o incomodando em nossa proposta?

**Comprador:** É isso mesmo. Vou ter dificuldade em justificar esse aumento na taxa mensal para o meu chefe.

Às vezes, ao isolar, você constata que a primeira objeção era apenas cortina de fumaça. Esse trabalho de identificação revela a preocupação verdadeira e premente.

**Você:** Tudo bem. Entendi. Além disso, há alguma outra coisa o incomodando em nossa proposta?

**Comprador:** Acabei de ouvir do nosso atual fornecedor que enfrentaremos um custo significativo para fazer a mudança. O seu custo já é superior ao que estamos pagando hoje, e não sei se posso justificar essa mudança para o meu chefe.

## Minimize

Você não pode convencer outra pessoa a acreditar que ela está errada. Mas isso é exatamente o que muitos vendedores tentam fazer. Encaram o comprador como um adversário a ser superado ou derrotado num debate. Essa tática raramente funciona e, quando dá certo, os compradores frequentemente voltam atrás no compromisso, depois de refletirem sobre o que aconteceu.

A maneira mais eficaz de reverter a objeção é minimizar a preocupação ou o medo de mudança do *stakeholder*. Os seres humanos odeiam a mudança, razão por que o *status quo* exerce força gravitacional tão poderosa.

Você conta, porém, com poderosa alavanca de influência a ser explorada, a já nossa conhecida dissonância cognitiva. Durante todo o processo de vendas, você pediu e os *stakeholders* assumiram uma série de microcompromissos.

Se você fez o seu trabalho no estágio de descoberta, você conscientizou o *stakeholder* sobre a necessidade de mudança e o ajudou a expressar as razões da mudança. Quando você conciliou as suas soluções com os problemas, o *stakeholder* concordou com as suas recomendações e soluções. No processo, você colecionou um monte de respostas afirmativas.

Cada vez que o seu *stakeholder* assumiu um microcompromisso, você perguntou: "Você acha que isso funcionará para você?", e ele disse sim, avançando no nível subconsciente para essa situação futura. No entanto, na hora da decisão, ele hesita, dividido entre a situação futura almejada e a segurança percebida do *status quo*.

Para você, a decisão é racional e óbvia, mas ele está perdido num nevoeiro emocional. Se você argumentar, você o empurrará para o *status quo* e perderá o negócio. Você deve, isso sim, minimizar os medos dele, acentuar os benefícios da mudança e criar condições para que a dor da dissonância o enxote da zona de conforto.

**Você:** Quando analisamos os problemas de serviços que você estava enfrentando com seu atual fornecedor, você disse que os custos desses problemas eram de mais ou menos US$ 1.100 por mês em perdas salariais e de cerca de US$ 4.200 por mês em perdas de vendas. Você está seguro a respeito desses números?

**Comprador:** Sim, acho que estão certos.

**Você:** Você disse que minha recomendação facilitaria para a equipe de serviços cuidar dos problemas dos clientes, o que melhoraria a retenção dos clientes. [Pausa para permitir que o comprador preencha o silêncio.]

**Comprador:** Eu gosto do plano e acho que ele funcionará para nós. Só estou preocupado com o preço de pôr o plano em ação.

**Você:** Lembro de você ter dito que sua chefe o estava atropelando por causa da perda de vendas, que esse era o assunto mais premente para ela, e que essa foi a principal razão de você ter concordado em se reunir comigo. Racionalizar o processo e eliminar as dificuldades que os clientes precisam superar para fazer uma pequena compra resolverá a questão imediatamente. Essa solução deixaria Ângela feliz, certo?

**Comprador:** Por isso é que precisamos fazer essa mudança. Se resolvermos o problema de vendas, ela ficará muito satisfeita.

**Você:** Quando faço as contas, vejo que você perderá US$ 63.600 por ano se continuar com o atual fornecedor. Evidentemente, você está certo – trabalhar conosco de fato significa que você terá que aumentar um pouco a sua verba mensal.

No entanto, depois de implantarmos nosso programa e eliminarmos as perdas de vendas e os custos com a folha de pagamento, você economizará US$ 34.800 por ano. Essencialmente, fazer a mudança é pôr dinheiro no bolso.

Mesmo com os US$ 10.000 que o atual fornecedor diz que lhe custarão para fazer a mudança, e acredito que podemos negociar esse valor, você obtém um ROI de quase US$ 25.000 no primeiro ano.

Eu diria que, com o aumento da retenção de clientes, com a expansão das vendas e com a melhoria da experiência dos empregados, você tem um bom argumento para fazer a mudança.

**Comprador:** Ah, eu não tinha visto a coisa dessa maneira.

Ao lembrar educadamente ao *stakeholder* os compromissos que ele já tinha assumido, ele sente uma pressão subconsciente para manter-se coerente com esses compromissos. Agir de outra maneira gera dissonância cognitiva dolorosa. Isso, por seu turno, facilita o rompimento do padrão do *status quo*.

## Peça

Depois de minimizar a objeção do *stakeholder*, você deve pedir novamente, confiante e presuntivo.

**Você:** Com base nesses números, não faz sentido esperar. Por que não avançamos e damos a partida?

**Comprador:** Concordo. Quais são nossos próximos passos?

Se você esperar que o *stakeholder* tome a iniciativa, o *status quo* rastejará de volta e você acabará com outro "Bem, preciso pensar um pouco mais". Já tendo minimizado a preocupação do *stakeholder*, peça o compromisso, em tom direto e incisivo.

## Recue

Embora você tenha coberto todas as questões, ainda é possível que você receba um não. É importante que você evite um confronto de argumentos e que você vá embora com um compromisso alternativo. Ao manter o impulso para a frente, você evita a paralização.

**Comprador:** Parece bom e acho que estamos quase lá. Mas eu preciso repassar os números mais uma vez antes do fechamento definitivo do negócio. Daqui a mais ou menos uma semana volto a procurá-lo.

**Você:** Para não ficar em aberto, podemos combinar de uma vez para a próxima quinta-feira. Por que não nos reunimos às 11 horas e tomamos uma decisão positiva ou negativa?

**Comprador:** Combinado!

Se você terminar com um vago "Precisamos conversar mais sobre isso – que tal você nos telefonar na próxima semana?", é alta a probabilidade de que o negócio empaque e morra.

Você precisa conseguir alguma coisa. Esteja preparado com pedido alternativo para a hipótese de recuo. O pedido pode ser de:

- Agendamento da reunião.
- Início do processo de implantação.
- Nova demonstração.
- Teste piloto.
- Compra menor.
- Outro produto ou pacote.

Convém planejar a posição alternativa antes da visita de fechamento. De fato, é boa ideia praticar e ensaiar a resposta para todas as possíveis objeções.

Prepare-se para as piores hipóteses — e deixe de sobreaviso o *murder boarding* (pelotão de fuzilamento). Ponha sobre a mesa todas as objeções potenciais e respostas possíveis e pratique o modelo de reversão de cinco passos até executá-lo com facilidade.

Descobri que a prática o ajuda a tornar-se imune aos obstáculos, prepara-o para gerenciar as emoções negativas e facilita o raciocínio no momento crucial. Você também constatará que, ao planejar e praticar antecipadamente, as objeções que ocorrerem no fechamento serão muito mais brandas do que você receava de início.

Capítulo 28 | **EU CONFIO E ACREDITO EM VOCÊ?**

> *Quando a conta de confiança é alta, a comunicação é fácil, instantânea e eficaz.*
> Stephen R. Covey

Apesar da percepção de que o pessoal de vendas dirá ou fará qualquer coisa para fechar o negócio, raramente deparo com vendedores mal-intencionados. A maioria dos profissionais de vendas:

- Age de maneira certa.
- Cumpre as promessas.
- Diz a verdade.
- Acredita no que está vendendo.

A armadilha em que os vendedores medíocres geralmente caem é a da crença falsa de que boas intenções são suficientes. Os *stakeholders* não julgam a sua credibilidade com base nas suas intenções. Eles julgam você com base nas próprias intenções deles.

Os *stakeholders* o examinam minuciosamente. Eles procuram congruência nas suas palavras, comunicações não verbais e ações. Ouvir, mostrar-se confiável, cumprir as promessas, ser pontual, estar preparado, observar os prazos, acompanhar os processos em andamento, arrematar os processos encerrados, manter em boa ordem o material de vendas, gerenciar suas mensagens, e assim por diante, interliga palavras, intenções e ações.

Em nosso mercado global hipercompetitivo dominado pela mudança disruptiva, comprar um novo produto ou serviço, ou mudar de fornecedor envolve risco real para os *stakeholders*. Hoje, as organizações são muito pouco pacientes com o fracasso e a punição pelos erros é severa.

Quando os *stakeholders* acreditam que você cumprirá suas promessas, eles se põem em posição vulnerável. Comprar de você pode expor a reputação e a carreira deles. Da mesma maneira, em vendas de empresas para consumidores (B2C) de produtos sofisticados para compradores afluentes, os clientes podem arriscar as finanças da família e a reputação com o cônjuge ou familiares. Se você não corresponder às expectativas, o impacto sobre os negócios, a empresa, a carreira ou a família pode ser drástico.

Nessa atmosfera estressante, você talvez pense que os *stakeholders* confiariam estritamente em evidências e em dados empíricos ao escolher os fornecedores; que eles agiriam tendo em vista seus melhores interesses, deixando de lado as emoções e fazendo apenas o mais lógico. Sabemos, porém, que não é assim que as pessoas tomam decisões.

Os humanos quase sempre agem, de início, com base nas emoções e, depois, justificam as ações com base na lógica. A propósito, por isso é que não mudar – manter o *status quo* – é, em geral, a escolha emocionalmente segura, mesmo quando ficar parado é ilógico e até disfuncional.

## Bagagem emocional

De acordo com pesquisa recente da Associated Press/GfK, que perguntou "Você pode confiar na maioria das pessoas?", 70% da população dos Estados Unidos acredita que a maioria das pessoas não merece confiança.[77] Imagine a resposta, se a pergunta fosse "Você pode confiar na maioria dos vendedores?"

Os *stakeholders* trazem para as conversas de vendas a bagagem emocional acumulada durante uma vida de relacionamentos com o pessoal de vendas. Essas experiências são amplificadas pelas percepções negativas sobre o pessoal de vendas, que lhes foram impregnadas pelo cinema, pela televisão e pela mídia. Desde o começo eles foram induzidos a suspeitar das motivações dos vendedores.

A maioria dos *stakeholders*, no entanto, dispondo de evidências suficientes de que você os ouvirá, cuidará deles, procurará compreendê-los,

---

[77] CASS, Connie. In God We Trust, Maybe, but Not Each Other. *APT GFK*, 30 nov. 2013. Disponível em: <http://ap-gfkpoll.com/featured/our-latest-poll-findings-24>. Acesso em: 5 dez. 2017.

cumprirá as promessas e fará as coisas certas, confiará em você. O paradoxo da vulnerabilidade é que, bem no fundo, queremos confiar nos outros. A desconfiança cria dissonância dolorosa. Suspeita e ceticismo são sentimentos desconfortáveis. Confiança é estabilidade – um estado de bem-estar e equilíbrio que muito almejamos.

Stephen R. Covey, autor de *Os sete hábitos das pessoas altamente eficazes*, compara o processo de construção da confiança com o de fazer depósitos numa "conta bancária emocional". Usando essa metáfora, Covey explica que você constrói confiança fazendo depósitos regulares (demonstrações consistentes de que você é confiável) na conta bancária emocional de outra pessoa.

À medida que você faz esses depósitos, como ouvir, preparar-se para as reuniões, manter os compromissos e cumprir as promessas, o saldo na conta de confiança aumenta. Quando você não mantém os compromissos, volta atrás nas promessas, faz a outra pessoa sentir-se desimportante ou desvalorizada, comporta-se de maneira antipática e incoerente, você efetua retiradas na conta de confiança.

Como em qualquer conta bancária, quando você faz muitas retiradas e permite que o saldo fique negativo, há penalidades. Você deixa de ser confiável, prejudicando o relacionamento e os negócios com o *stakeholder*.

## Você está sempre no palco

Imagine-se no palco de um auditório. Na plateia, estão os seus *stakeholders*, clientes, superiores e pares. Todos os seus comportamentos estão sendo observados. Você está sob os refletores, para que todos vejam se suas ações são compatíveis com suas palavras.

Talvez você seja polido com algumas pessoas, mas não com outras. Talvez você se torne agitado diante de qualquer inconveniência, por mínima que seja. Talvez você tenha se atrasado para uma reunião e não tenha telefonado antes para justificar-se e desculpar-se. Talvez você não tenha retornado um e-mail ou mensagem de maneira conveniente e oportuna.

Na fase de descoberta, você pode ter perdido importante informação por não estar prestando atenção. É possível que o material ou as amostras em suas apresentações não estivessem em boas condições. Quem sabe você não estava preparado para uma demonstração importante. Você contou uma mentira trivial e foi descoberto.

O tempo todo, você está sendo julgado e avaliado sobre até que ponto você é confiável. Em vendas, você está sempre no palco, e é essencial que você controle seus comportamentos que estão sendo observados. Você deve manter o mais absoluto autocontrole e disciplina para manejar todos os comportamentos, compromissos e atitudes diante dos *stakeholders*.

Falhas como não retornar telefonemas, ser desorganizado, cometer erros de ortografia e gramática em documentos escritos, apresentar-se mal preparado nas reuniões, expor fatos inexatos, comportar-se de maneira inadequada, não ouvir com atenção, não acompanhar e arrematar suas ações, tudo isso até pode parecer muito pequeno. No entanto, o cérebro humano gravita para o negativo.

As mensagens, os pensamentos e as imagens negativas atraem e retêm a atenção dos observadores. Estamos mais sintonizados com os atributos negativos do que com os atributos positivos em outras pessoas. Com o passar do tempo, essas percepções negativas se acumulam, reforçando o juízo de que você não é confiável.

Quando se trata de confiança, pequenas coisas fazem grande diferença. Embora, em certas situações, uma única grande falha comprometa a confiança em tal extensão que não haja como recuperá-la, esses eventos são raros. A perda de confiança é, em geral, o acúmulo de uma sucessão de pequenas transgressões que enfraquecem ou destroem os fundamentos da credibilidade.

## Um tijolo de cada vez

A confiabilidade ou credibilidade, ou seja, ser confiável e digno de crédito não é direito inato e inalienável. Você precisa conquistar e preservar essas prerrogativas por meio de evidências consistentes e contínuas. Esse é o ponto em que a nossa jornada completa o círculo, de volta ao alinhamento dos três processos de vendas.

Você não pode simplesmente aparecer um dia e começar a questionar os *stakeholders*, dizendo-lhes que eles estão errados. Você não pode entrar numa reunião ou agarrar o telefone, disparar ideias e informações em cima dos *stakeholders* e esperar que eles acreditem em você e em suas opiniões como *expert*. Você precisa conquistar esse direito.

Você nunca entra no processo de compra no último estágio, saltando as fases cruciais de conexão e descoberta, sem construir os fundamentos adequados de confiança, como base para desafiar o *status quo* e fechar a venda. Não é assim que funciona.

A construção da confiança é um processo gradual. Todas as ações, decisões e comportamentos reforçam ou enfraquecem a confiança e a afetam diretamente. É parte da jornada emocional do vendedor e do *stakeholder*, ao longo dos corredores em constante mutação dos processos de vendas, de compras e de decisão. Não há como apressar a construção da confiança. Você lança pacientemente os alicerces, um tijolo de cada vez.

Em vendas, confiança é tudo. Sem confiança, os relacionamentos desabam e as probabilidades de vitória despencam. Sem confiança, os *stakeholders* erguem barreiras emocionais, a descoberta é superficial, os próximos passos são negados, as objeções se tornam obstáculos irremovíveis e os negócios empacam. Sem confiança, você não está com nada.

Capítulo 29 | **AMACHE**

*A estrada bifurcava em um bosque, e eu —*
*Eu escolhi a menos percorrida,*
*e isso fez toda a diferença.*
Robert Frost

Um de meus melhores grandes mentores me ensinou que, quando você está numa encruzilhada e precisa tomar decisões difíceis sobre como usar o tempo ou que caminho tomar, você deve escolher aquilo de que mais se lembrará. Esse conselho — escolher o caminho de que você se lembrará — tem moldado minha vida, sob muitos aspectos, e tornou-se minha bússola.

Foi essa bússola que me levou a parar e a pensar em seguir uma estrada estreita, de terra, no fim de uma tarde causticante de um verão tórrido, bem no meio de lugar nenhum, no leste do Colorado.

A estrada de terra se estendia tão longe quanto a vista alcançava. À esquerda, havia uma longa linha de choupos esbranquiçados. À direita, destacava-se uma velha tabuleta de madeira, coberta de trepadeiras, onde se lia AMACHE.

Tirei o pé do freio e o carro avançou lentamente. À medida que ele pegava velocidade, a poeira avermelhada erguia-se atrás de mim, obscurecendo toda a visão pelo retrovisor.

Parecia que eu estava dirigindo havia muito tempo, quando a estrada abruptamente terminou no meio do nada. Ao sair do carro e vasculhar as redondezas, não vi sinal do que tinha acontecido ali mais de 70 anos antes. À exceção de um pequeno pavilhão com um telhado de zinco, que abrigava sinais e placas históricas, não havia nada – nenhum outro carro, ninguém, apenas silêncio.

Caminhei até o pavilhão e comecei a ler tudo o que lá se encontrava, e logo fiquei fascinado pela história de Amache – tão absorto que não ouvi o carro que parou ao lado do meu, que não percebi a pessoa que entrou e parou atrás de mim, e até me surpreendi com uma voz frágil que disse: "Eu estive aqui".

Virei-me e deparei com um japonês idoso, apoiado numa bengala. "Desculpe?", murmurei.

"Eu estive aqui", repetiu o velho.

"Aqui?", indaguei, apontando para o chão.

Ele acenou, "Sim. Fui trazido para cá quando criança". Ele explicou como ele e a família tinham sido arrancados de casa, no sul da Califórnia, jogados num trem e mandados para Amache, campo de concentração de japoneses, no começo da Segunda Guerra Mundial.

Diante de mim, desfiava-se uma história vívida e palpitante, e eu precisava tomar uma decisão: prosseguir na leitura ou dar atenção a um estranho. Fiz a escolha de conhecer o estranho.

Aquela era a primeira vez em que ele voltava a Amache. Os filhos o convenceram a fazer a viagem, e ele próprio tinha dirigido o carro desde Los Angeles.

Embora não tivesse sobrado nada no campo, ele me conduziu ao longo das trilhas encobertas pela vegetação e desenhou uma imagem ardente de como era Amache quando ele esteve lá. Ele falou, nós andamos, e eu ouvi.

Perguntei-lhe se ele e a família não estavam magoados e decepcionados com o próprio país, por os terem traído daquela maneira terrível. Ele respondeu: "Ficamos zangados, mas não amargurados. Nunca conversamos sobre isso nesses termos. Aproveitamos a experiência como motivação para nos erguermos e para alcançarmos tanto sucesso na América quanto podíamos".

Eles perderam tudo. Recomeçando da estaca zero, tiveram de reconstruir toda a vida de novo, depois da guerra, enquanto eram tratados como cidadãos de terceira classe, resistindo a todas as manifestações de preconceito, de racismo e de ódio.

"Mas", nas palavras dele, "aproveitamos nossas oportunidades e foi assim que nos recuperamos." Ele havia construído um negócio bem-sucedido, que se tornou o esteio do sucesso dos filhos. Três eram médicos; um, dentista; e o terceiro, empreendedor vitorioso.

Depois de mais ou menos uma hora, nossa conversa chegou espontaneamente ao fim – e, naquele lugar sinistro, dois estranhos, que logo ficaram amigos, mas que, provavelmente, jamais se veriam de novo, tiveram de dizer adeus.

Agradeci-lhe por passar tanto tempo falando-me sobre Amache. Estendi-lhe a mão para me despedir, mas, em vez de apertar-me a mão, ele passou os braços ao meu redor e me deu um abraço apertado. Lágrimas lhe rolavam pelo rosto e ele me agradeceu efusivamente por ouvir sua história.

Essa experiência confirmou mais uma vez para mim o poder de ouvir. Quando você ouve outra pessoa, você cria profunda conexão emocional, que os faz sentirem-se significativos e importantes. Nunca se esqueça, ao trabalhar com outras pessoas, que ninguém jamais se queixa de quem ouve.

A causa básica do poder da escuta atenta e da conexão daí resultante é a empatia. A empatia é a metacompetência do século XXI. Quem domina a empatia domina as relações humanas. Você se destaca. Você desenvolve uma vantagem competitiva. A empatia atrai outras pessoas para você, impele-as a ajudá-lo e abre o portal da influência.

Quero lembrar aqui as palavras de Maya Angelou: "Aprendi que as pessoas esquecem o que você disse, que as pessoas esquecem o que você fez, mas que as pessoas nunca esquecem como você as fez se sentirem".

Ao deixar Amache e voltar para a estrada pavimentada, surpreendeu-me como aquela experiência havia sido profunda. Senti-me feliz por ter tido a rara oportunidade de caminhar pela história com alguém que a havia vivido como personagem.

A conversa com o velho japonês inspirou-me a aprender mais. Um ano mais tarde, vi-me no Japão, em Hiroshima e em Nagasaki, na busca pessoal de compreender a guerra no Pacífico e de como ela levara à decisão de trancafiar cidadãos americanos em campos como Amache.

Mas a lembrança recorrente que sempre aflora daquele passeio pela história é a do sentimento de gratidão do meu companheiro de viagem. E, para mim, a maior lição de Amache foi a de que não somos produtos do que acontece conosco, mas sim de como respondemos ao que acontece conosco.

Todos enfrentamos adversidades. É inevitável e inesperado. Você pode optar, porém, entre entender que o mundo está conspirando contra você ou ficar grato pela oportunidade de aprender e crescer.

As pessoas gratas sentem-se ao mesmo tempo abençoadas por terem tido oportunidades e imbuídas da responsabilidade profunda de retirar tudo o que for possível dessas chances. Amargura, cinismo e prerrogativas não podem crescer onde floresce a gratidão. O que aprendi de minhas viagens pelo mundo e da convivência com pessoas extremamente bem-sucedidas, em todos os quadrantes da vida, é que a gratidão é o molho secreto do sucesso e da felicidade.

A chave para cultivar a gratidão é simples e gratuita. É preciso praticar deliberadamente o sentimento de gratidão.

Passei grande parte de minha vida com profissionais de alto desempenho. É uma das recompensas de ser palestrante profissional. Os supervendedores são fontes inesgotáveis de entusiasmo e de dinamismo. São divertidos e inspiradores, ganham toneladas de dinheiro, veem o mundo ao seu redor através de lentes de infinitas possibilidades e são inequivocamente gratos.

A gratidão é a pedra angular da mentalidade vencedora e a fagulha que deflagra a automotivação. É o reconhecimento do que você tem, do que você recebeu, de suas oportunidades, do que aprendeu com os fracassos e adversidades, e da ajuda que os outros lhe deram ao longo do caminho.

A gratidão se associa a altos níveis de energia, otimismo, motivação, felicidade e empatia, fatores críticos para desenvolver alta Inteligência Emocional em Vendas.

Em seu livro *A Whole New Mind* (Riverhead, 2005), Daniel Pink desenvolve o argumento de que as pessoas que dominam a empatia e as competências interpessoais conquistarão a vantagem competitiva e o trunfo econômico mais importantes das próximas décadas. Na era da revolução digital e da inteligência artificial, a inteligência emocional é mais valorizada do que nunca.

Os profissionais de vendas que investem e focam no desenvolvimento de Inteligência Emocional em Vendas dominarão a profissão. Ao aumentar sua Inteligência Emocional em Vendas, você se ergue acima do velho paradigma e se distancia ainda mais dos vendedores medíocres.

Mire-se no espelho. Essa pessoa que você vê, olhando para você, é o verdadeiro protagonista do alto desempenho. Você pode controlar o seu destino. A única pergunta a responder é: Com que intensidade esse é realmente o seu propósito?

# Treinamento e Workshops

A Sales Gravy, Inc. oferece ampla variedade de programas de treinamento e workshops para profissionais de vendas, líderes, executivos de conta, SDRs (*Sales Development Representatives*), BDRs (*Business Development Representatives*), profissionais de serviços aos clientes e parceiros de canais. Nossos programas de treinamento em sala de aula, os cursos a distância conduzidos por instrutores, o aprendizado on-line autodirigido e os workshops rápidos incluem:

- Sales EQ.
- Fanatical Prospecting Bootcamp.
- Situational Coaching.
- Message Matters.
- Adaptive Negotiation.
- Rapid Negotiation Skills.
- Business Guidance Selling (cloud, SaaS, IoT).
- Enterprise Sales Skills.
- Customer Experience Selling (B2C).
- Adaptive Account Management.
- Customer EQ.
- Adaptive Partnering (channel management).
- Adaptive Mentoring.

Todos os programas são conduzidos por nossos instrutores profissionais certificados ou podem ser licenciados e apresentados por sua organização de treinamento. Oferecemos aprendizado autodirigido pela Sales Gravy University Platform, aprendizado a distância conduzido por instrutor em sala de aula virtual e programas presenciais em sala de aula física.

As mídias de treinamento, o projeto educacional e a metodologia de apresentação levam em conta as preferências de aprendizado de adultos e é sensível a estilos de aprendizado de diferentes gerações. Adotamos processos de aprendizado ativos que combinam métodos instrucionais interativos com recursos experimentais de *role-playing*, para oferecer experiências referenciais que envolvem conceitos-chave capazes de produzir resultados duradouros.

Para mais informações, procure-nos em training@salesgravy.com, converse com Brooke Coxwell, em brooke.coxwell@salesgravy.com, telefone para 1-844-447-3737, ou visite <https://www.salesgravy.com>.

# Sobre o autor

Jeb Blount é autor de oito livros e está entre os líderes intelectuais mais respeitados do mundo em vendas, liderança e experiência do cliente. Como especialista em aceleração de vendas, ele ajuda departamentos de vendas a alcançar piques de performance *rapidamente*, otimizando o talento, alavancando o treinamento para cultivar uma cultura de vendas de alto desempenho, desenvolvendo a liderança e aprimorando competências, e adotando desenhos organizacionais mais eficazes.

Jeb passa mais de 200 dias por ano proferindo discursos de abertura e conduzindo programas de treinamento para equipes de vendas de alto desempenho e para líderes em todo o mundo. Por meio de suas organizações de treinamento, como Sales Gravy, Channel EQ e Innovate Knowledge, Jeb orienta muitas das principais organizações do mundo e seus executivos acerca do impacto da inteligência emocional e das competências interpessoais em atividades envolvendo relacionamento com os clientes, e oferece treinamento a milhares de participantes dos setores público e privado.

Como líder de negócios, Jeb tem mais de 25 anos de experiência com empresas da Fortune 500, com negócios de pequeno e médio porte e com startups. Foi incluído entre um dos os 50 líderes mais influentes de marketing e vendas (*Top Sales Magazine*), um dos Top 30 influenciadores em vendas sociais (*Forbes*), um dos 10 principais *experts* em vendas a ser seguido no Twitter (Evan Carmichael), um dos 100 mais influentes blogueiros em vendas (iSEEit), um dos 20 principais autores lidos – *People Buy You* – por empreendedores (*YFS Magazine, Huffington Post*), um dos 20 mais respeitados autores em vendas - *Fanatical Prospecting* - de todos os tempos (Hubspot), e o podcaster em vendas mais baixado da história do iTunes, entre muitos outros reconhecimentos.

Seu site, https://www.salesgravy.com, é o site especializado em vendas mais visitado do planeta.

É autor de oito livros, inclusive *Fanatical Prospecting: The Ultimate Guide for Starting Sales Conversations and Filling the Pipeline by Leveraging Social Selling, Telephone, E-Mail, and Cold Calling* (John Wiley & Sons, 2015); *People Love You: The Real Secret to Delivering a Legendary Customer Experience* (John Wiley & Sons, 2013); *People Follow You: The Real Secret to What Matters Most in Leadership* (John Wiley & Sons, 2011); *People Buy You: The Real Secret to What Matters Most in Business* (John Wiley & Sons, 2010); *Sales Guy's 7 Rules for Outselling the Recession* (Macmillan, 2009); *Business Expert Guide to Small Business Success* (Business Expert Publishing, 2009); e *Power Principles* (Palm Tree Press, 2007).

Conecte-se com Jeb pelo LinkedIn, Twitter, Facebook e Instagram.

Para programar uma palestra de Jeb em seu próximo evento, telefone para 1-888-360-2249, envie um e-mail para andy@salesgravy.com ou carrie@salesgravy.com, ou visite www.jebblount.com. Você pode enviar um e-mail diretamente a Jeb em jeb@salesgravy.com.

# Agradecimentos

Em minha vida, nada é possível sem Carrie. Ora ela está segurando minha mão no consultório do médico, porque sou um tremendo banana; ora ela está organizando a noite de autógrafos de livros e sendo gentil com os fãs; ora ela está tomando as providências para que eu compareça ao evento em que sou palestrante com pontualidade e devidamente equipado. Ela dirige tudo no nosso negócio em rápido crescimento e, por alguma razão estranha, sempre sabe onde estão minhas chaves. Quando não estamos trabalhando, eu por acaso sou o marido dela. Palavras infinitas nunca poderiam expressar como sou grato a Deus por ter escolhido você para mim.

Obrigado a Liz, Pete, Lauren e Lia por tudo o que vocês fizeram para tornar *Inteligência Emocional em Vendas* realidade. Agradeço pela generosa orientação e por serem tão pacientes quando eu estouro os prazos. Sou grato a vocês e a toda a equipe da Wiley pelos seus investimentos em mim.

Andy Feldman, somos muito abençoados por Deus o ter trazido para a nossa vida. Você me fez melhor como pessoa e muito contribuiu para a prosperidade do nosso negócio.

Brooke e April, obrigado por cuidar de tudo durante o ano passado, quando meu foco se concentrava neste livro. Joguei muita coisa em cima de vocês. Vocês são nossos rochedos e, sem vocês, não tenho ideia de como este projeto teria acontecido.

Keith Lubner, você é um parceiro de negócios incrível. Obrigado por sua paciência, orientação e entusiasmo, à medida que soprávamos vida no livro.

Anthony Iannarino, ao longo de uma centena de conversas, você me ajudou a moldar as mensagens centrais de *Sales EQ*. Você é amigo e mentor, e me inspira a crescer.

Mark Hunter e Mike Weinberg, sinto-me muito feliz por termos ficado amigos. Como Anthony, você me motiva a escalar mais alto, trabalhar com mais afinco e dar o melhor de mim. Obrigado por tudo o que fizeram por mim. Espero que algum dia eu encontre alguma maneira de retribuir-lhes a bondade.

Chris Dods, sou-lhe grato por ter concentrado meu foco no supervendedor. Como sempre, você se destaca como o meu maior e mais importante mentor. Com você, uma pergunta provoca mais conscientização, o que, quase sempre, muda tudo.

Bob Blackwell, seu coaching, diretrizes e técnicas estão em todas as páginas deste livro. Obrigado.

Meus sinceros agradecimentos às dezenas de pessoas que concordaram em dar entrevistadas e me emprestaram suas histórias. Vocês desempenharam um papel crucial na construção deste livro. Sem vocês, ele não existiria.

Quero agradecer, especialmente, a toda a equipe da Penske, incluindo Art, Don, Rick, Jack, Bob, Matt, Jeff, Luke, Lori, Mandy, Nick, Zac & Greg, por suas histórias, orientações, paciência e apoio.

Finalmente, aos profissionais de vendas, aos líderes de vendas, e aos executivos de todo o mundo, que leem meus livros, ouvem meus *podcasts*, assistem a meus vídeos e participam de meus programas de treinamento, obrigado por depositarem confiança em mim. Adoro receber seus e-mails e comentários pelas mídias sociais e sou grato a vocês por compartilharem suas histórias de sucesso comigo.

# Índice remissivo

AA. *Ver* Inteligência adquirida (IA)
Abordagem de Três As, tecnologia e, 48-49
Ação, microcompromissos e, 128-129
Adote/Adapte/Agilize, abordagem à tecnologia, 48-49
Adversidade, 83, 287-288
Advogado, lições de vendas de, 266-267
Adquirida, Inteligência (IA), 44, 46, 47, 50
Afastamento/distanciamento emocional, 23
Afinidade, viés de, 187, 251
Afirmação e pausa, abordagem, 229
Afirmações de recuperação, 137-138
Alavancar (explorar, usar), 37, 52, 60, 161, 251, 273
  Dissonância cognitiva e, 42-43
  Inteligência Emocional em Vendas e, 62
  Mapeamento do *stakeholder* e, 58
  Mente subconsciente e, 40
  Modelos de influenciação e, 20
  Pesquisa sobre o *prospect* e, 146
  Princípio da consistência e, 129
  Processo de vendas e, 144
  Retirada e, 127-128
  Viés de valor e, 129
Aliança de noivado, compra, 63-64
Alinhamento, 152, 178-179
Amache, história, 287
Ameaças físicas, 91
Ameaças sociais, 91
Ameaças, 91-92
Amígdala, cérebro e, 38, 92, 94, 105, 254, 255, 258
Amigos/amizade, 28, 60, 64, 82
Amplificadores, BASIC e, 170
Análise
  De 360 graus, 75-77
  *Pipeline*, 18, 133-134
Analista, personalidade dos *stakeholder*, 191-192
Angelou, Maya, 285-288
ANUM, metodologia de qualificação, 113
Aparência, primeiras impressões, 186
Aperte o "pause", 104-105
Aprendizado, *locus* de controle e, 47
Apresentações, equipe, 100

Aptidão física, 83-85
Apresentações enlatadas sobre produtos, 23
Artificial, inteligência (IA), 48, 288
Ash, Mary Kay, 243
Asseio pessoal, 186
Associações, predisposição e, 201
Atalhos cognitivos, 39-40, 253
Atalhos mentais, 39-40, 95
Atalhos. *Ver* Atalhos mentais; Metodologias/atalhos de qualificação
Atitude educada, 186
Atribuição à situação, 67
Atribuição, viés de, 41
Atribuições situacionais, 67
Atribuição(ões), 67
Autoconsciência, 66, 75, 76, 78, 82, 95, 209
   Autocontrole e, 98-99, 108
   Chaves para o desenvolvimento, 72,
Autocontrole, 87-109, 102, 103, 209
   Aperte "pause", 104-105
   Comportamentos, escolha do, 108-109
   Emoção e, 108-109
   Emoções negativas e, 88-92
   Fisiologia, mudança, 102-103
   Foco e, 105-107
   Gatilhos emocionais e, 99
   Imunidade a obstáculos e, 103-104
   Preparação, prática e, 99-100
   Visualização positiva e, 101-102
Autoconversa, 81, 82, 102
Autodesenvolvimento, 47, 74, 80
Autoestima, 55, 241
Autoimagem, 32
Autorreflexão, 77-78
Autorrevelação, *loop*, 21, 207, 233
   Ativação do, 217-218

Ouvir e, 216
Autosserviente, viés, 72
Avaliações psicométricas, 73
Avaliações, 68, 72

B2B/B2C, processos, 58, 248, 281
BANT, metodologia de qualificação, 112-113
Barreiras à entrada, tecnologia e, 23
Barreiras emocionais, 187-188, 198
BASIC, mapeamento, 173
BASIC, stakeholders, 57, 169-171
   Amplifiers (amplificadores), 170
   Buyers (compradores), 169-170
   Coaches (coaches), 171
   Influencers (influenciadores), 170
   Seekers (perscrutadores), 170
Baumgartner, Thomas, 48
Bennett-Goleman, Tara, 104
Bertuzzi, Trish, 113
Boa vontade, 243
Brown, Brené, 262

Calvert, Deb, 231
Caminhões, aluguel, 18-20
Cannon, Walter, 91
Carga cognitiva, 36-37, 200-201
Carreira, 17, 30, 45, 70, 78
   Ingrediente secreto, 33-34
   *Stakeholders* e, 227-228, 281
Cenários de pior hipótese, 100
Cérebro racional. *Ver* Neocórtex
Cérebro. *Ver também* Neurocientistas; Mente subconsciente
   Ameaças e, 91-92, 101 (*ver também* Fight-or-flight response)
   Amígdala, 38, 92, 94, 105, 254, 255, 258
   Aptidão física e, 83-84
   Centro emocional do, 40

Como monstro em padrões, 37
Desconhecido e, 200-201
Fatos sobre, 37-38
Input, mudança, 82
Neocórtex, 38, 92, 104, 199, 206, 255, 258
Racional/emocional, 104
Sistema límbico, 38, 40
Sobrecarga sensorial, 36-37
Cerveja, estudo de pesquisa sobre vendas de, 31-32
Cialdini, Robert B., 242, 258
Cliente, 64. *Ver também Prospects*
Coaches, 73-74, 171
Comissão, 18, 30
Competência com pessoas, 46, 59, 61
Competências interpessoais, 20, 24, 49, 76
Competências intrapessoais, 49
Competitividade, 80
Complexidade, vendas complexas, 51, 52, 147-148, 247
Comportamento(s), 25, 37, 46, 67, 207
  Autocontrole e, 108-109
  Humano central, 201, 239
  Não complementar, 55, 200, 205, 207
Comprador(es), 34-35, 49
  BASIC e, 160-171
  Irracional, 22, 27-35, 39
  Razões deles, não as suas, 17, 34, 35, 249-250
Compra, janela, 115
Compras transacionais, 52
Compreender o comprador, 244-259. *Ver também* Conexão
  "E daí", teste do cheiro, 253-254
  As razões deles, não as suas, 249-250
  Conciliação e, 254-256

Diferenciação e, 245-246
Era da transparência e, 246-248
Linguagem e, 248-249
Mensagem e, 252-253
Negócios e, 249-250
Solução de problemas, 247
Compreensão. *Ver* "Compreender" o comprador
Compromisso, 136. *Ver também* Microcompromissos
Compromissos, marcação, 70, 163
Comunicação, 24, 68
  Estilo, 73, 187, 189, 190 (*ver também* Personalidade dos *stakeholders*)
  Histórias, comunicação por meio de, 212-213
  *Ver também* Pedir/Pedido; Visitas; Conversa(s); Linguagem; Ouvir; Mensagem(ns); Conversas de vendas
Conceitos de vendas "modernos", 24
Conciliação, 150, 206
  Bela arte de, 254-256
  Modelo, 256-259
  Problema e, 258
  Recomendação, 257, 258-259
  Resultado planejado, 257, 259
Conciliar, exemplo de, 256-257
Concorrência, concorrentes plagiadores, 23
Concorrentes plagiadores, 23
Conexão, 149, 182-184. *Ver também* "Compreender" o comprador
Conexões emocionais, 182-184, 206, 213-214, 287
Confiança, 55, 79, 81-82, 83, 102, 103, 187, 207-209, 263, 265, 269
Confiança, 21, 33, 39, 74, 280-284
  Bagagem emocional e, 281-282

Construção, 283-284
Palco/público e, 282-283
Percepções negativas e, 283
Perda, 283
Confirmação humana, viés de. *Ver* Viés de confirmação
Confirmação, passo, 266-267
Confirmação, viés de, 42, 97-98, 200, 246
Consciência situacional, 24, 72, 88
Consciência. *Ver* Autoconsciência
Consciencioso, equivalente na tipologia DISC, 191-192
Construção do relacionamento, 149
Construtor de consenso, personalidade dos *stakeholders*, 194-195
"Conta Bancária Emocional", 282
Contágio emocional, 207-209
Contestação, 218, 245, 268
Contexto, 51, 62
Controle da atenção, 214-215
Controle, 47, 81, 98-99, 185, 204-206, 214-215. *Ver também* Autocontrole
Conversas de vendas
  Afirmação e pausa, abordagem, 229
  Emoções e, 126, 214
  Histórias, comunicação em, 213-214
  Perguntas e, 177-178
  Princípios das, 212-214
  Regra fundamental das, 135-137
  Respondendo de forma semelhante, 212
  *Role-playing*, 100
Conversas dos *stakeholders*, 206
Conversas(s), 106, 206-207. *Ver também* Conversas de vendas
Cognitiva, inteligência, 65
Coragem, 136

Corporal, linguagem, 75, 93, 126, 168, 209, 216, 264, 265
Correspondência, viés de, 95
Covey, Steven R., 282
Crenças(s), 40-41, 42, 43, 81-82, 97
CRM. *Ver* Gestão do Relacionamento com o Cliente (CRM)
Croner, Chris, 79
Cuddy, Amy, 102
Cultura empresarial, 29, 249, 250
Cultura corporativa, 29, 249
Cumprimentos sinceros, 240
Cumprimento, visita de vendas, 198


Damásio, António, 40
Demonstrações, 39
Descoberta, 149-150, 176, 219-236, 223
  Conexão e, 187-188
  Interrogador e, 223-226
  Perguntas e, 223, 226-228
  Processo duplo e fluente, 230-233
  Sugar e dar o bote, 230
  Tour e, 220-222
Desconhecido, Mente humana e, 200-201
Desempenho, *feedback* e, 75
Desespero, 93
Dieta saudável, 85
Dieta, 85
Diferenciação, 23, 174, 244, 245-246, 247, 252, 253
Dissonância cognitiva, 21, 40-43, 276
Dissonância. *Ver* Dissonância cognitiva
Documentação, 75
Dominante, equivalente na tipologia DISC, 190-191

Duckworth, Angela, 86
Dunkel, Dick, 114

"E daí", teste do cheiro, 253-254
ECs. *Ver* Executivos de contas (ECs)
Efeito da escassez percebida, 140
Efeito da escassez, 129, 140
Efeito de excesso de confiança, 97, 122
Egocentrismo, 65
Elite Coaching Program, 74
Elite dos profissionais mais bem remunerados, 26
E-mail, 24, 39, 67-68, 200, 249
Emocionais, pontos cegos, 66, 71, 72
Emoções negativas, 22, 69, 127, 184, 197, 268
   Esforço de vendas e, 81, 82
   Fracasso e, 88, 102, 162, 208
   Gênese da, 89-92
   Gerenciamento das, 35, 42, 49, 59, 70, 88-89, 98, 100
   Processo de vendas e, 33, 144-145
   Tipos de, 54-55, 56, 70, 88
   Supervendedores e, 185-186, 197
Emoções. *Ver também* Sentimentos
   Aperte "pause" para, 104-105
   Autocontrole e, 108-109
   Confiança e, 21
   Controle das, 20, 84
   Corações antes das mentes, 168-169
   Negativas (*ver* Emoções negativas)
   Emaranhando-se nas, 129-132
   Encontro das mensagens com as, 256
   Estratégia de recuperação e, 105

Exemplos de compras e, 30-32
Lógica e, 22, 30, 40-43, 271
Microcompromissos e, 128
Poesia e, 51-52
Processo de vendas e, 52
Reatância psicológica e, 107
Sintonizando-se com as, 64, 126-128
Tomada de decisões e, 32, 33, 40
Empatia, 63-70
   Autoconsciência e, 66, 72
   Avaliações de, 68
   Comportamentos e, 208
   Definição, 65
   Dimensões centrais da, 68
   Emoções e, 70
   Inteligência Emocional em Vendas e, 65
   Inteligência cognitiva e, 65
   Intencional, 67-69
   Ouvir e, 214, 287
   Probabilidade de vitória e, 64
   Regulação da, 69-70
Encaixe, matriz de, 119
Encaixe, qualificadores por (QE), 118-119
Encruzilhadas, decisões e, 285
Energia mental, aptidão física e, 83-84
Engajamento, 116, 245
   Microcompromissos e, 124-132
   Testes, 125-126, 130-131, 132
Egocêntrico, viés, 41
Entretenimento, 27, 29
Entusiasmo, 103, 187, 208-209
Equipe de marketing, 244-245
Equipes, apresentações, 100
Erro de atribuição fundamental, 95
Erro de atribuição, 95
Escala de empatia, 65-67
Esclarecimento, objeções e, 275-276
Escolha intencional, 215

Escuta profunda, 68, 69
Esforço de vendas, 79-86
   Aptidão física e, 83-85
   Crenças e, 81
   Desenvolvimento do, 81-83
   Otimismo e, 80, 81, 82, 96
   Resistência mental e, 86
Esforço. *Ver* Esforço de vendas
Estabilizador, equivalente na tipologia DISC, 194-195
Estilo comportamental, 73
Estilos, comunicação, 187. *Ver também* Personalidade dos *stakeholders*
Estratégia de recuperação, 105
Estresse mental, 21, 63, 79, 84, 99, 195, 256, 263
   *Ver também* Dissonância cognitiva; Resposta luta ou fuga
Estresse. *Ver* estresse mental
Estudo de pesquisa sobre loja de bebidas, 31-32
Evitar conflito, 33
Execução, complexidade e, 147-148
Executivos de contas (ECs), 120
Expectativas do comprador, ruptura das, 24-25
Expectativas, 38, 43, 81, 200, 201

Facebook, 97, 238
Falácia dos custos irrecuperáveis, 98, 122
Falso consenso, viés do, 97-98
Fatia de mercado (participação no mercado), 245
Faturamento, exemplo de conciliação, 256-257
Fanatical prospecting (Prospecção sistemática), 54-55
Fechamento, 53, 55, 64, 143, 223
*Feedback*, 47, 75, 96, 123, 215

Ferramentas de estilo, personalidades dos *stakeholders*, 196
Física, aptidão, 83-85
Fisiologia, mudança, 102-103
Fixação, 56, 94, 185
Fluente, Processo de Descoberta Duplo e, 230-233
Foco, 36-37, 83, 105-107, 186-187, 214, 267
Fornecedores, diferenças entre, 20
Fracasso. *Ver também* Rejeição
   Emoções negativas e, 89, 102, 162, 208
   Lei da substituição e, 55
   Medo e, 82, 93
   Pessoas com alto QI e, 45
   Próximos passos e, 88, 135
   Sucesso vs., 78, 81

Gatilhos emocionais, 99
George, Bill, 78
Geração, 24, 68
Gerenciamento de contas, 151-152
Gestão do Relacionamento com o Cliente (CRM), 147
Gitomer, Jeffrey, 143
Global, mercado, 280
Goleman, Daniel, 49, 107
Gratidão, espírito de, 287-288
Grupos de foco, 75
Grupos de *stakeholders*, entretenimento, 27

Halford, Scott, 101
Hamer, Marc, 66
Hatami, Homayoun, 48
Hatfield, Elaine, 207
Heurística cognitiva, 95
Heurística da disponibilidade, 253
Heurística do afeto, 256
Heurística, 39-40, 67, 253, 256

Hipótese do marcador somático, 40
Histórias, comunicação em, 212-213
Huffington, Arianna, 84

Ilusão, 32, 94, 95, 96, 145
  Autoconsciência e, 72, 76
  Conversa de vendas e, 135
  Engajamento do *prospect* e, 244
  Negócios ruins e, 111, 121
  Sucesso e, 108
Impaciência, 185
Implementação, Processo de vendas, 151-152
Importância, sentimento de, 21, 237-243. *Ver também* Significado, necessidade de
  Fazer com que as pessoas se sintam importantes, 239-341
  Lei da reciprocidade e, 241-243
  Necessidade insaciável, 238-239
  Probabilidade de vitória e, 243
Impressões, primeiras, 181-182, 186
Improvisação, processo de vendas e, 145-148
  O que você já sabe, 146
  O que você quer saber, 146-147
  Objetivos, reunião, 147
  Próximos passos, almejados, 147
Imunidade a obstáculos, 103-104
Influência, 240, 242, 287
Influenciadores, 64, 170
Influente, equivalente na tipologia DISC, 193-194
Informação
  Informação demais (ID), 217
  Heurística da disponibilidade e, 253
  Poder de compra e, 23
  Sensorial, 37
  Superficial/oculto, 224
  Transparência e, 246-247
  Supervendedores e, 44, 163
Informação demais (ID), 217
Input, mudando o seu, 82
Insegurança, 93, 100, 102, 263
*Insight*, 24
Intencional, empatia, 67-69
Inteligência
  Adquirida (IA), 44, 46, 47, 50
  Artificial (IA), 48, 288
  Cognitiva, 65
  De Máquina, 48
  Em vendas, 44-50, 173
  Emocional (IE), 49, 50
  Inata (QI), 45-46
  Tecnológica (IT), 48-49, 50
  Tipos de, 44, 50
  Supervendedores e, 44
Inteligência emocional (IE), 24, 45, 61, 107. *Ver também* Inteligência Emocional em Vendas
  Específica para vendas, 44, 49
  Definição, 49, 50
Inteligência Emocional em Vendas, 35, 58, 65, 80, 109, 252. *Ver também* Inteligência emocional
  "Compreendendo" o comprador, 249-250
  Consciência e, 72, 88
  Desenvolvimento de alta, 288
  Empatia e, 65, 69
  Equilibrando os pratos da balança, 61-62
  Lacuna de relações humanas, 26
  Modelos de influenciação humana, 58-59
  Pilares da, 62
Inteligência inata (QI), 45-46, 47
Intencional, escolha, 215
Ir embora, 128
Isolar, objeções e, 275-276

Janela de compras, 115
Jardim/ervas, reflexão, 77-78
Jobs, Steve, 148
Justiça, 22

Kahneman, Daniel, 271
Koontz, Dean, 65

Ladainha, disparando a, 184-185
Lealdade, 116
Lei da reciprocidade, 241-243
Lei da substituição, 55-56
Lei Universal da Necessidade, 54
Lição da vida, 18-20
Lição de vendas dos advogados, 266-267
Líderes de vendas, tempestade perfeita e, 24
Linguagem
　"Compreender" o comprador e, 248
　"Só estou checando", 141
　Amígdala, 38
　Corpo, 75, 93, 126, 168, 209, 216, 264, 265
　De perguntas, 219-236
　Do *prospect*, 17, 21, 267
　Dos *stakeholders*, 251
　Exclusiva da empresa, 238, 250
　Poder da, 250-252
　Simpatia e, 187
LinkedIn, 167, 173, 238
Livros, 26
*Locus* de controle, 47, 81
Loehr, James, 86
Lógica, 22, 30, 31, 34, 40-43, 281
Long, Kurt, 124, 218

Maneiras, 186, 282
Mapeamento

BASIC, 173
　Processo de compras, 153-154
　*Stakeholders*, 57-58
Máquina, inteligência de, 48
Máquina caça-níqueis, exemplo de probabilidade, 52-53
Marionetes no processo, pessoal de vendas medíocre, 162-163
Matriz
　Encaixe, 119
　Qualificação, 116-118
"Me liga, talvez", afirmações, 133, 141, 200, 261
MEDDIC, metodologia de qualificação, 114-115
　TAS, 115
Medo, 93, 103, 185
　De pedir, 136, 262-263
　Minimização do, 276-278
　Sinais físicos do, 263
Mensagens de texto, 24
Mensagens de vendas. *Ver* mensagens
Mensagens, 244, 252-253, 255, 259
Mental, resistência, 86
Mentalidades, 25, 54, 70, 81, 86, 64
Mente humana. *Ver* Cérebro
Mente subconsciente, 32, 71, 199, 201
　Heurística e, 39-40
　Vieses cognitivos e, 94-95
　Visualização e, 101-102
Mentes, corações antes, 168-169
Mentor, 17, 73-74, 285
Mercado global, 280
Message Matters, workshops, 252, 259
Metas, 75, 77, 168, 175, 249
Metodologias de vendas, 108
Metodologias/atalhos de qualificação, 112-116
　ANUM, 113
　BANT, 112-113

MEDDIC, 114-115
PACT, 113-114
TAS, 115
WOLFE, 115-116
Microcompromissos, 128. *Ver também* Próximos passos
   Engajamento e, 124-132
   Objeções e, 272, 276
   Pedir, 125, 135
   Princípio da consistência e, 129
   Questões mais importantes, 177-178
   Três compromissos e, 128-129
   Viés de valor, 129
Missão, 30, 64, 195
Mitchell, Jason, 217
Modelo de Agenda para Reuniões de Vendas, 197-209
   Agenda do *stakeholder* e, 202-206
   As pessoas respondem de forma semelhante, 207-209
   Contágio emocional e, 207-209
   Conversa, estruturação da, 206-207
   Cumprimento, 198-200
   Objetivo da visita, 200-201
   Passos da, 197, 206-207
Modelo da Conversa de Vendas, 206-207
Modelo de reversão
   Afirmações de recuperação, 138
   Ameaça de retirada e, 139-140
   Efeito da escassez percebida e, 140
   Elementos do, 138-141
   Pedir o próximo passo, 137, 140-141
   Ruptura, 137, 138-140
Modelo de Reversão da Objeção, 273-279
   Esclareça e isole, 275-276
   Minimize, 276-277

Peça, 278
Recue, 278-279
Solidarize-se, 274-275
Modelo DISCOVER Questions ® (Perguntas DISCOVER), 231-232, 235
Modelo do Processo de Descoberta Duplo, 233
Modelo(s)
   Agenda da visita de vendas (*Ver* Modelo de Agenda para Reuniões de Vendas)
   Conciliação, 256-259
   Influência humana, 49, 58-59
   Influência, 20, 35, 59
   Processo de Descoberta Duplo, 233
   Repetível, 58
   Reversão (*ver* Modelo de reversão)
   Reversão de objeções (*ver* Modelo de Reversão da Objeção)
Modelos de influenciação humana, Inteligência Emocional em Vendas e, 58-59
Modelos de influenciação, 20, 35, 59
Monstro em padrões, cérebro como, 37
Mudança
   Disruptiva, 23, 280
   Invertendo o *script* do comprador, 22, 38, 200, 201, 205
   Medo da, 132, 270, 272, 276-277, 281
   Necessidade de, 176, 231, 234, 276
Mudança disruptiva, tecnologia e, 23
*Murder boarding*/Pelotão de fuzilamento, 122-123, 279
Murray, Henry, 80

Não complementar, comportamento, 200, 205, 207
Napoli, Jack, 114
Natureza autocêntrica, 66, 69, 152
Natureza focada no outro (extrovertida), 66, 68, 70
  Ver também Empatia
Necessidade, Lei Universal da, 54
Negatividade, efeito/viés, 43, 185, 199
Negociação, 22, 151
Negócios(s), 20, 29-30, 60, 90, 98
  Estagnados (ver Negócios empacados)
  Matar (ver Murder boarding/Pelotão de fuzilamento), 54, 56
  Qualificado/qualificação, 54, 56
  Ruins, 111, 121
  Stakeholders em, 164-173
  Viabilidade dos (ver Qualificação)
  Vitória, probabilidade de, 53, 54
Negócios estagnados, 133-142
  Análise do pipeline e, 18, 133-134
  Conversas de vendas e, 135-137
  Metas e, 24
  Organizações de vendas e, 134-135
Negócios ruins, caça, 111, 121
Neocórtex (cérebro racional), 38, 92, 104, 199, 206, 255, 258
Neurocientistas, 40, 47
Nível de risco, 52, 165-166
Nomes, lembrar de, 237, 239

Objeções fantasmas, 206
Objeções, 151, 206, 273, 275
  Criação pelo pessoal de vendas, 269-270
  Razões para, 270-272
  Reversão, 268-279

Objetividade, 95, 98, 122, 123, 127
Objetivos, cumprimento de, 147
Obrigação, 21, 199, 242, 243
Oportunidade, 115-116, 175, 287
Organizações de vendas, flagelo das, 134-135
Otimismo, 80, 81, 82, 96
Otimismo, viés de, 96, 122, 125
Ouvir, 74, 210-218, 287
  Arte de, 214-215, 229
  Conversa de vendas e, 212-214
  Escuta ativa, 215-216
  Escuta profunda, 68, 69, 216
  Loop de autorrevelação, 217-218
  Não ouvir, 211-212, 283


PACT, metodologia de qualificação, 113-114
Pagel, Mark, 251
Paixão, 187
Palco, estar no, 282-283
Panificação, tour pela, descoberta e, 220-222
PAP. Ver Prospect de Alto Potencial
Patrocinadores, 171
PBP. Ver Prospect de Baixo Potencial
Pedido alternativo, 278
Pedido de proposta, 29, 118, 157, 162, 163
Pedido presuntivo, 142, 200, 263-265
Pedir/Pedido, 75, 128, 134, 260-267, 278
  Calar-se depois de, 265-266
  Fechamento e, 261-262
  Medo de pedir, 136, 262-263
  Modelo de reversão e, 137, 140-141
  Presuntivo, 142, 200, 263-265
  Processo de vendas e, 150-151
  Supervendedores e, 171-173

Pergunta(s), 30, 105, 223, 232,
   "Compreender" o comprador e, 250
   Abertas, 207, 228-229, 232, 233
   As fáceis primeiro, 226-228
   Colecionar, 235
   DISCOVER, modelo, 231-232
   Engenhosas, 234, 252
   Estruturar a conversa, 206
   Fechadas, 228-229
   Indiretas, 173
   Interrogador e, 223-226
   Linguagem das, 219-236
   Oportunas e espontâneas, 233-235
   Perguntas suicidas, 42
   Que mais importam, 177-178
   Que os supervendedores nunca fazem, 171-173
   SPIN, tipos de perguntas, 231, 232
Perguntas abertas, 207, 228-229
Perguntas fechadas, 228-229
Perguntas oportunas e espontâneas, 233-235
Perscrutadores, 170
Personalidade dos *stakeholders*, 189-196
   Analista, 191-192
   Construtor de consenso, 194-195
   Diretor, 190-191
   Estilo de comunicação e, 189-190
   Mudanças de estilo de personalidade, 195
   Predominantes, estilos de comunicação, 190
   Socializante/energizante, 193-194
Personalidades dos *stakeholders*, equivalentes em DISC
   Consciencioso/cuidadoso, 191-192
   Dominante, 190-191
   Estabilizador, 194-195
   Influente, 193-194
Personalidades. *Ver* Personalidades dos *stakeholders*
Pessoal, asseio, 186
Pessoal de vendas
   De alto desempenho (*ver* Profissionais de alto desempenho)
   Elite, 101
Pessoal de vendas safo em tecnologia, 48
Pink, Daniel, 31, 288
Pintura de padrões, 38-39, 255
*Pipelines* de vendas, 24, 53, 55-56, 61, 78, 119, 134
*Pitch* de vendas, 34, 35, 39, 248
   Conciliação e, 255
   Estrutura da conversa e, 206-207
   Restrições de tempo e, 198-199
Pitch. *Ver Pitch* de vendas
*Pitches* de vendas presunçosos, 24
Planejamento antes da visita, 100-101
Planejamento, antes da visita, 100-101
Planos, documentação de, 75
PMP. *Ver Prospect* de Médio Potencial
*Podcasts*, 46
Poder, 23, 39-40, 250-252, 287
Poesia, 34, 51, 52
Pontos cegos emocionais, 66, 71, 72
Porcentagem de fechamento, 53
"Pose de poder", 102
Postura física, 102-103
PQI. *Ver Prospect* qualificado ideal
Preços, 18, 19, 20
Predisposição, objetivo da visita e, 201
Preocupação, 94
*Press releases*/recortes, 238, 246

Previsões de vendas, 53-54, 98, 111, 114, 134
Previsões. *Ver* Previsões de vendas
Primeiras impressões, 181-182, 186
Princípio da autoridade, 258-259
Princípio da consistência, 129
Princípio da consistência, 129
Probabilidade de vitória, 65, 125, 188, 243
   Alinhamento do processo de vendas e, 58
   Como primeira regra, 52-54
   Formatação da, 47, 51-59, 110-123
   Inteligência Emocional em Vendas e, 58-59, 61
   Lei de substituição e, 55-56
   Mapeamento dos *stakeholders* e, 57-58
   Modelos de persuasão humana e, 58-59
   Perguntas mais importantes, 177-178
   Prospecção sistemática e, 54-55
   Qualificação e, 54, 56
   Supervendedores e, 126-128
   *Ver também* Qualificação
Probabilidade, 53, 55. *Ver também* Probabilidade de vitória
Problemas, comprador e. *Ver* "Compreender" o comprador
Processo
   Compras (*ver* Processo de compras)
   Decisão (*ver* Processo decisório)
   Duplo e fluente, 230-233
   Vendas (*Ver* Processo de vendas)
Processo de compra, 153-163
   Chegar primeiro, 159-161
   Emoções e, exemplos, 30-31
   Explorar uma vantagem e, 161
   Formatação do, 157-159
   Mapeamento, 153-154

Natureza humana e, 30-33
   Vendedores medíocre e, 157, 162-163
   Sem sincronia, 154-157
   *Stakeholders* e, 89
Processo de descoberta duplo e fluente, 230-233
Processo de vendas, 23, 54, 143-152, 147
   Alavancagem (exploração, uso) e, 144
   Alinhamento do, 58, 177
   Alinhamento dos processos, 152
   De sete passos, 148-152
   Emoções negativas e, 144-145
   Estágio da conexão no, 182
   Falta de, 148
   Improvisação e, 145-147
   Mantra, 143
   Situacional, 236
Processo de Vendas de Sete Passos, 148-152
Processo de vendas situacional, 236
Processo decisório, 22, 37, 40, 55, 58, 174-179, 285
   Processo de vendas e, 152
   Prova social e, 178-179
Processo duplo, 60-62, 70, 218
   Inteligência emocional e, 62
   Inteligência Emocional em Vendas e, 61-62
Procrastinação/perfeccionismo/paralisia, 94
Projeção, 69
Propostas. *Ver* Pedido de proposta
Prospecção, 54-55, 78, 99, 134, 149, 174
*Prospect* de Alto Potencial (PAP), 117, 119
*Prospect* de Baixo Potencial (PBP), 117-119
*Prospect* de Médio Potencial (PMP), 117, 119

*Prospect* Qualificado Ideal (PQI), 111-112, 119-122, 125
*Prospect*(s), 17, 55, 69. *Ver também*
    Compromisso do comprador e, 136
  Pesquisa sobre, 146
  Qualificação do, 56
  Qualificado ideal (*ver Prospect* Qualificado Ideal)
Prova social, tomada de decisões e, 178-179
Próximo(s) passo(s), 135, 137-142, 147, 206
    *Ver também* Microcompromissos
Psicologia, Obrigação e, 242
Psicológica, reatância, 203-204
Público, 166-168, 282-283


QI. *Ver* Inteligência inata; Quociente de inteligência
QS. *Ver* qualificadores por *stakeholder*
QT. *Ver* Qualificadores Técnicos; Inteligência tecnológica (IT)
Qualidade, ilustração de, 18-20
Qualificação, 56, 134
Qualificação, 110-123
  *Murder boarding*/Pelotão de fuzilamento, 122-123
  Negócios empacados e, 134
  Negócios ruins e, 111
  *Prospect* Qualificado Ideal (PQI), 111-112, 119-122
  Zona de *strike* e, 111-112
Qualificação, matriz de, 116-118
Qualificadores
  Por encaixe (QE), 118-119
  Por *stakeholder* (QS), 118
  Técnicos (QT), 117-118
Quociente de inteligência (QI), 44-45, 50, 65. *Ver também* Inteligência inata

Quotas, negócios empatados e, 24


Rackham, Neil, 231
Realidade, 88, 125
  Ilusão e, 72, 121, 247
  Influenciadores e, 172
Realização, necessidade de, 80
Reatância psicológica, 107, 203-204
Recomendações personalizadas, 249, 257
Recrutadores militares, 103-104
Recursos humanos (RH), 76, 166
Redes sociais, 24. *Ver também* Facebook; LinkedIn
Referências, 64, 243
Reflexão. *Ver* Autorreflexão
Regras práticas
  Conexão e, 188
  Heurística como, 39
  Objeções e, 206
"Rei das Vendas", O, 143
Rejeição, 99, 136, 262
Rejeição, superando a, 137-142
Relacionamentos. *Ver* Relações humanas
Relacionamento, construção do, 149
Relações humanas, 20, 24, 49, 60, 68
  Alto QI e, 45
  Complexidade de, 35
  Empatia e, 287
  Inteligência emocional e, 45
  Negócios e, 61
  Ouvir e, 211
  *Ver também* amigos/amizade
Resistência mental, 86
Responder de forma semelhante, 20
  Contágio emocional e, 207-209
  Conversas de vendas, 212

Resposta luta ou fuga, 38, 91, 92-93
  Controle emocional e, 204-206
  Restrições de tempo e, 198-199
Retirada
  Alavancagem (exploração, uso), 127-128
  Modelo de Reversão e, 139-140
Retribuição, 22, 241-243
Reuniões de vendas, 97, 135
Reuniões. *Ver* Reuniões de vendas
Revisão do *pipeline*, 18, 133-134
RH. *Ver* Recursos Humanos
*Role-playing*, 204, 238, 254, 279
Ruptura, modelo de reversão e, 137, 138-140
  Ameaça de retirada, 139-140
  Efeito da escassez percebida, 140
Retrospectivo, viés, 42

SaaS. *Ver* Software como serviço
Saco pardo, exemplo, 18-22
Safo em tecnologia, pessoal de vendas, 48
Sales Gravy, Inc., 28-290
*Script* do comprador, 21, 224
  Exemplo, 220
  Reflexivo, 20, 39
  Inversão, 22, 38, 200, 201, 205
*Script*. *Ver Script* do comprador
Sede de conhecimento, 46-47
Segurança e Medicina do Trabalho, 159-161
Segurança, viés de, 271
Sentimento(s), 237-243. *Ver também* Emoções
  Importância e (*Ver* Importância, sentimento de)
  Necessidades humanas e, 93, 238-239
  Obrigação e, 21
  Projeção do, 69

Serviço ao Cliente, 202, 218, 249, 250
Significação, necessidade de, 93-94, 185, 239
  Afirmação e pausa, abordagem, 229
  Depois de pedir, 265-266
  *Ver também* Importância, sentimento de silêncio, 78, 185
Simpatia, 34, 42, 183,
  Chaves para, 185-187
  Conexão e, 182-184, 187-188
  Conexões emocionais e, 35, 182
  Disparando a ladainha, 184-185
Simpático, definição, 181
Sistema límbico, cérebro e, 40
Situações estressantes, 99
"Só estou checando", 134, 141, 200
Sobrecarga sensorial, 36-37
Socializante/energizante, personalidade dos *stakeholders*, 193-194
Software como serviço (SaaS), 124
Soma zero, jogo, 62
Sono, dormir o suficiente, 84-85
Sorrir, 186, 240
SPIN selling, 231, 235
SPIN, metodologia, 231, 232, 234
SPIN, tipos de perguntas e, 231
*Stakeholder*(s), 55, 64, 68, 89, 135, 167
  Agenda dos, 202-206, 254
  BASIC (*ver* BASIC, *stakeholders*)
  Em negócios, partes, 164-173
  Heurística e, 39
  Influência e, 42, 127
  Linguagem dos, 251
  Mapeamento dos, 57-58
  Nível de risco e, 165-166
  Papéis dos, múltiplos, 57
  Personalidades (*ver* Personalidade dos *stakeholders*)
  Público e, 166-168

Qualificadores por (QS), 118
Status quo, desafiar, 45, 223
Status quo, viés do, 270-272
Substituição, lei da, 55-56
Sucesso, 49, 55, 78, 81, 88, 108
Sugar e dar o bote, evitar, 230
Superação, ato de, 273
Supervendedores
   Aprendizado e, 46-47
   Autoconsciência e, 73
   Bolsos cheios de "sim", 132
   Chaves para, 20
   Coaches e, 73-74
   Como perfeccionistas, 53
   Comunicação e, 68
   Conciliação e, 256
   Conexão e, 189
   Controle e, 204-205
   Coragem e, 136-137
   Deficiências, pontos cegos dos, 71
   Descoberta e, 223
   Emoções e, 35, 88-89, 108, 184-185, 197
   Empatia e, 65, 67, 126
   Engajamento e, 124-126
   Esforço de vendas, 80-81, 174-175
   Estratégias dos, 24-26
   Gratidão e, 287-288
   Inteligência e, 44, 65
   Inteligência emocional e, 49, 53, 59, 61-62
   Mapeamento dos *stakeholders* e, 57-58
   Marcação de compromissos e, 163
   Mente e, 20-22, 86
   Missão e, 64
   Objeções e, 275
   Paciência e, 205
   Perguntas e, 171-173, 177-178, 223, 232-233, 233-234
   Pintura de padrões e, 38-39, 255
   Probabilidade de vitória e, 52-54, 119, 127
   Processo de vendas e, 144-145
   Processo decisório e, 58
   Prospecção sistemática e, 54
   *Prospects* e, 56
   Próximos passos e, 135-136
   Qualificações e, 110, 122, 125
   Regras/campo de jogo e, 58
   Relacionamentos e, 68
   Reuniões de vendas e, 135-136
   Serviço focado no outro pelos, 64
   Sucesso dos, 288
   Tecnologia e, 48-49

Tamir, Diana, 217
Targeted Account Selling (TAS), 115
TAS. *Ver* Targeted Account Selling
Técnicos, qualificadores (QT), 117-118
Tecnologia, 23, 48-49
Tecnológica, inteligência (IT), 44, 48-49, 50
Telefonemas. *Ver* Visitas/Chamadas
Tempo, 125, 128, 198
Tom de voz/inflexão, 93-94, 126, 168, 181-182, 183-184, 186, 200, 235, 263, 264
Tour, 220-222, 249, 250
Tracy, Brian, 241
Transacionais, compras, 52
Trajes, primeiras impressões e, 186
Transparência, era da, 246-248, 250
Treinamento de vendas, 20, 26
Três Ps, 94
360 graus, análise, 75-77

Valdivieso, Maria, 48

Valor agregado, 24, 168, 175
Valor, viés de, 129
Vantagem competitiva, 23, 29, 33, 47, 49, 252, 287
Vendas, inteligência em, 44-50, 173
Vendas, 26, 51
   Palavras que nunca devem ser usadas em vendas, 141-142
   Perguntas e, 177-178, 219-236
   Tempestade perfeita e, 23-24
Vender. *Ver* Vendas
Verdade, 33, 78, 98
Viés (Vieses)
   Atribuição, 41
   Autodesenvolvimento e, 80
   Autosserviente, 72, 95-96
   Cognitivo (*ver* vieses cognitivos)
   De afinidade, 187, 251
   De autoaprimoramento, 96
   De confirmação, 42, 97-98, 200, 246
   De correspondência, 95
   De falso consenso, 97-98
   De negatividade, 43, 185, 199
   De otimismo, 96, 122
   De retrospectiva, 42
   Do *status quo*, 270-272
   Efeito de excesso de confiança, 97, 122
   Egocêntrico, 41
   Falácia dos custos irrecuperáveis, 98
   Segurança, 271
   Valor, 129
Vieses cognitivos, 91, 94-98, 271
   Ameaças e, 92
   Atalhos mentais e, 39-40
   Efeito de excesso de confiança, 97
   Erro de atribuição fundamental, 95
   Falácia dos custos irrecuperáveis, 98

Viés de autoaprimoramento, 96
Viés de falso consenso, 97-98
Viés de otimismo, 96
Vinho francês, música francesa, 31, 256
Vinho, estudo de pesquisa sobre vendas de, 31-32
Visitas telefônicas. *Ver* Visitas
Visitas/chamadas, 66-67, 99, 103, 174
   "Só estou checando", 134, 200
   *Follow-up*, 134, 141, 283
   Modelo de (*ver* Modelo de Agenda para Reuniões de Vendas)
   Objetivo da, 200-201
   *Fanatical prospecting* (Prospecção sistemática) e, 69-70
Visualização positiva, 101-102
Vulnerabilidade, medo da, 262-263


Wang, Shirley, 207
Wilson, Epp, 242
WOLFE, metodologia de qualificação, 115-116


Zona de *strike*, 111-112, 121

# LEIA TAMBÉM

**A BÍBLIA DA CONSULTORIA**
Alan Weiss, PhD
TRADUÇÃO Afonso Celso da Cunha Serra

**A BÍBLIA DO VAREJO**
Constant Berkhout
TRADUÇÃO Afonso Celso da Cunha Serra

**ABM ACCOUNT-BASED MARKETING**
Bev Burgess, Dave Munn
TRADUÇÃO Afonso Celso da Cunha Serra

**BOX RECEITA PREVISÍVEL (LIVRO 2ª EDIÇÃO + WORKBOOK)**
Aaron Ross, Marylou Tyler, Marcelo Amaral de Moraes
TRADUÇÃO Marcelo Amaral de Moraes

**CONFLITO DE GERAÇÕES**
Valerie M. Grubb
TRADUÇÃO Afonso Celso da Cunha Serra

**CUSTOMER SUCCESS**
Dan Steinman, Lincoln Murphy, Nick Mehta
TRADUÇÃO Afonso Celso da Cunha Serra

**DIGITAL BRANDING**
*Daniel Rowles*
TRADUÇÃO *Afonso Celso da Cunha Serra*

**DOMINANDO AS TECNOLOGIAS DISRUPTIVAS**
*Paul Armstrong*
TRADUÇÃO *Afonso Celso da Cunha Serra*

**ECONOMIA CIRCULAR**
*Catherine Weetman*
TRADUÇÃO *Afonso Celso da Cunha Serra*

**ESTRATÉGIA DE PLATAFORMA**
*Tero Ojanperä, Timo O. Vuori*
TRADUÇÃO *Luis Reyes Gil*

**INGRESOS PREDECIBLES**
*Aaron Ross & Marylou Tyler*
TRADUÇÃO *Julieta Sueldo Boedo*

**INTELIGÊNCIA EMOCIONAL EM VENDAS**
*Jeb Blount*
TRADUÇÃO *Afonso Celso da Cunha Serra*

**IOT – INTERNET DAS COISAS**
*Bruce Sinclair*
TRADUÇÃO *Afonso Celso da Cunha Serra*

**KAM – KEY ACCOUNT MANAGEMENT**
*Malcolm McDonald, Beth Rogers*
TRADUÇÃO *Afonso Celso da Cunha Serra*

**MARKETING EXPERIENCIAL**
*Shirra Smilansky*
TRADUÇÃO *Maíra Meyer Bregalda*

**TRANSFORMAÇÃO DIGITAL COM METODOLOGIAS ÁGEIS**
*Neil Perkin*
TRADUÇÃO *Luis Reyes Gil*

**MITOS DA GESTÃO**
*Stefan Stern, Cary Cooper*
TRADUÇÃO *Afonso Celso da Cunha Serra*

**MITOS DA LIDERANÇA**
*Jo Owen*
TRADUÇÃO *Afonso Celso da Cunha Serra*

**MITOS DO AMBIENTE DE TRABALHO**
*Adrian Furnham, Ian MacRae*
TRADUÇÃO *Afonso Celso da Cunha Serra*

**NEGOCIAÇÃO NA PRÁTICA**
*Melissa Davies*
TRADUÇÃO *Maíra Meyer Bregalda*

**NEUROMARKETING**
*Darren Bridger*
TRADUÇÃO *Afonso Celso da Cunha Serra*

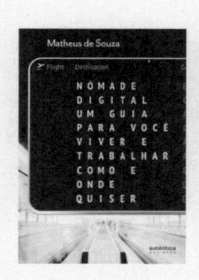

**NÔMADE DIGITAL**
*Matheus de Souza*

**POR QUE OS HOMENS SE DÃO MELHOR QUE AS MULHERES NO MERCADO DE TRABALHO**
Gill Whitty-Collins
TRADUÇÃO Maíra Meyer Bregalda

**RECEITA PREVISÍVEL 2ª EDIÇÃO**
Aaron Ross & Marylou Tyler
TRADUÇÃO Celina Pedrina Siqueira Amaral

**VENDAS DISRUPTIVAS**
Patrick Maes
TRADUÇÃO Maíra Meyer Bregalda

**VIDEO MARKETING**
Jon Mowat
TRADUÇÃO Afonso Celso da Cunha Serra

**TRANSFORMAÇÃO DIGITAL**
David L. Rogers
TRADUÇÃO Afonso Celso da Cunha Serra

**WORKBOOK RECEITA PREVISÍVEL**
Aaron Ross, Marcelo Amaral de Moraes

**INOVAÇÃO**
Cris Beswick, Derek Bishop, Jo Geraghty
TRADUÇÃO Luis Reyes Gil

**CUSTOMER EXPERIENCE**
Martin Newman, Malcolm McDonald
TRADUÇÃO Maíra Meyer Bregalda, Marcelo Amaral de Moraes

**CUSTOMER EXPERIENCE**
*Nick Hague, Paul Hague*
TRADUÇÃO *Maíra Meyer Bregalda*

**CANAIS DE VENDAS E MARKETING**
*Julian Dent, Michael K. White*
TRADUÇÃO *Afonso Celso da Cunha Serra*

**MARKETING CONVERSACIONAL**
*Dave Gerhardt, David Cancel*
TRADUÇÃO *Maíra Meyer Bregalda*

**AGILE MARKETING**
*Neil Perkin*
TRADUÇÃO *Luís Reyes Gil*

**ONBOARDING ORQUESTRADO**
*Donna Weber*
TRADUÇÃO *Marcelo Amaral de Moraes, Maíra Meyer Bregalda*

**BUYER PERSONAS**
*Adele Revella*
TRADUÇÃO *Luís Reyes Gil*

**TRANSFORMAÇÃO DIGITAL 2**
*David L. Rogers*
TRADUÇÃO *Luís Reyes Gil*

Este livro foi composto com tipografia Bembo e impresso
em papel Natural 80 g/m² na Formato Artes Gráficas.